# Camillo Schaefer

# Mayerling

## Die Tragödie
## und ihre Deutungen

Ueberreuter

CIP-Kurztitelaufnahme der Deutschen Bibliothek

*Schaefer, Camillo:*
Mayerling: d. Tragödie u. ihre Deutungen /
Camillo Schaefer. – Wien: Ueberreuter, 1987.
ISBN 3 8000 3251 1

AU 53
Umschlag von Atelier Graupner & Partner, München
© 1987 by Verlag Carl Ueberreuter, Wien
Gesamtherstellung: Carl Ueberreuter Druckerei Ges. m. b. H.,
Korneuburg
Printed in Austria

# Inhalt

»Und ich will Vorzeichen geben,
in den Himmeln und auf der Erde,
Blut und Feuer und Rauchsäulen.«

Joel 2, 30

# Zum Geleit

Das vielzitierte »Rätsel« von Mayerling – das es im Prinzip nur hinsichtlich der Hintergründe und Ursachen, nicht aber in puncto des Herganges gibt – wird, soviel läßt sich hundert Jahre danach schon behaupten, niemals mehr völlig enthüllt werden können. Die wenigen Wissenden haben geschwiegen bis ins Grab, neue Dokumente werden kaum jemals auftauchen. Alles andere bleibt Vermutung und Spekulation, bleibt im Dunkel der Vergangenheit. Die Trivialliteratur und der Trottoirjournalismus, auch die Filmhersteller, haben sich des Themas ausgiebig angenommen und Mayerling ihren Bedürfnissen entsprechend adaptiert; ebenso haben auch ernstzunehmende Historiker und Autoren sich damit bis zum Überdruß auseinandergesetzt, es entweder zum Zweck der Darstellung ihrer eigenen Version abgehandelt oder es als Gegenstand monarchistisch-legitimistischer Tendenz ebenso verklärt, wie die Gegenseite es im Sinne der Antipropaganda überstrapazierte.
Alle diese Druckerzeugnisse und »Kunstwerke«, Auffassungen und Meinungen schufen – subsumiert gesehen – eine zweite Mayerling-Wirklichkeit, die vielleicht wirklicher wurde als die Angelegenheit selbst.
Dieser kaum mehr durchdringliche Filz von Mutmaßungen, Gerüchten, Halbwahrheiten, Phantasien, Vorurteilen und persönlichen Auslegungen, von Nekrophilismus, Geheimniskrämerei, Kitsch, Emotionen und nacktem Geschäftsinteresse, den der Zeitgeschmack außerdem noch ständig verändert, vergrößert sich alljährlich wie eine mächtige Lawine, die weiter in Richtung Nachwelt rollt.
So gibt es denn auch kaum jemanden, der zu Mayerling

nicht seine *eigene* Vorstellung hätte, der sich nicht über eine ihm gemäße Version des Dramas ereiferte, die ihrerseits wieder den Mythos nährt, ihn wieder ausweitet oder zitiert.

Dem einen ist Kronprinz Rudolf beispielsweise ein wertloser, dekadenter Adeliger, dem zweiten ein unglückseliger Revolutionär, dem dritten ein schwerblütiger, todessehnsüchtiger Mensch und so weiter. Vetseras Onkel Baltazzi habe ihm mit der Champagnerflasche den Schädel eingeschlagen, nein, vielmehr sei er von einem eifersüchtigen Förster erschossen worden, des Kaisers Sendboten selbst hätten den Kronprinzen in Verbindung mit einer geplanten ungarischen Erhebung getötet... und dergleichen mehr.

Dieses Buch will nicht eine bestimmte Version des Blutdramas von Mayerling geben, wiewohl es die am wenigsten widerlegte – nämlich jene des amerikanischen Duells, bei welchem dem Kronprinzen die schwarze Kugel zukommt – ausführlicher untersuchen wird, sondern, sich zunächst streng an historisch gesichert scheinende Tatsachen haltend, darüber hinaus eine Gesamtschau möglichst aller Versionen der Mayerling-Tragödie sein, auch der noch so skurrilsten und ausgefallensten, der gängigen wie der schon wieder vergessenen, aber dies mit allem gebotenen Respekt; wir wollen nicht übersehen, daß es sich bei Rudolf und Mary um zwei Menschen aus Fleisch und Blut handelte, mit unseren Sehnsüchten und unseren Fehlern, nicht um zwei mehr oder weniger outrierende Schauspieler, die zufällig die Weltbühne erkletterten.

Hundert Jahre Mayerling sind Anlaß genug, einen Rückblick zu halten, abzuwägen und aufzuzählen, was die Öffentlichkeit danach bewegt hat und immer noch bewegt. Denn Tatsache ist, daß sich der Faszination der tödlichen Romanze kaum jemand zu entziehen vermag, daß sie, wie nur ganz wenige welthistorische Vorgänge davor oder danach, unauflöslich im Bewußtsein des Publikums verankert bleibt.

Die Verschleierung der Tragödie begann noch am Tage ihrer Entdeckung, teils durch wirkliche Verwirrung, teils durch die obersten Hofbehörden dekretiert. Falschmeldungen und Dementis wurden in Umlauf gesetzt und von neuerlichen Vertuschungen und Fälschungen überholt, die ihrerseits wiederum von gelenkten Desinformationen verdrängt wurden, was die Gerüchtebildung zwangsläufig ins Unendliche steigerte.

Sofort kam eine Flut ausländischer Presseprodukte mit den wildesten Spekulationen auf den Zeitungsmarkt, ebenso versuchte man, das Ereignis politisch nutzbar zu machen und gegen das Kaisertum zu verwenden. Die österreichischen Polizeibehörden waren zunächst vollauf damit beschäftigt, all diese Druckerzeugnisse zu beschlagnahmen. Schon ein Jahr später erschienen die ersten Romane über Mayerling in Deutschland und der Schweiz, allesamt kolportagehafte Hintertreppenberichte, die mit der Sensationslust der Masse spekulierten.

Allerdings legten noch verschiedene nahe Beteiligte der Affäre ihre Wahrnehmungen darüber in Denkschriften nieder, wenn auch zum Teil durchaus aus Gründen der Distanzierung und Reinwaschung, so die Baronin Helene Vetsera und die Gräfin Marie Larisch, geb. Wallersee. Schon Anfang Februar 1889 hatte außerdem Graf Josef Hoyos zu Sprintzenstein ebenso eine Denkschrift verfaßt, die noch im Juni desselben Jahres im Haus-, Hof- und Staatsarchiv abgelegt und von dem verdienstvollen Historiker Oskar von Mitis, der Leiter dieses Archivs gewesen war, 1928 veröffentlicht wurde. Auch die Kronprinzessin-Witwe Stephanie, die 1945 in Oroszvár in Ungarn verstarb, hinterließ Memoiren, deren Wert aber bestreitbar scheint.

Oskar von Mitis leitete mit seinem Werk »Das Leben des Kronprinzen Rudolf« (Leipzig 1928), der allerersten Rudolf-Biographie, die diesbezügliche Forschung ein, die bis auf unsere Tage zum Beispiel von Brigitte Hamann fortgesetzt wird, nachdem 1955 die verlorengeglaubte Akte des Polizeipräsidenten Baron Krauß wiederaufgetaucht ist, in welcher wohl der Schlüssel zum Verständnis der Tragödie von Mayerling gesucht werden kann.

Die eigenhändig von Baron Krauß in einer zwischen Kurrent und Latein wechselnden Handschrift abgefaßten Notizen über seine Wahrnehmungen füllen mit zusätzlichen Schriftstücken und Briefen ein beachtliches Konvolut von 248 Einzelstücken und insgesamt 500 Seiten auf vergilbten Aktenbögen, deren historische Echtheit insgesamt verbürgt scheint, wenn auch »Korrekturen« im Sinne der Staatsräson nicht ausgeschlossen sind. Einst sorgsam in der kleinen Sammlung der streng geheimen Akten des k. u. k. Polizeipräsidiums aufbewahrt, ist dieser »Krauß-Bericht« wohl das wichtigste Dokument zum gewaltsamen Tod des Kaisersohnes und der jungen Baronesse Vetsera geblieben, trotz der nahezu schon unüberschaubaren Masse von Deutungen und Darstellungen verschiedenster Qualitäten.

*Camillo Schaefer*

# Hundert Jahre Mayerling-Mythos

Mayerling – das ist ein geradezu unerträgliches Stichwort geworden, ein Höhepunkt aller Kitschanhänger und Andenkenanbeter, ein Ort des mehr oder weniger philisterhaften Interesses auch für die Besucher aus aller Welt, welche sich noch bis heute von der Sühnekapelle und dem Kloster der Karmelitinnen im südlichen Wienerwald angezogen fühlen. Nach einem vollen Jahrhundert bizarrster Spekulationen und wildester Gerüchte dürfte die historische Wahrheit um die »Bluthochzeit« von Mayerling höchstwahrscheinlich viel banaler und unspektakulärer ausfallen, als man dies wahrhaben möchte – denn die nie verstummten Interpretationen umschließen noch immer einen abenteuerlichen Bogen, der vom Ruch der Hintertreppentragödie bis zur allerhöchsten politischen Kabale, von der sexuellen Verirrung bis zur sturen Ehrenhandlung, von der ausweglosen Liebesaffäre bis zum Morphinistentod, von der Sterbenslust und dem Lebensüberdruß bis zum unglückseligen Zufall und noch weiter reicht.

Kaum je hat ein aus der Vergangenheit bis auf unsere Tage gekommenes Ereignis die breite Öffentlichkeit so lange und so sehr beschäftigt und kaum je eines zu so unterschiedlichen Emotionen, Meinungen und Lesarten Anlaß gegeben wie die Geschichte von Mary und Rudolf, wiewohl die kaiserliche Familie von tragischen äußeren Ereignissen wahrlich genug betroffen worden ist: Man denke nur an die Hinrichtung des Kaiserbruders Maximilian in Mexiko (1867), an die Ermordung der Kaiserin Elisabeth in Genf (1898), an die Ermordung des Thronfolgers Franz Ferdinand und seiner Gemahlin (1914) in Sarajevo.

Als Kronprinz Rudolf 1889 in Mayerling abgetreten war, ließ der 59jährige Kaiser das Schloß sofort in ein Kloster umwandeln, das der strenge Orden der Karmelitinnen in seine Obhut übernehmen sollte. Schon im ersten Stiftungsbrief von 1889 ordnete Franz Joseph persönlich an, daß jenes Zimmer, in welchem »die Katastrophe«, wie er das blutige Drama umschrieb, stattgefunden hatte, in eine Kapelle umgebaut werden müsse. Offenbar drängte er damit darauf, wenn schon nicht die Schmach und Schande, so doch wenigstens den »Tatort« für alle Zeiten auszutilgen und auszulöschen; damit verband sich wohl auch seine unausgesprochene Hoffnung, jedes äußere Interesse wie auch die Möglichkeiten konkreter Nachforschungen an und in Mayerling für die Zukunft zu vereiteln.

Der mit dem Umbau beauftragte Architekt Schmalzhofer, welcher mit den Bauauflagen des Karmelitinnenordens (zwei vorgeschriebene Innenhöfe) bestens vertraut war, ließ den Plafond zwischen Rudolfs und dem darübergelegenen gemeinsamen Schlafzimmer abreißen und zog außerdem zusätzlich einen Vorbau mit den genauen Ausmaßen von Rudolfs Schlafzimmer, nämlich 7 mal 7 Meter, die gewünschte Kapelle. Das dahintergelegene Badezimmer und ein angrenzendes Umkleidezimmer verwandelte er in einen Betchor für die Schwestern, der eine ähnliche Größe wie die Sühnekapelle aufweist. Die ursprüngliche Wand zwischen dem Schlafzimmer und Dienerzimmer wurde ebenfalls entfernt und aus Loscheks Zimmer zusätzlich die sogenannte Josephi-Kapelle gebaut. Von der Sühnekapelle rechts entstand ein neuer Trakt, so daß sich daraus im Klosterinneren die zwei verlangten Innenhöfe ergeben mußten. Die ursprünglich auf dem Schloßareal gestandene Laurenzi-Kirche, die im Besitz des Stiftes Heiligenkreuz gewesen war und vom Kaiser um 1 000 Gulden gekauft werden mußte, wurde abgerissen, so daß nur ihre ehemalige Eingangshalle erhalten blieb, die den Karmelitinnen von Mayerling als Kolumbarium (Begräbnisstätte) dient.

Die künstlerische Ausgestaltung der Sühnekapelle übernahm der Architekt und Hofsekretär Heinrich Schemfil. Sie ist in neugotischem Stil erbaut und von seitlichen Strebepfeilern in drei Schiffe unterteilt worden. Der Altar steht genau an der Stelle, an der sich Rudolfs Bett befunden hat. Trotzdem wird man fallweise bei Führungen irrtümlich darauf aufmerksam gemacht, daß sich die Tragödie oberhalb im ersten Stock abgespielt haben soll – was nicht stimmt, weil Rudolfs Schlafzimmer fast zu ebener Erde lag.

Das Altarbild fertigte Josef Kastner um 6 000 Gulden an; dieses stellt die Anbetung der Heiligen Dreifaltigkeit durch jene Heiligen dar, die zugleich Schutzpatrone der allernächsten Angehörigen des Erzhauses waren. Im Vordergrund sieht man den hl. Leopold mit der Stiftskirche von Heiligenkreuz in der Hand, den hl. Severin als Schutzpatron Noricums, Karl den Großen als Gründer der alten Ostmark (791), die hl. Avila als Mutter des Karmelitinnenordens sowie die hl. Euphrasia, eine Karmelitin aus der Frühzeit der Ordensgeschichte. Eine Arbeit des Architekten Müller ist der aus hellem Lindenholz geschnitzte Kreuzweg. Die Kreuzwegstationen stiftete dazu der Münchner Kanonikus Prinz Philip von Arenberg, die bunten Glasfenster haben 42 Freunde Rudolfs gespendet. Eine ebenfalls handgeschnitzte Wendeltreppe führt auf die Empore hinauf, von der aus alljährlich der Kaiser und die Kaiserin am Gedenkgottesdienst für ihren Sohn teilnahmen. Die holzgeschnitzte Eingangstür stellt die zwölf Apostel dar. Von einer Glastür abgetrennt, gelangt man links von der Sühnekapelle in die Josephi-Kapelle. Sie ist in barockem Stil eingerichtet, der Betschemel und der Beichtstuhl stammen aus der Hofburg. Der Barockaltar des ungarischen Künstlers Jaróg, welcher sich darin befindet, war ursprünglich ein Geschenk der Erzherzogin Valerie, Rudolfs Schwester, an Mayerling.

Bereits im Oktober 1889 war der Schloßumbau zum Kloster abgeschlossen, das kronprinzliche Jagdquartier existierte in seiner originalen Dimension nicht mehr. Schon am Allerseelentag desselben Jahres kam Kaiser Franz Joseph nach Mayerling, besichtigte das Kloster und nahm an der Messe für den toten Kronprinzen teil. An Katharina Schratt schrieb er über seine Eindrücke: »Gestern war ich in Meyerling und kam befriedigt, wenn auch traurig gestimmt zurück. Das Kloster ist gut ausgefallen und die Kapelle wirklich sehr hübsch. Über dem Ganzen ruht in der freundlichen, beim gestrigen schönen Wetter besonders hübschen Gegend ein wohlthuender, beruhigender Frieden. Ich hörte zuerst die Messe in der Kapelle und besichtigte dann das Kloster und alle Nebengebäude. Die Nonnen sind zufrieden, und ihre Zellen mit der unendlich einfachen, ärmlichen Einrichtung haben ein freundliches Aussehen, dazu eine schöne Gegend und gute Luft. Es sind auch einige junge, hübsche Novizinnen da. Welcher Entschluß, sich für das ganze Leben in diese strengen Klostermauern zu begraben. In jeder Zelle und auch auf dem Speisetisch der Nonnen steht ein Totenkopf...«

Der Kaiser selbst war zu diesem Zeitpunkt bereits ein gealterter, freudloser und zunehmend vereinsamter Mann an der Seite einer unstet umherreisenden Gattin geworden, deren Besuche in Wien nur noch flüchtige Episoden sind. In der Folge wendet er sich immer mehr der Seelenfreundin Schratt zu. »Ich werde nun für die Monarchie arbeiten und meine Pflicht erfüllen, ohne Freude, solange meine alten Knochen halten wollen«, soll er, laut eines Berichtes des Prinzen Reuß an Bismarck, geäußert haben.

Über die mit dem Kaiser nach dem Drama von Mayerling vorgegangenen Veränderungen schrieb auch Graf Alexander Hübner demgemäß in sein Tagebuch: »Er hat nicht mehr das gleiche Interesse an den Geschäften. Bis zum Tode des Kronprinzen hat er für die Monarchie gearbeitet, aber auch um seinem Sohn den Weg zu ebnen. Jetzt, wo der Sohn verschwunden ist, ist eine große Leere in der Existenz des Vaters. Es ist aus Pflichtgefühl, wenn er sich mit den Geschäften befaßt, aber sein Herz ist nicht mehr dabei.«

Zu Weihnachten 1889 schreibt Franz Joseph unter dem Datum des 23. Dezember dann auch an Frau Schratt: »Für uns gibt es keine Bescherung und keine Weihnachtsfeier mehr!«

Dennoch durfte er nunmehr mit gewissem Glaubenstrost auf die den Nonnen von Mayerling zugewiesenen Pflichten blicken, die in seinem zweiten und endgültigen Stiftungsbrief folgendermaßen von ihm bestimmt worden waren:

> »Die Stiftung führt den Namen
> Kaiser Franz Josephs-Stiftung
> des Klosters der Karmelitinnen
> in Meyerling.
> In der Kapelle muß für immerwährende
> Zeiten der freie Zutritt gewährt bleiben.
> Insbesonders haben die Karmelitinnen
> alltäglich für das Seelenheil
> Weiland des Kronprinzen
> Erzherzog Rudolf zu beten.«

1893 entäußerte der Kaiser sich des gesamten Realbesitzes von Mayerling plötzlich zugunsten des Dritten Ordens des hl. Franz von Assisi, dem zusätzlich 115 000 Gulden in Papieren und 28 000 Gulden in bar übergeben wurden; fortan führen die »Hartmann-Schwestern« das dort untergebrachte Altersheim. Im September 1940 wurden die Karmelitinnen in Mayerling von einer nationalsozialistischen Kommission aufgefordert, das Kloster binnen 24 Stunden zu räumen. Statt ihrer wurden Bessarabien-Deutsche in den Räumlichkeiten einquartiert. Im April 1945 näherte sich die Front aus Osten allmählich der Linie Heiligenkreuz–Alland, wo es zu erbitterten Kämpfen kam. Während der Kämpfe wurde das Kloster von Granatfeuer schwer beschädigt; was übrigblieb, verschwand infolge der Plünderungen. Erst nach Kriegsende konnten die Nonnen wieder nach Mayerling zurückkehren, wo sie mühsam mit dem langwierigen Wiederaufbau begannen. Die Behebung der Schäden dauerte jahrelang; so mußten auch die bei den Kampfhandlungen zertrümmerten Glasfenster kleinweise erneuert werden, die Einrichtungsgegenstände und so fort. Obwohl in strenger Klausur und weltlicher Abgeschiedenheit, versuchten die Ordensschwestern, eine moderne wirtschaftliche Basis zu erlangen, und erbauten eine Fremdenpension, was die Verlängerung des ehemaligen Elisabethtraktes zum Dienertrakt hin verlangte sowie den Abbruch des bis dahin noch bestehenden Nordtores.

Wer heutzutage nach Mayerling kommt, tut dies kaum mehr wie weiland Kronprinz Rudolf mit der Vetsera im romantischen Fiaker – eine solche Fahrt wäre, von Wien aus, auch kaum unter 10 000 Schilling zu haben. Wie ich mich anläßlich einer Mayerling-Recherche mit der befreundeten Kollegin Eva Deissen vergewissern konnte, käme es damit zu einer für alle Beteiligten abenteuerlichen Tour. So versicherte mein Gewährsmann – ein mir verwandtschaftlich verbundener Fiakerkutscher – glaubhaft, daß er die Pferdln mehrere Tage vorher für die etwa 30 Kilometer lange Distanz stallmäßig ausruhen lassen müsse, um zwischenzeitlich selbst in der Gegend um Mayerling eine Unterbringungsmöglichkeit für die Vierbeiner zu eruieren, weil die Rückreise erst wieder am nächsten Morgen stattfinden könne, nachdem die Tiere abermals ausgeruht hätten, aber Poststationen und Mietställe heutzutage Seltenheitswert besäßen. Somit wären schon die 10 000 Schilling, über die man aber noch reden könne, mehr oder weniger ein Freundschaftspreis, der sich aus dem Verdienstentgang mehrerer Tage und nur zu einem kleinen Teil aus den wirklichen Spesen zusammensetze. Wir entschlossen uns also, einen der überaus frequentierten Sightseeing-Busse zu benutzen, die täglich mehrfach Mayerling anfahren. Auf diesen Linien wird das Programm »Mayerling and the Vienna Woods« geboten, das

Touristen aller Länder als bequeme Halbtagstour wunsch-
weise vormittags oder nachmittags konsumieren können.
Während der Kronprinz und die Vetsera – zunächst noch
getrennt – dem Bericht eines Polizeiagenten zufolge am
28. Januar 1889 durch das winterliche Margareten und
auf vereisten Straßen über die Strecke »Roter Stadl«, wo
das Liebespaar beim Gasthof zusammentraf, von Breitenfurt–Hochrotherd–Stangau–Sulz und Sittendorf aus nach
der Waldstraße Gaaden–Heiligenkreuz gelangte, nimmt
der Busfahrer die vom sommerlichen Sonnenschein erfüllte Südosttangente auf dem Weg aus der Stadt hinaus.
Längst sind die häßlichen Industrieansiedlungen Simme-
rings, die noch aus der Monarchie stammenden Gasome-
ter und die hochgeschossigen Wohntürme am südlichen
Stadtrand zurückgeblieben, die Landschaft hinter den ge-
tönten Scheiben färbt sich allmählich grün, wird sanft,
idyllisch. Mehr oder minder gelangweilt folgt das Publikum den durch das Mikro mit bewußter Fröhlichkeit ab-
gegebenen deutschen, englischen und spanischen Ausführungen des sichtlich ebenso gelangweilten Cicerones, um
sie manchmal mit schwachem Lächeln zu quittieren, wofür ihnen mit einem ebenso süßsauren Lächeln gedankt
wird. Die ganze Busbesetzung signalisiert sich solcherart
gewissermaßen Bereitwilligkeit; dennoch bleibt die Fas-
sade spürbar.
Endlich meldet sich der Mann kurzfristig ab, statt seiner
Stimme ertönt der Kaiserwalzer. Unverdrossen versuchen
die Passagiere mitzusummen, wie um sich selber in Stimmung zu bringen. Immerhin soll es doch an jenen düsteren und blutigen Ort gehen, wo »the crown prince and his
lover committed suicide«, wie ihnen soeben erklärt worden ist. Aufmerksam lauscht alles weiter: »Ja, das alles
auf Ehr', das kann ich und noch mehr...«
Es ist, als sei die österreichische Geschichte auf Gedeih
und Verderb mit der Operette und den Straußschen Wal-
zerklängen verbunden, und tatsächlich, so scheint es, hat
ein Gutteil dieser Operettenwirklichkeit wenn schon nicht

zur eigentlichen Tragödie von Mayerling selbst, aber doch zu ihrem Mythos beigetragen. Man nehme nur die Protagonisten: Da ist zunächst einmal der alte Kaiser, der seine Akten selbst erledigt, selbst sein erster Beamter ist, ein bißchen schrullig, altmodisch, stets Uniformen bevorzugt oder den Jagdanzug, der aber nicht nur das Töten von Gemsen und Hirschen emsig betreibt, sondern auch seine Liebesaffären, doch um keinen Preis seinen Sohn an die Regierung läßt; da ist seine Frau, eine zerstörte Schönheit, die Gedichte in Heine-Manier schreibt und ziellos in der Welt umherreist, eine Schwärmerin und Melancholikerin, wie sie im Buch steht; der Sohn, der die Galauniform lieber mit dem Privatanzug vertauscht, dem liberalen Journalismus, dem Fiakertum und dem Lebemännischen gleichermaßen Sympathien bezeugt und sich letztlich mit Ausschweifungen aller Arten betäubt, sein Glück im Vergessensrausch suchend; und da ist die Baronesse Mary Vetsera, 17jährig, das Kind einer halbruinierten, exotischen Familie und gleichzeitig deren letzte Trumpfkarte im Vabanquespiel um die materielle Existenz und den heißersehnten gesellschaftlichen Aufstieg. Genaugenommen hat das Drama von Mayerling unter diesen vier Menschen stattgefunden – ist es doch Antwort des Sohnes auf die Welt seiner Eltern, die sich an der seinigen stößt, auf die Nichtakzeptanz, die er mit ebensolcher beantwortet: dem Sterben, dem blutigen Schock, den er dem Erzhaus zufügt.

Wer nach der Fahrt durch den kurzen »Busserltunnel« und über die sogenannte Cholerakapelle schließlich das ehemalige Jagdschloß Mayerling besichtigt, steht zunächst verwundert, ja enttäuscht der Mythosbildung des Jahrhunderts gegenüber. Sechs Stufen führen hinauf in das neugotische Portal, über die alles sich drängt, um im Innenraum der Sühnekapelle ziemlich ratlos umherzuschauen, der auf den ersten Blick nichts besonderes verrät, schon gar nichts, was auf einen weltbewegenden Kri-

minalfall oder ein exorbitantes Liebesdrama hindeutet.
Aber der Kirchenraum ist ja nur, wie schon ausgeführt,
die nachträglich gestaltete Kulisse dazu, geschaffen, jenen
düsteren Tag für die Nachwelt auszumerzen.

Etwas unruhig im andrängenden Menschengewühl stehend, erfährt der Besucher, daß St. Leopold, Markgraf
von Österreich, schon im Jahr 1135 die Zisterzienserabtei
gegründet hat und 1412 der Abt Albert von Heiligenkreuz
seinerseits eine Kapelle auf dem Grundstück des gegen-
wärtigen Karmelitinnenklosters in Mayerling baute, die
1529, während der ersten Türkenbelagerung Wiens, zerstört wurde. Anno 1643 wurde von den Heiligenkreuzer
Mönchen an gleicher Stelle wieder eine neue Kapelle er-
richtet, die man 1652 zu einer Kirche vergrößerte. Zwei
Jahre danach installierte sich daselbst eine fromme Bru-
derschaft zu Ehren der Heiligen Sebastian und Rochus,
worauf die Kirche Wallfahrtsort war. Nach einer noch-
maligen Erweiterung, zu der auch ein Wohnhaus hinzu-
kam, wurde die Kirche am 14. Juli 1683 – bei der zweiten
Türkenbelagerung – abermals völlig zerstört. Der Wiederaufbau war 1685–1689; der Abt Robert Leeb von Heiligenkreuz ließ außerdem noch eine Heiligen-Grab-Kapelle
neben der Kirche errichten, die heute noch innerhalb der
Klausurmauern befindlich ist. 1880/81 wurde die Kirche
vom damaligen Abt Heinrich Grünbeck restauriert, 1886
erwarb Kronprinz Rudolf den gesamten Besitz. Als lei-
denschaftlicher Jäger ließ er das Herrenhaus neben der
Kirche zum Jagdschloß umbauen. Das Gebäude bestand
seinerzeit aus dem jetzigen Parterre und einem Teil des ersten Stockes – das sind die vier Fenster an der Hauptfront
und alle Fenster der Querfront –, doch durch die gegenwärtige Kirche weitergehend hindurch.

Es folgt eine Erklärung des Freskengemäldes über dem
Hochaltar von Josef Kastner. Der hl. Joseph in der Mitte
ist zugleich Patron des Kaisers wie der Kirche selbst und
nimmt stellvertretend den Platz des ersteren ein, während
links und rechts Engel die Wappen von Österreich-Un-

garn emporhalten. Noch weiter links der hl. Stephan, der erste christliche König Ungarns. An dessen rechter Seite der kleine Märtyrer St. Rudolf, Patron des Kronprinzen ebenso wie Rudolfs von Habsburg, des Begründers des Herrscherhauses Habsburg. Ganz rechts ist der hl. Franz von Assisi, als anderer Patron des Kaisers Franz Joseph, im Hintergrund des Altarblattes die hl. Elisabeth mit Rosen in ihrem Mantel, als Patronin der Kaiserin Elisabeth, dahinter die hl. Sophie, als Patronin der Großmutter Rudolfs. Wieder mehr zur Mitte hin ist der hl. Johannes vom Kreuz, der Vater des reformierten Karmelitenordens im 16. Jahrhundert, rechts davon kniet die hl. Gisela, als Patronin der Erzherzogin Gisela, einer Schwester Rudolfs. Links von ihr nun der hl. Leopold mit der zitierten Miniaturkirche im Arm, als der Gründer der Abtei von Heiligenkreuz. Dahinter, ein Schwert in der Hand, die hl. Valeria, als Patronin der Erzherzogin Valerie, der anderen Schwester des Kronprinzen. Ganz rechts der hl. Severin, dann, zwischen Leopold und diesem, Karl der Große. Dann noch die hl. Theresia von Avila und die hl. Euphrasia, beides Karmelitinnen. Rechts und links vom auf der Spitze des Altars stehenden Steinkreuz zeigen Engel auf dieses hin, das Sinnbild der Buße und Erlösung von allen Sünden ist. Doch trotz dieser Beschwörung der Schutzheiligen und ihrer Geister, so will man fast glauben, haben diese dem Hause Habsburg ferngestanden, trotz ihrer Ansammlung war das Geschick nicht mit ihm.

Die mit Gold überzogenen Altartüren tragen auf der einen Seite den Phönix und auf der anderen Seite einen Pelikan, beides sind Symbole für das Allerheiligste Sakrament.

Dann fällt der Satz, den die Kollegin Deissen sofort registriert und den die versammelte Touristenschar wahrscheinlich mit kurzem Schaudern mit anhört: »You must imagine, the bed, where the crown prince shot himself and the girl, was right here on the steps of the altar.« (Sie müssen sich vorstellen, das Bett, worin der Kronprinz sich und das Mädchen erschoß, stand wirklich hier an der Stelle des Altars.)

Das ist alles.

»Hast und Geniertheit scheinen seinerzeit bei der Bewältigung der Affäre den Grundton angegeben zu haben; und heute noch empfindet man bei einem Besuch in Mayerling eher das oberflächliche Dahinhasten über eine peinliche Situation unserer gloriosen k. u. k.-Vergangenheit anstelle des erwarteten nekrophilen Voyeurismus«, notiert Eva Deissen dann auch später. »Voyeurismus wäre auch fehl am Platz, denn zu sehen gibt es so gut wie nichts. Ein Besuch in Mayerling ist schneller vorbei als ein Spuk. Der einzige Geist, der hier weht, heißt Karmelitergeist.«

Sie spielt damit auf ein von den hiesigen Nonnen hergestelltes Alkoholkonzentrat an, das sowohl zur inneren wie aber auch zur äußeren Anwendung geeignet ist und vorwiegend an die Touristen verkauft wird.

Die geschwärzten Fenster im Presbyterium verbinden die Kirche mit dem Schwesternchor; die beiden Fenster oberhalb gehörten zu den zwei Oratorien des Kaisers, von denen aus er die Messe mit anhörte. Nach Besichtigung der Kapelle betritt man einen kleinen, zweimal um die Ecke führenden Korridor, wo eine rote Schnur einen winzigen Raum abtrennt, der angeblich mit Originalgegenständen aus dem Schlafzimmer des Kronprinzen eingerichtet ist, was aber nicht sehr glaubhaft scheint. Viel wahrscheinlicher klingt die Auskunft, daß man irgend etwas zusammengestellt hat, damit die Leute etwas zu sehen hätten, so einen schmiedeeisernen, sehr neuzeitlichen Schemel mit einer Waschschüssel, eine Ampel mit roten Butzenscheiben, die farbige Lichtreflexe auf einen Teppich wirft, welcher eingerahmt an der Wand hängt, Kopien von zeitgenössischen Stichen, einer mit der Kaiserin an der Bahre des toten Sohnes. In einer Glasvitrine ausgestellt sind ein Kelch und eine Perlmuttarbeit, beides gestiftet von der Erzherzogin Valerie; hinter den wenigen Schauräumen schon eine Tür mit der Aufschrift »Klausur«. Wer den Klingelknopf drückt, kann hier den schon erwähnten Karmelitergeist erstehen.

Man tritt hinaus in den hellen Sommertag, die Schritte knirschen über den Kies. Unten an der Straße, wo die Busse stehenbleiben, ist das Wirtshaus, das auch nicht sehr einladend wirkt. In einem gläsernen Schaukasten verstauben neben einer Mayerling-Schallplatte diverse Ansichtskarten mit Porträts des Kaisers und des Kronprinzen, der Kaiserin Elisabeth, der Kronprinzessin Stephanie, endlich auch der jugendlichen Vetsera mit sündhaft geschnürter Taille und aggressiven Busenrundungen, die eilig auf dem nahegelegenen Friedhof von Heiligenkreuz verscharrt wurde. Während der Monarchie bedeuteten die Umstände ihres Sterbens noch ein Staatsgeheimnis, über das aber die ganze zivilisierte Welt Mutmaßungen anstellte, die immer wieder von neuerlichen »Enthüllungen« gespeist wurden; heutzutage ist sie wohlfeiles Postkartenkonterfei, zwischen sündhafter Erotik, jugendlichem Leichtsinn und Mannerschnitten angesiedelt.

Noch ihre Friedhofsruhe war keine endgültige: Im April 1945, als die Rote Armee unaufhörlich vorrückte, stand oberhalb des Friedhofs von Heiligenkreuz eine russische Artilleriebatterie, deren Troß direkt auf dem Friedhofsareal lag und die Gedächtniskapelle der Vetsera zur Feldküche umfunktionierte. Damals wurden einige Grüfte und Gräber zwecks Plünderung aufgerissen und durchsucht, so auch das der Vetsera, worüber das Gräberbuch der Pfarre Heiligenkreuz folgendes berichtet:

»Der Sarg enthielt nur Knochen, der Schädel lag neben dem aufgebrochenen Sarg in der Gruft...«

Nach Einstellung der Kampfhandlungen wurden die Gräber wieder in Ordnung gebracht und die Verwüstungen beseitigt. Dabei könnte jedoch der Schädel der Baronesse Vetsera, der damals wieder in den Sarg zurückgelegt wurde, freilich vertauscht worden sein, was aber ein Augenzeuge entschieden verneint hat.

22

Ihre Grabstelle blieb nun bis zum 7. Juli 1959 unberührt. An diesem Tag kam es zur Exhumierung und Neubestattung der Überreste auf Antrag einer Frau Theresia Müller, verehelichte Zar, einer Enkelin eines kaiserlichen Leibjägers, die einer moralischen Verpflichtung genüge tun wollte. Dazu waren mehrere Zeugen, Amtspersonen und der Cousin der Baronesse Vetsera, Heinrich Baltazzi-Scharschmied, anwesend.

Wie nun der Arzt und Autor Gerd Holler in seinem Mayerling-Buch, das allerdings die von ihm verfochtene Abtreibungstheorie festigen soll, ausführt, wurde dabei festgestellt, daß die linke Sargseite gewaltsam aufgerissen und der Deckel nach rechts hochgeklappt worden war. In den bronzierten Kupfersarg, den Grünspan überzog, war Regenwasser eingedrungen, in dem die Knochen durcheinandergeworfen lagen, der Schädel der Toten soll im Sarg gelegen haben. »Im Sarg waren vorhanden: der komplette und sehr gut erhaltene Schädel mit noch vorhandenen Zähnen im Ober- und Unterkiefer. Die knöchernen Schädelnähte (Kranznaht, Pfeilnaht, Lambdanaht) waren fest verwachsen und *nicht* gesprengt. Die Schädelbasis war unversehrt. Im *Scheitelbein* seitwärts links – ob links oder rechts, kann ich heute nicht mehr mit Bestimmtheit sagen, aber ich glaube, es war links – fand sich ein 5:7 cm ovaler, scharf begrenzter Knochendefekt. Dieses fehlende Stück konnte unter den anderen Knochen nicht gefunden werden. Da ich wußte, daß es sich hier um eine Leiche handelte, die angeblich durch Kopfschuß ums Leben gekommen war, suchte ich aufmerksam am Schädel eine Einschuß- und eine Ausschußöffnung, und ich kann heute noch mit aller Gewißheit und Bestimmtheit sagen, daß am ganzen Schädel *keine* Einschußöffnung festgestellt werden konnte. Auf Grund meiner Ausbildung am Pathologisch-Anatomischen Institut und am Gerichtsmedizinischen Institut der Universität Wien hatte ich diesbezüglich ein theoretisches und praktisches Wissen, um eine solche Feststellung treffen zu können. Ferner stellte ich fest, daß am Schädel keine Obduktion vorgenommen worden war.«

Holler zitiert hier ein von ihm erst im Jahr 1978 (!) aufgenommenes Gedächtnisprotokoll mit Eduard Halbwachs, ehemals Leiter der Städtischen Bestattungsanstalt Baden, der bei der seinerzeitigen Exhumierung der Baronesse Vetsera von Amts wegen dabeigewesen war. Trotz unbestreitbarer Verdienste seines präzise recherchierten Buches kann doch davon ausgegangen werden, daß der Autor – wie noch jeder andere auch – sozusagen selbst ein Opfer des Mayerling-Mythos wurde, indem er sich seine zu eigen gemachte Abtreibungstheorie mit verpfuschtem Eingriff und anschließendem qualvollem Sterben der Vetsera zu beweisen trachtete. Kaum ein Autor, der sich mit dem Mayerling-Thema ausführlicher beschäftigte, ist in der Folge von dem diesem offenbar innewohnenden Mythos verschont geblieben, und noch jeder hat, trotz aller Objektivierungs- und Aufhellungsversuche, dann eine ihm gemäße Version des Dramas vertreten, dazu kamen wohl noch, speziell in Österreich, gewisse traditionalistische und legitimistische Tendenzen hinzu. Außerdem darf noch unterstellt werden, daß jedwedes Erinnerungsvermögen sich nach fast zwanzig Jahren täuschen kann – auch das der Exhumierungszeugen, von denen sich einige erst die Schädelobduktion nach der Methode Rokitansky hinterher schildern ließen.

Man erwähnt eine im Sarg liegende Gartenhaue, mit der dieser offensichtlich aufgebrochen worden war, zusätzlich die Reste eines schwarzen Seidenkleides mit dicken Schnüren und Quasten, ein Paar gut erhaltener schwarzer Halbschuhe mit hohen Absätzen sowie viele lange, lose liegende dunkle Haare. Alle Anwesenden waren der Überzeugung, daß der Knochendefekt am Scheitel links von der Gartenhaue herrührte, mit welcher der Sarg gewaltsam aufgebrochen worden war.

Die schnabelförmige Spitze dieser im Stiftsmuseum aufgehobenen Gartenhaue ist dreieckig – und aufgebogen, wie nach einem Schlag auf einen harten Gegenstand, der der Sarg gewesen sein könnte; die 7 Zentimeter lange Doppelzinke könnte bei diesem Aufprall auch den Schädel getroffen haben – der der Schädel der Mary Vetsera sein *könnte,* was aber eben nicht gesichert ist.

# Kronprinz Rudolf und die Morgenröte

Als Kronprinz Rudolf am 21. August 1858 – dem Todes-
jahr Josef Wenzel Radetzkys, des Siegers von Custozza –
um 22 Uhr 15 in Schloß Laxenburg bei Wien geboren
wurde, stand das Haus Habsburg-Lothringen noch auf
dem Gipfel einer Macht, die durchaus jener vergleichbar
war, welche Österreich unter Metternich auf dem Wiener
Kongreß erklommen und wieder leichtsinnig verspielt
hatte, als die Erneuerung der Kaiserwürde, die einem
wohl tief verankerten Wunsch der deutschsprachigen Völ-
kerschaften entsprach, an Metternichs Einspruch gescheitert war. »Wenn jetzt Franz II.«, schrieb damals der Dichter Kotzebue prophetisch, »die deutsche Kaiserkrone
nicht wieder auf sein Haupt setzt, da er nur die Hand danach ausstrecken darf, so werden die Zeitgenossen seuf-
zen, und die Nachwelt wird ihn strenge richten.«
Insgesamt 29 deutsche Fürsten boten Franz auf dem Wiener Kongreß die Kaiserkrone an, die er aber ablehnte,
während selbst preußische Patrioten wie Arndt oder Stein
auf das altgewohnte Erzhaus Österreich hingewiesen hatten. Der Kaiser neigte der Ansicht zu, daß diese neue
Volkskaiserwürde nur »politische Schwindler« für sich
hätte, und »über eine solche Sippschaft zu regieren«
reizte den Herrscher von Gottes Gnaden nicht. Franz
hatte andere Anliegen verfolgt. Als Habsburger, dessen
Wiege am Arno gestanden hatte, war er davon besessen,
möglichst viele italienische Besitztümer einzustreifen, was
er auch glücklich erreichte. Zum lombardo-veneziani-
schen Königreich kamen noch die Toskana, Modena und
Parma, wo überall Habsburger und mit ihnen verbundene
Dynastien auf den Thron gelangten, hinzu, so daß Öster-

reich damit tatsächlich in Italien die Vormachtstellung errang. Aber schon der abseits stehende Erzherzog Johann äußerte, die Entwicklung der Dinge absehend: »Österreich hat viel und leider zu seinem Unglück in Italien erhalten.« Metternich irrte nämlich, wenn er Italien leichtfertig auf dem Wiener Kongreß als »geographischer Begriff« bezeichnete – vielmehr war das Gegenteil der Fall, weil Italien nach Unabhängigkeit und staatlicher Einheit drängte. Dazu kam Rußland, das schon nahe daran gewesen war, von Napoleon vollends zerschmettert zu werden, nun aber einen drohenden Keil gegen seinen früheren Verbündeten vorschob, um sofort mit intensiver panslawistischer Wühlarbeit in den Balkanländern anzufangen. Denn Österreich stand genaugenommen in höchstem Widerspruch zum damals herrschenden Zeitgeist, jenen lebendigen und blutvollen Kräften, welche die Französische Revolution und die Befreiungskriege sozusagen beschworen hatten – dem Gedanken an die nationale Selbstbestimmung.

1848/49 jedoch waren die Revolutionen siegreich erstickt worden, Radetzky hatte in zwei Feldzügen über Piemont-Sardinien triumphiert, Preußen sich in Olmütz (1850) gedemütigt. Im Krimkrieg hatte Österreichs Ultimatum die eigentliche Entscheidung herbeigeführt und Rußland zum Frieden gezwungen. In Wien trug man sich daher gelegentlich mit den allerkühnsten Plänen – Denkschriften österreichischer Staatsmänner jener Zeit beinhalten ebenso den Plan einer mitteleuropäischen Zollunion wie eines Siebzigmillionenreiches, aber auch schon das Konzept eines einzigen, föderierten Europas mit einem gemeinsamen Markt.

Franz Joseph, der schon mit 18 Jahren auf den Thron gelangt war und mit 20 Jahren seine Staaten allein regierte, ein eleganter Kavalier und ein überaus gewissenhafter und vorzeitig ernster Monarch, führte 1854 Elisabeth, Prinzessin in Bayern, eine der reizvollsten Prinzessinnen Europas, zum Altar. Das kapriziöse und exaltierte Mädchen wurde die vielleicht schönste Fürstin ihrer Zeit, jedenfalls sicherlich eine der merkwürdigsten und faszinierendsten Frauen des 19. Jahrhunderts.

Als Rudolf geboren wurde, sprach Julie Rettich von der Bühne des Hofburgtheaters den Prolog der »Klio« von Friedrich Halm herab:

»Hier steht das Jahr, der Tag hier eingegraben,
Der Rest der Tafel bleibe leer;
Denn ich muß Raum für seine Taten haben,
Und Großes, ahn' ich, schreib' ich noch hierher.«

20 Kanonen schossen von den damals noch bestehenden Basteien den einem Thronerben zustehenden Salut von 101 Schüssen, und vom allerersten Tag seines Daseins an war Rudolf schon auf besonderen Wunsch seines Vaters und gegen die bisherige Tradition Armeeangehöriger im Range eines Obersten und Inhaber des Infanterieregiments Nr. 19. Im Hause Habsburg wie in den anderen damals regierenden Fürstenhäusern war es unüblich gewesen, daß ein Kronprinz bereits mit seiner Geburt ein Angehöriger der Armee in einem derartig hohen Rang wurde, aber Franz Joseph drückte mit diesem Schritt vor allem seine Verbundenheit mit dem Heer aus, das ihm in den Revolutionsjahren 1848/49 den Thron gebracht und erhalten hatte. Er selbst war erst mit 13 Jahren zum Oberst und Regimentsinhaber des Dragonerregiments Nr. 3 ernannt worden, ganz anders als Rudolf, dem als Kronprinzen noch zusätzlich »nach althergebrachter Übung des Kaiserhauses der Orden des Goldenen Vließes mit Nachsicht aller Ceremonien« in seine blauseidene Wiege, ein Geschenk der Bürger Wiens, gelegt wurde.

Aus Anlaß seiner Geburt wurden ebenso verschiedene soziale Stiftungen ins Leben gerufen, deren größte der Bau des Rudolf-Spitals im dritten Wiener Bezirk war, eines Krankenhauses mit 1 000 Betten für die Angehörigen sämtlicher Nationalitäten und Religionen, das (als Neubau) bis heute existiert.

Sicherlich kann man den Charakter und das weitere

Schicksal des Kronprinzen nur verstehen, wenn man sich mit der Person seiner Mutter auseinandersetzt. Es heißt, daß die Tragik der Söhne darin bestünde, so werden zu müssen wie ihre Mütter – und tatsächlich hat das Doppelgesichtige in Rudolfs ganzem Wesen übergroße Ähnlichkeiten mit den unsteten und überreizten Zügen Elisabeths: »Nur als Sohn dieser Mutter ist Rudolf zu verstehen, in seinen glänzenden und die Mitwelt bezaubernden, die Nachwelt noch nach hundert Jahren im Bann haltenden Eigenschaften wie in seiner Tragik«, hat Emil Franzel es in seiner Rudolf-Studie postuliert.

Obwohl Rudolfs eigentliche Aja (Erzieherin) in seinen ersten vier Lebensjahren Karoline Freifrau von Welden, die Witwe des gleichnamigen Feldzeugmeisters, gewesen war, wurde seine wirkliche Kinderfrau die Großmutter, Erzherzogin Sophie, eine streng konservative und klerikale Frau, der man nachgerade einen »männlichen Verstand« nachsagte. Diese willensstarke, energische Person hat der Kindsmutter kaum eine Chance gelassen, ihre Gefühle für das Kind zu entfalten, die aber ohnedies mit ihren Gedichten, Hunden und Papageien beschäftigt war. Als erst Zwanzigjährige wird sie als unreif und verspielt dargestellt, ohne großes Interesse an ihrer Mutterschaft, die erst angesichts ihrer Tochter Valerie erwacht sein soll. Auch die Gräfin Larisch schrieb, daß Elisabeth ohne alle Muttergefühle war und es falsch sei, von der großen Liebe zwischen Mutter und Sohn zu reden. Erzherzogin Sophie selbst war bei Hof sehr unbeliebt und häufig in Intrigen verwickelt, außerdem ist der damaligen Zeit eine Frau, die selbständig denken konnte, naturgemäß suspekt und unbequem gewesen, entsprach sie doch überhaupt nicht den üblichen Vorstellungen, zumal sie, wie J. Redlich schrieb, zielbewußt und eigenwillig und vor allem politisch interessiert war. Auch stand sie dem späteren Erzbischof von Wien, ihrem Günstling Kardinal Rauscher, als Ratgeber zur Seite – und nicht immer nur in kirchlichen Angelegenheiten.

Nach den Vererbungsgesetzen hätten sich in Rudolfs Anlage die habsburgisch-lothringischen Elemente im gleichen Anteil mit den wittelsbachischen verbinden müssen, doch scheint in seinem Genotypus das Wittelsbachische dominant zu sein; und man darf nicht vergessen, daß nicht nur die Mutter, sondern auch seine Großmutter – eigentlich seine beiden Großmütter – Wittelsbacherinnen waren. Der Vater Elisabeths, Herzog Max in Bayern, entstammte einer Seitenlinie des königlichen Hauses von Bayern – seine Gattin Ludovika war eine Tochter des ersten bayrischen Königs Max Joseph und eine Schwester der Erzherzogin Sophie, die als Gemahlin des Erzherzogs Franz Karl die Mutter Kaiser Franz Josephs war. Aus diesem »Ahnenverlust« oder »Ahnenschwund« – unter dem man das wiederholte Vorkommen derselben Personen in einer Ahnentafel versteht – hat man Rudolfs erblich genetische Minderwertigkeit herauszulesen versucht. So haben etwa die Kinder von Vettern und Basen stets statt acht nur sechs Urgroßeltern, und die Verwandtenähnlichkeiten sind selbstverständlich größer als bei Sippen, die sich mit Fremden mischen. In Rudolfs Fall waren seine Großmütter – Sophie und Ludovika – also Schwestern und seine Eltern Vetter und Base ersten Grades gewesen. Vom wissenschaftlichen Standpunkt aus haben sich Autoren – wie beispielsweise Holler – mit der Perspektive von Rudolfs Herkunft befaßt, daß nach Gregor Mendels Vererbungslehre (1865) ein mischerbiger Nachkomme dann entsteht, wenn ein unverändertes Gen (Erbsubstanzträger) auf ein anderes unverändertes Gen trifft, was besagt, daß das neue Lebewesen zu 50 Prozent normale und zu 50 Prozent defekte Gene besitzt. Trifft dieser Genträger seinerseits auf ein erbgesundes Gen, so werden demnach alle Nachkommen wieder 50 Prozent mischerbig und 50 Prozent erbgesund sein; wenn der mischerbige Nachkomme auf einen anderen mischerbigen Partner trifft, bleiben nur noch 25 Prozent der Gene für die weitere Generation reinerbig, aber Schädigungen aus solchen Konstellationen können auch viele Generationen auf sich warten lassen. Anders bei blutsverwandten Ehegatten, wo die Schädigungen oftmals häufiger und viel früher auftreten sollen. Während ein Kind die Hälfte seiner Gene jeweils von einem Elternteil vererbt bekommt, es also mit jedem die Hälfte gemeinsam hat, haben Vettern und Basen ersten Grades ein Achtel ihrer Gene gemeinsam.

Darwins Lehrsatz »Inzucht führt zur Degeneration«, der über Jahre hinaus der weitverbreitetste zu diesem Problem war, wurde später von Wissenschaftlern entgegengehalten, daß er die Begriffe »Regeneration« und »erbliche Entlastung« übersehen habe, weil schließlich kein einziger Mensch völlig normal und erblich unbelastet sei und krankhafte Anlagen in den Familien ebenso wieder vergehen können, wie sie entstanden wären. Anderseits blieb man davon überzeugt, daß Heiraten zwischen Verwandten die Häufigkeit von Erbkrankheiten steigerten und diese nicht schon bei der Geburt erkennbar sein müßten, daß also praktisch alles, sogar Onanie und Trunksucht, vererbbar sei. Allerdings hat man auch eingewendet, daß die Mendelschen Erbgänge beim Menschen nur bedingt anwendbar wären, weil dieser in seiner soziobiologischen Struktur viel zu kompliziert ist. So meinte 1923 der Leiter des Institutes für Vererbungsforschung in Berlin, Erwin Bauer, daß die »Mendelschen Gesetzmäßigkeiten für alle untersuchten Organismen gelten« und man daher annehmen müsse, »daß auch der Mensch keine Ausnahme macht. Aber auch ein einigermaßen sicheres Beobachtungsmaterial gibt es bis heute nicht für den Menschen«. Für den Großteil von Verwandtenehen wird heute angenommen, daß durchaus mit normalen Nachkommen zu rechnen ist, während nur in Familien mit rezessiven Mißbildungen erbkranker Nachwuchs zu erwarten sei, so nicht das gleiche rezessive letale Gen bei Vetter und Base auftritt, das auch häufig zu Totgeburten und frühkindlichen Todesfällen führt.

Julius Wolf schrieb 1940 in einer ausführlichen Arbeit:

»Wir haben festgestellt, daß – gerade die Habsburger ein lebendes Beispiel dafür sind – geistesschwache Eltern geistig gesunde, unter Umständen geistig bedeutsame Kinder auf die Welt bringen können.«

Aber sieht man den »Ahnenverlust« Rudolfs durch die bayrischen Heiraten seines Vaters und Großvaters nach, so muß doch noch von einem starken wittelsbachischen Einschlag unter seinen nächsten Vorfahren gesprochen werden; man denke zuerst an Ludwig II., dessen unglückseliges Ende der Kronprinz noch erlebt hat und das ihn sogar vielleicht beeinflußte. Man hat beide der Ähnlichkeiten ihrer Schicksale wegen gerne verglichen, sie beide mit einem Mythos umgeben, mit der Aureole der Unverstandenheit und eines gewissen weltfremden »Genies« ausgestattet. Letzthin webt sich um den Tod beider das allerletzte Geheimnis und die Legende. Ludwig seinerseits hat seine – nicht auf Gegenseitigkeit beruhende – Vorliebe und Bewunderung für Elisabeth nicht zuletzt auf den um 14 Jahre jüngeren Erzherzog übertragen und erwog als Schwarmgeist manchmal, ob er diesen nicht als seinen Erben in Bayern einsetzen könne.

Doch ähnelte der Kronprinz in seinem Hang zum Fortschritt und in seiner ganzen Wissenschaftsgläubigkeit, in seinem unbedingten Rationalismus wie in seinem liberalen Denken weitaus mehr König Max II. von Bayern (1848–1864) und war wie dieser eher intellektuell als emotionell. Wie jener mischte er sich auch gerne unter das Volk, bürgerliche Nüchternheit und drastische Redeweise kehren ebenso wieder wie dessen Abneigung gegen jedwedes Zeremoniell und die Hinwendung zur Aufklärung nach französischem und josephinischem Muster, das den klerikalen Ansprüchen feindselig begegnete.

So hat Wolf auch festgestellt: »Das Äußere des Kronprinzen Rudolf frappiert durch den Mangel deutlicher Verwandtschaft mit dem Vater und mit der Mutter, obschon Anklänge an Wittelsbach, durch die Mutter und Großmutter, vermittelt werden. Die Stirn war bedeutend, stark gewölbt, der Fassungsraum der Schädelkuppe groß, die Nase geradlinig, eher kurz. Die Unterlippe war etwas betont, das Kinn eher zurückweichend, die Haarfarbe von einem rötlich spielenden Blond, der Bartansatz eher schütter. Dies alles erinnert eher an Wittelbach. Die Anklänge an die habsburgischen Ahnen, zumal väterlicherseits, sind nach alledem nicht zu bedeutend, mit Ausnahme der Schädelkuppe, die die Erinnerung an die Brüderreihe Franz I. rege werden läßt...«

Man kann dennoch ebenso davon ausgehen, daß die physiognomische und die geistige Regelbildung nicht unbedingt den gleichen Gesetzmäßigkeiten folgen müssen beziehungsweise keine gemeinsame Ordnung erkennen lassen; während nämlich auf erste ein solches Prinzip weitgehend zutrifft, gibt es im geistigen Bereich keine Typenbildungen.

Noch Rudolfs Frau hielt später allen erbbiologischen Mutmaßungen ihre höchstpersönliche Erfahrung entgegen: »Weder geistige Umnachtung, wie es nachher offiziell hieß, noch biologische Mängel als Erbe zu alten Geschlechts, wie manche später wissen wollten, waren die Ursache, die zu dem tragischen Tod des Kronprinzen geführt haben. Ich sehe sie allein in der Haltlosigkeit seines Wesens.«

Rudolfs Biograph Mitis, dessen Werk aber noch von der Behutsamkeit eines das Erzhaus hochverehrenden Bürgers der Monarchie mitgeprägt ist, schrieb Rudolfs Ende freilich noch diesem »Ahnenschwund« zu, der mit sogenannter »psychopathischer Minderwertigkeit« identisch sein soll. Damit rechnete er Rudolfs Absonderlichkeiten gewissermaßen der erblichen Belastung an und sprach seine Person sozusagen von der direkten Schuld frei.

»Das typische Bild dieser Krankheit zeigt uns bisweilen lebhafte Kontraste: Der Sonnenschein voller Lebenslust, hoher geistiger Begabung und pflichtbewußter Gesinnung wechselt, in abgestuften oder unvermittelten Übergängen, mit den Schatten, welche Entgleisungen der Gedankenar-

beit, Freude am Banalen, bedenkenlose Erotik, das Vor-
beigehen an Gesetzen der Moral, Ruhelosigkeit und be-
fremdende Ausbrüche von Angst und Verzweiflung auf
die Lebensführung der Belasteten werfen. Solche Menschen bewegen sich auf der problematischen Grenze zwischen Gesundheit und unzweifelhafter Geisteskrankheit,
und ihr Charakterbild wird zur Krankheitsgeschichte.«
Nun, alle diese Ausführungen bleiben entweder Spekulation oder zielen auf eine verspätete Rechtfertigung der
Blutnacht von Mayerling ab. Eine tatsächlich akut aufge-
tretene Geisteskrankheit Rudolfs ist ebensowenig bewiesen wie die umstrittene Annahme, daß Verwandtenehen
üblicherweise zu einer solchen führen müßten oder diesbezügliche Erbanlagen unbedingt verstärkten – nicht
einmal im Hinblick auf das vielzitierte »schlechte Blut«
der Wittelsbacher oder die »Rastlosigkeit« ihres Wesens.
Die Hinwendung zu den Naturwissenschaften, zur Aufklärung und zum Liberalismus endet auch nicht notwen-
digerweise in der Schizophrenie, wie dies die Quintessenz
verschiedener mit dem Thema beschäftigter Autoren be-
sagte.
Ebensowenig kann eine unglücklich geführte Ehe schon
ein zwingender Grund für Selbstmord und Mord werden
– auch nicht die immer wieder berufene »Unmöglichkeit«
Rudolfs, seinen eigenen Willen durchzusetzen; als Thronerbe hätte Rudolf de facto nur abzuwarten gehabt, bis er
von selber auf den Thron gelangt wäre, wie dies praktisch
durchaus Usus gewesen ist. Es scheint dagegen viel eher
der Fall zu sein, daß er sich in seinen eigenen Angelegenheiten privater Natur immer mehr verzettelt und verloren
haben mag; auch überwiegt in seiner Person das leichtsin-
nige, lebemännische Element, das ihn schließlich ver-
schlang. In seiner künstlichen alkoholischen und eroti-
schen Welt hatten die Pflichten nur äußerliche Bedeutung
gehabt, um im Laufe der Jahre immer sinnentleerter zu
werden. Obwohl Rudolf eine ähnliche Erziehung zuteil
geworden war wie seinem Vater, sehen wir in seiner gan-

zen Person doch den Skeptiker und Pessimisten der Moderne, der sich mit den tradierten Zielsetzungen nicht mehr identifiziert und schließlich ins Bodenlose abstürzt, den Protagonisten eines Zeitalters, das der Skeptizismus zerfrißt, und der sich vor der Sinnfrage, die er nicht mehr beantworten kann, wie Schnitzlers Anatol in ein ausgedehntes Liebesleben stürzt, das seinen Zynismus und seine Lebensverachtung verbergen soll.

Schon in frühester Kindheit begann für Rudolf der militärische Unterricht, ebenso wie schon vormals für seinen Vater, der mit vier Jahren bei einem Korporal das Exerzieren und die ersten Worte Ungarisch gelernt hatte. Mit sechs hatte Franz Joseph seinen eigenen Hofstaat erhalten; nebst Geistes- und Naturwissenschaften mußte er insgesamt sieben Fremdsprachen erlernen, die er gewissenhaft beherrscht haben soll. Mit zwei Jahren (!) kommandierte Rudolf einmal eine Soldatenabordnung in der Hofburg in ungarischer Sprache, mit drei Jahren hatte er stundenlang an der Seite des Kaisers Paraden abzunehmen. Er konnte damals bereits tschechisch und ungarisch lesen und schreiben. Als er vier war, bekam er als seinen Erzieher den Oberstleutnant von Spindler, mit sechs erhielt er seinen »eigenen« Hofstaat – sein neuer Erzieher wurde damals der militärisch harte Generalmajor Leopold Graf Gondrecourt. Dieser in den dänischen Kriegen als »Sieger von Översee« bekanntgewordene sture Mann, ein Kriegsheld, der zu spartanisch harten und einschüchternden Erziehungsmethoden griff, wurde aber schon im Jahr darauf von Josef Graf Latour, einem vornehmen und ausgeglichenen Charaktermenschen, abgelöst. Obwohl der vom Kaiser persönlich entworfene Erziehungsplan hohe Anforderungen an Rudolf stellte, war er, dem Urteil seiner Lehrer zufolge, von leichter Auffassungsgabe, intelligent und vielseitig interessiert, neigte aber zur »Frühreife«. Zu seinem »natürlichen Form- und Redetalent« kam ein sichtlicher »Mangel an methodisch operieren-

dem Denken« hinzu. Seine Gleichgültigkeit im Religions-
unterricht wird sogar Anlaß zur Beanstandung.

Unter seinen rund 50 von 1864 bis 1877 beschäftigten
Lehrern, die dem Kaiser insgesamt 500 000 Gulden geko-
stet haben sollen, waren so namhafte Köpfe wie Anton
Gindely für Geschichte, Karl Greistorfer für Deutsch und
Philosophie und Karl Menger für Volkswirtschaft. Schon
frühzeitig galt Rudolfs Hauptinteresse den Naturwissenschaften, insbesondere den naturgeschichtlichen Fächern.
So blieb er etwa der Ornithologie – einem seiner Spezial-
gebiete, mit dem er auch als Forscher Erfolg hatte – zeitle-
bens treu. Bekannt ist uns die Denkschrift des Siebzehn-
jährigen für den Grafen Latour, in der Rudolf sehr libe-
rale Gedanken äußert, die in durchaus gewandter Form
zu Papier gebracht sind. In philosophischer Hinsicht neigt
er schon damals dem Positivismus zu.

Nach Beendigung seiner Studien im Juli 1877 und einer
großen Studienreise nach England in Begleitung Mengers
rückte er am 28. Juli 1878 als zugeteilter Oberst zum k. k.
36. Infanterieregiment nach Prag ein, wo er »mit Hin-
gabe« und »Geschick« seinen Dienst versah. Am
18. August 1879 wurde Rudolf Regimentskommandant.
Weil er ausgezeichnet tschechisch sprach, war er bei der
Bevölkerung sehr beliebt; er selbst hat später die Prager
Zeit als die glücklichste seines Lebens bezeichnet.

1881 lernt Rudolf den liberalen Journalisten Moriz Szeps
– der später mit Georges Clemenceau verschwägert ist –
kennen, der Herausgeber des »Neuen Wiener Tagblattes«
ist, und gerät dadurch zunehmend in ultraliberale Per-
spektiven. Er wird vom betont slawenfreundlichen Föde-
ralisten zu einem Gegner der alttschechischen Partei und
zum Bewunderer des ungarischen Liberalismus. In Szeps'
Zeitung schreibt Rudolf anonyme Polemiken gegen die
Politik des Ministerpräsidenten Taaffe und gegen die
Außenpolitik des Grafen Kálnoky. Sein unbestreitbares
literarisches Talent könnte Rudolf auch von seinem
Großvater Herzog Max in Bayern geerbt haben, der wie

sein Enkel »Skizzen« verfaßte, Jagd- und Naturschilde-
rungen schrieb, eine Beschreibung seiner Reise nach dem
Orient unternahm und sogar – unter dem Pseudonym
»Phantasus« – Novellen veröffentlichte. Für seine interessante landeskundlich-biologische Abhandlung »Fünfzehn
Tage auf der Donau« (1884) erhielt Rudolf das Ehren-
doktorat der Universität Wien; schon im Dezember 1885
erschien der erste Band des großen, von ihm mitherausge-
gebenen Werkes »Die österreichisch-ungarische Monarchie in Wort und Bild«, zu der Rudolf nicht nur die
deutsche und ungarische Einleitung schrieb, sondern auch
noch die Aufsätze über die »Landwirtschaftliche Lage
Wiens« und Landschaftsschilderungen im »Niederöster-
reich«-Band. In den späteren Jahren verlor er allerdings
die Freude an seiner Herausgebertätigkeit hinsichtlich des
vielbändigen, opulenten Werkes, das kontinuierlich
weitererschien – er hatte es zwar angeregt gehabt, aber es
interessierte ihn nicht mehr.
Seine angeborene Unfähigkeit, sich mit bestimmten Din-
gen nicht auseinandersetzen zu können, nahm überhand;
andererseits scheint ein rapider Kräfteverfall hinzuzukom-
men. Schon 1883 soll Rudolf während einer Jagd zu dem
Maler Franz Pausinger, auf den Erzherzog Franz Ferdinand d'Este deutend, völlig rätselhaft gesagt haben:
»Nicht ich, der dort kommt, wird Kaiser von Österreich
werden.«

Wenden wir uns aber, ehe wir Rudolf nach Mayerling begleiten, noch einen Augenblick seiner Mutter Elisabeth
zu. Wohl selten, so ist behauptet worden, kennt das Leben
eine so bunte, so romantische, so tragische Frauenfigur
wie Elisabeth. Wäre ihre Biographie frei erfunden worden, man müßte sie als »Kitsch« abtun, als Kinofigur.
»Der lebenslustige, ein wenig extravagante, ein ganz klein
wenig an Bohème streifende Ton, der im Schloß von Possenhofen am Starnberger See und im Münchner Stadt-
schloß des Herzogs von Bayern herrschte, kann kaum hö-

fisch genannt werden; und es ist auch kein Hofleben, das der Chef dieser Nebenlinie des wittelsbachischen Königshauses führte«, schreibt Emil Franzel.

Zwanglos und fast spielerisch wächst die 1837 geborene Prinzessin Sisi neben ihren anderen Geschwistern auf. »Reiten, Zitherspielen, Jodeln, Kahnfahren, Lesen, Wandern, Bergsteigen, alles ohne Etikette und Zeremoniell, das füllt die glückliche Kindheit der temperamentvollen, leicht zu begeisternden, in offizieller Gesellschaft schüchtern wirkenden Elisabeth aus. Das Kapital der Familie sind, wenn man das so ausdrücken darf, die schönen Töchter, mit denen man aus der Enge des Duodezdaseins in die Nähe der großen Throne Europas kommen kann«, führt Franzel weiter aus. »Im Sommer 1853 führt die Herzogin, die mit ihrer Schwester, der Erzherzogin Sophie von Österreich, ein wenig gekuppelt hat, in der Sommerresidenz zu Ischl dem 23jährigen Kaiser von Österreich die Prinzeß Helene vor; der Kaiser ist vorbereitet, und da er seiner Mutter bisher immer gehorsam war, zweifelt man nicht, daß es wunschgemäß eine Hochzeit zwischen Vetter und Base geben wird. Sisi, sechzehnjährig, ist mitgenommen worden, aber keiner hatte an sie als Braut gedacht. Den Kaiser aber faßt Liebe auf den ersten Blick.«

Der Rest ist bekannt – wenige Tage später ist nicht Helene, die spätere Fürstin Thurn-Taxis, sondern die kleine Sisi die wahre Anwärterin auf die Krone der wohl ehrwürdigsten Monarchie Europas. Was wie ein Märchen begann, endete im tiefsten Unglück, aber im Frühling 1854, als das festlich geschmückte Brautschiff mit der bildschönen Prinzessin in Nußdorf anlegt, hieß es in der Wienerstadt:

»Rose aus Bayernland, lieblich und traut,
Heut grüßt dich ganz Österreich als hehre Braut!«

Kaiser Franz Joseph, der mit 18 Jahren, als er seine Regentschaft antrat, bekanntlich Abschied von seiner Jugend genommen hatte und dessen Wesen Pflichtbewußtsein und Verzicht ausmachen, liebt seine Frau zwar, aber sie bleibt ihm wesensfremd, sie ist ihm ihrer ganzen Natur nach diametral entgegengesetzt. Er kennt nur ein einziges Vergnügen außer den geheimen Liaisons, die von ihm maßlos übertriebene Jagd, die mit seiner Schußleidenschaft einhergeht – Sisi dagegen hat viele und kostspielige Wünsche. Sie ist ein Luxusgeschöpf, das nach Freuden und Ablenkungen lechzt. Die Liebesehe beginnt bald abzubröckeln, die Partner ziehen sich voneinander zurück, in den Jahren danach vereinsamt jeder auf seine Weise. Dazu kommen noch die ans Schikanöse grenzenden Allüren der Kaisermutter, die ihre blutjunge Schwiegertochter, die zugleich ihre leibliche Nichte war, aber im Rang über ihr stand, wie ein unmündiges Kind behandelte. Offensichtlich wußte Sisi mit ihrer frischen Kaiserinnenwürde nicht allzuviel anzufangen; wahrscheinlich hat sie sich sogar bald zurück ins heitere Possenhofen an den blauen See gesehnt, weg vom steifen spanischen Hofzeremoniell, dem etwas bürokratischen, trockenen Ehegespons, seiner unleidlichen Mutter und den ganzen höfischen Kabalen, die sie umgaben. Fest steht, daß Rudolf daher in seiner ersten Knabenzeit seine Mama kaum sieht, weil sie sich auf ausgedehnte Reisen begibt: das Mutter-Sohn-Verhältnis war solcherart von Anfang an ein belastetes und problematisches. Sisi, den Schwarmgeist, zieht es weg von der strengen Hofburg, in der Folge wurden ihre Aufenthalte an der Seite des Kaisers immer spärlicher, eine besonders innige Verbindung zum Sohn wie zu den Töchtern stellt sich erst im Laufe des Alters ein. Man hat Sisi die erste »moderne« Frau auf dem Thron genannt, aber das ist nicht unbedingt zu unterschreiben, folgt diese Phrase doch allzusehr dem spätromantischen Zeitgeschmack und einem literarischen Begriff, wie ihn zu Sisis Zeiten etwa Carmen Sylva, die hochbegabte Lyrikerin und Königin von Rumänien, oder die Wienerinnen Betty Paoli und Ada Christen mit ihren Gedichten auswiesen. Elisabeths »Modernität« entwickelt sich kaum weiter als zur Nachahmung ihres heißgeliebten Heinrich Heine, ihr nervöses

Fieber kompensiert nur die Tatsache, als Ehefrau und Mutter gescheitert zu sein.

Sie stürzt sich in die verschiedensten Unternehmungen, in einsame Wanderungen und gefährliche Reitabenteuer, und leidet doch weiter unter der angehäuften Würde wie unter Perioden von Schwermütigkeit und Selbstverzweiflung, auch noch in der von ihr gewählten Einsamkeit.

Nur ein einziges Mal übernimmt sie eine politische Rolle, indem sie in persönlichen Gesprächen dem Kaiserhaus den Weg zum »Ausgleich« mit den Magyaren ebnet, für die sie eine romantische Zuneigung empfindet und die sie ihrerseits geradezu vergöttern. Erst ihre letzte Tochter Valerie darf sie endlich selbst erziehen, aber ihre Reisen und Extravaganzen brechen nur vorübergehend ab; der Kaiser erbaut ihr auf ihren Wunsch sogar das kostspielige Märchenschloß Achilleion auf Korfu, eine Phantasiewelt aus Marmor und überladenem, museumsreifem Luxus, ganz für sie allein – Sisi ist dort genauso ruhelos wie überall sonst auf der Erde geblieben. Es war der Geist der Unseßhaftigkeit, der ihr überallhin folgte, einer fast selbstzerstörerischen Rastlosigkeit, der Unproduktivität einer Gehirntätigkeit, die sich andauernd selbst zu überholen sucht. Nach Rudolfs unglückseligem Ende legt sie die Trauerkleidung nur noch an des Kaisers Geburtstagen in Wien ab, aber dieser zur Schau gestellten Trauer blieb doch, genauer betrachtet, ein befremdend vordergründiges Element anhaften, in dem sich zu spät gekommene Reue mit jener Theatralik verband, die Elisabeths gesamten Selbstinszenierungen innewohnte.

# »Herr Schratt waren heute wieder sehr ungnädig ...«

Am 10. Mai 1881 fand die Vermählung Rudolfs mit der belgischen Prinzessin Stephanie in Wien statt. Der Wiener Männergesangverein hatte eigens dazu der Braut in Schloß Laeken ein Ständchen gebracht, die Reichshaupt- und Residenzstadt Wien war festlich geschmückt worden. Die Elisabethbrücke glich einem Blumengarten, im Prater fand ein riesiges Volksfest statt, das auch die kaiserliche Familie besuchte. Trotz der verklärenden Gloriole, mit der die offiziöse Hofberichterstattung die rauschenden Festlichkeiten und die Eheschließung des Kronprinzen als solche umgab, erfüllte die Ehe durchwegs politische Ansprüche und war schon von Anfang an nicht glücklich zu nennen. So hat die Kronprinzessin später in ihren Erinnerungen schon ein bezeichnend triviales Bild ihrer Flitterwochen in Schloß Laxenburg gegeben. Sie selbst wurde in Hofkreisen hinter vorgehaltener Hand spöttisch nur die »flämische Bäuerin« genannt – in Wahrheit war die kaum 16jährige Braut viel eher ein noch unentwickeltes und unscheinbares Kind an der Seite eines jungen Kavaliers mit lebemännischen Allüren und Erfahrungen.

Es gilt als bewiesen, daß der Kronprinz ein sexuell sehr ausschweifendes Leben führte, in dessen Zusammenhang sogar von einer luetischen Affektion und progressiver Paralyse gesprochen wird. Selbst Kaiserin Elisabeth war später der Auffassung, daß ihr Sohn dieses Leiden gehabt hätte, ebenso Katharina Schratt oder der letzte Leibarzt des Kaisers, Dr. Kerzl.

Rudolf Virchow, der Begründer der Zellularpathologie, hatte in seinen diesbezüglichen Untersuchungen schon bewiesen, daß an den Leichen von Paralytikern spezifische pathologische Veränderungen im Gehirn vorkommen, wenn die luetische Affektion unmittelbar den Tod herbeiführt. So fand er in den Gehirnen dieser Toten harte und verdickte Hirnhäute mit analogen Einlagerungen in den Gefäßwänden, die schließlich porös werden und dadurch zum akuten Schlaganfall führen. Aber der Obduktionsbefund des Kronprinzen bestätigt diese Veränderungen nicht. Auch gehen die Meinungen darüber, ob Rudolf die damals bei Lues »üblichen Quecksilberkuren« angewendet hat, weit auseinander, wiewohl Verschreibungen einer niedrig dosierten Quecksilbersalbe (Gerd Holler) sich in den Rezeptbüchern der Hofapotheke regelmäßig – und zwar schon von 1874 (!) bis zum 1. Januar 1889 nachweisen lassen. Dieses Mittel könnte aber auch zur Kupierung einer in der gesamten Familie Habsburg vorhandenen chronischen Bindehautentzündung verwendet worden sein. Es ist denn auch kaum anzunehmen, daß der Kronprinz schon im zarten Alter von sechzehn Jahren sich eine Syphilis akquiriert hätte, wenn eine solche andererseits für sein späteres Leben nicht ausgeschlossen scheint.

Erwiesen bleibt jedoch, daß Rudolf an einer anderen venerischen Krankheit litt, nämlich an chronischer Gonorrhöe. Schon im Februar 1886 erhielt er deshalb – nach einem für ihn, Stephanie und die Tochter Elisabeth angelegten Rezeptbuch – Morphiumzäpfchen, später Gelatinekapseln mit Copaivabalsam und Kokainpräparate verschrieben. Danach wurde ein mehrwöchiger Aufenthalt im Süden angeordnet, den das Ehepaar gemeinsam antrat. Man reiste von Fiume nach der Insel Lacroma, dem heutigen Lokrum bei Dubrovnik, wo Stephanie an angeblicher Bauchfellentzündung schwer erkrankte; in Wahrheit war sie von Rudolf gonorrhoisch angesteckt worden. Der Aufenthalt wurde schließlich bis Mai ausgedehnt, auch der bekannte Wiener Gynäkologe Welponer wurde schließlich nach Lokrum gerufen. Damals war schon der ärztliche Nachweis erbracht worden, daß viele Unterleibsleiden bei Frauen venerischen Ursprung hatten.

Stephanie hat später ihre Ansteckung in ihren eigenen Memoiren wiederholt angedeutet, auch wußte sie nun, daß sie keine Kinder mehr bekommen könne. Ähnlich äußerte sich auch Stephanies Schwester, Louise von Coburg. Ebenso berichteten darüber noch andere Autoren wie Frau von Stockhausen-Gatterburg, die Biographin Stephanies, Fritz Judtmann oder Brigitte Hamann, die behauptet hat, daß ein Spezialist für Geschlechtskrankheiten alle Inspektionsreisen Rudolfs begleiten mußte. Die Auskurierung der Gonorrhöe erforderte damals noch eine oft monatelange Nachbehandlung.

Trotzdem scheint die Schlußfolgerung Hamanns: »Der Kronprinz wußte, daß die Krankheit der Anfang von seinem Ende war«, überzogen. Wenn sie zwangsläufig zu Siechtum und Lebensüberdruß geführt hätte, wäre er mit diesem Problem sicherlich nicht alleine dagestanden. Eine solche Infektion gehörte – besonders im Offizierskorps, wo man sie als »Kavalierskrankheit« mehr oder weniger belächelte – seinerzeit zum gewöhnlichen Erscheinungsbild, das den Frauenhelden ausmachte. Nicht zuletzt waren Geschlechtskrankheiten in der gesamten damaligen Bevölkerung überaus verbreitet, was erhaltengebliebene Statistiken anschaulich belegen: Um das Jahr 1900 sollen jährlich zwischen 16 und 20 Prozent der Jugendlichen mit Geschlechtskrankheiten wie der Gonorrhöe infiziert gewesen sein, aber auch die Zahl der Lueskranken stieg sprunghaft an.

Es muß außerdem erwähnt werden, daß selbst die Kaiserin Elisabeth vermutlich an einer langwierigen Gonorrhöe litt – in den Rezeptbüchern der Hofapotheke finden sich nachweislich dafür Verschreibungen. Die Kaiserin stand zu diesem Zeitpunkt in stetiger Verbindung zu drei verschiedenen Männern, was auch von der ausländischen Presse hämisch erörtert wurde. Sogar hier ergibt sich eine seltsame Übereinstimmung mit dem äußeren Krankheitsbild des Sohnes, dem man freilich auch noch Morphinismus vorwarf.

In der Tat sind ihm sehr oft Morphinpräparate verschrieben worden. Am 21. März 1887 schrieb er an Stephanie nach Abbazia: »Meinen Husten kann ich nicht loswerden, so hört es für viele Stunden auf, dann kommen wieder förmliche Krämpfe, die besonders bei Diners und dergleichen Sachen sehr lästig sind. Ich bekämpfe das mit Morphium, was an und für sich schädlich ist...«

Man nimmt an, daß Rudolf auch noch nach seiner »Hustenbehandlung«, nun aber heimlich, Morphium eingenommen hat, wozu ihm vielleicht der Kammerdiener Loschek verhalf. Auch ist eine Manipulation in den Rezeptbüchern nicht ausgeschlossen worden.

Rudolfs letztendlicher körperlich-geistiger Verfall würde mit den Symptomen eines schweren Morphinismus übereinstimmen. Will ein introvertiert veranlagter Morphinist mittels des Giftes zunächst noch ein inneres Insuffizienzgefühl neutralisieren, verfällt er in diesem Stadium in völlige geistige Zerrüttung und Abstumpfung. Er verliert jedwedes moralisches Gefühl und verwahrlost auch sexuell. Eine Perversität des Geschlechtslebens stellt sich ein, die rapide zunimmt. Der Kranke wird überdies launisch, schwach und träge, hinzu kommt noch überdies der Gedächtnisschwund wie der Verlust der Persönlichkeit, des Pflichtgefühls und die gleichzeitige Abnahme der Intelligenz. Nicht selten wird der Morphinist zum Lügner, Betrüger und Intriganten, der sich damit selbst in eine unhaltbare Lage hineinmanövriert, weil er die Wirklichkeit nicht mehr erkennt.

1888 – dem Jahr, in dem Elisabeth dem Kaiser die Schratt als »Seelenfreundin« zuführt –, steht der Monarch im 58. Lebensjahr. Rudolfs Vater scheint vorzeitig alt geworden, resigniert und den Zerstreuungen seines Hofes völlig abgeneigt. Er wirkt vereinsamt und innerlich erstarrt. Von seiner himmelstürmenden Liebe zur Sisi ist nichts übriggeblieben, obwohl er einst darüber eingestanden hatte: »Ich bin verliebt wie ein Leutnant und glücklich wie ein Gott!«

Heute weiß man, daß seine Entfremdung zur Kaiserin sehr bald eingetreten war, und nennt seine Affäre mit Anna Nahovsky eine Verbindung, deren Resultat sogar zwei Kinder gewesen sein sollen.

Völlig weltfremd war Rudolfs Vater also nicht, dennoch sahen die jungen Erzherzöge in ihm eher das Starre, Unbeugsame, Soldatische seines Charakters und bemühten sich, dem Kaiser auszuweichen, wo sie nur konnten.

Die nach Wien kommenden Erzherzöge mußten sich bei ihm ausnahmslos im Dienstanzug, das heißt, in der Uniform, melden. Er sah es überhaupt nur ungern, wenn die jungen »Herren« Zivilkleidung trugen. Bei ihren Meldungen achtete er streng darauf, daß die Uniform vorschriftsmäßig aussah, wie er überhaupt Äußerlichkeiten den Vorzug gab. Gestärkte Krägen, Lackstiefel oder Glacéhandschuhe waren ihm ein immerwährender Graus, ebenso Bügelfalten, die er geckenhaft fand. Franz Joseph selbst trug demgemäß nur gewichste Halbröhrenstiefel und waschlederne Handschuhe. Selten soll er, der Überlieferung zufolge, ein leidliches Verhältnis zu seinen Neffen gefunden haben: »Du hast's gut, kannst ins Kaffeehaus gehen – ich nicht!«

Selbstverständlich hatte auch Elisabeth längst eingesehen, daß sie sich nichts mehr zu sagen hatten; sie gab sogar zu, »eine unbequeme Frau zu sein, die Franz Joseph dauernd in Verlegenheiten und Schwierigkeiten gebracht habe und noch immer bringe«, wie Joachim von Kürenberg ausführte, der aber gleichzeitig behauptet, daß Elisabeth ihm nie verzeihen hätte können, »daß sie sich durch sein Verschulden ein Leiden zugezogen« hätte, »über das sie so freimütig spricht, daß es bald mit den begleitenden Vorwürfen und Beschuldigungen in aller Öffentlichkeit bekannt« wurde.

Es fehlt allerdings jeder Beweis, daß der Kaiser etwa beispielsweise jemals antigonorrhoisch behandelt worden sei; so kann man über dieses »Leiden« nur Mutmaßungen anstellen. Abgesehen davon, steht diese seltsame Vertrauensseligkeit der Kaiserin zu Niedriggestellten in krassem Gegensatz zu ihrem ansonsten meist hochfahrenden, abweisenden Wesen – aber mit ihren Sprachlehrern, Bereitern und ihrer Friseuse Fanny Angerer verkehrt sie sehr privatim, was wieder sehr an Rudolfs Vorliebe für Fiakerkutscher, Volkssänger und Tänzerinnen denken läßt.

Obwohl der Kaiser ein Vierteljahrhundert älter als die Schratt war, sah die Kaiserin ihre Bemühungen bezüglich eines Sichnäherkommens der Majestät mit der Hofschauspielerin schon bald von Erfolg gekrönt und sorgte selbst dafür, daß keine längeren Unterbrechungen eintraten. Zunächst waren die ersten Billette und Telegramme noch förmlich und kurz, bald aber schon wurden sie weniger formell und dafür herzlicher. Bei den anfänglichen Verabredungen übernahm Elisabeth noch die Rolle der Gastgeberin, zog sich aber schon bald aus der Angelegenheit völlig zurück:

»Kaiserin ladet Sie für Dienstag mit uns zu speisen ein, bitte telegraphieren Sie schnellstens, ob Sie zusagen oder nicht. Franz Joseph.«

Von der offiziellen »Vorleserin« der Kaiserin steigt die Schratt trotz des Unwillens der Hofchargen sehr bald zur mächtigen »Gnädigen Frau« von Schönbrunn auf, die fortan das Dasein des Kaisers bis zu dessen Ende begleiten sollte.

Selbst in der kaiserlichen Familie erhoben sich – wenn auch gedämpft und vertraulich – empörte Stimmen gegen dieses Verhältnis, das Seine Apostolische Majestät zu einer gewöhnlichen Frauensperson, noch dazu vom Theater, unterhielt. Man argwöhnte vor allem, daß die Schratt sich damit persönliche Vorteile verschaffen wolle; umgekehrt schien die ganze Situation im Hinblick auf den Kaiser tatsächlich degoutant, sprengte sie ja wirklich die Grenzen der Legitimität wie der katholischen Moral, die er ansonsten strenge verfocht.

Die Wut, die, nach Kürenbergs romanhaftem Buch über die Schratt, nur der Kronprinz nicht geteilt haben soll,

ging indessen unter den Damen des kaiserlichen Hauses
so weit, daß eine Erzherzogin, die vom Kaiser unter vier
Augen gemaßregelt worden war, nach beendeter Audienz
hämisch im Vorzimmer erklärt haben soll: »Herr Schratt
waren heute wieder sehr ungnädig!«

Natürlich mußte eine solche Atmosphäre von Miß-
gunst, Zwietracht und Neid, die die weltweit verzweigte
Familie einhellig erfüllte, notgedrungen auf Rudolf ab-
färben, der sich selbst mit Plänen zur Auflösung seiner
ungeliebten Ehe beschäftigte und sich überdies sagen
durfte, daß schon andere Mitglieder des Erzhauses,
und nicht nur der »alte« Kaiser mit seiner versponne-
nen Liebelei, an den würdevollen Traditionen rüttelten.
Einige Erzherzöge wagten es bereits, Mesalliancen einzugehen und sogar ihren Mätressen den Ehebund an-
zubieten. Fürst Otto Windisch-Graetz, immerhin Ge-
mahl der Enkelin des Kaisers, gehörte keinem regierenden Haus mehr an, eine andere Enkelin, die Tochter
der Prinzessin Gisela in Bayern, heiratete später den
Grafen Otto Seefried, die Tochter der Erzherzogin Marie Valerie ebenso den Grafen Waldburg-Zeil. Es steht
ebenso außerhalb jeder Wahrscheinlichkeit von Rudolfs
Leben, daß seine Witwe später einen Fürsten Lonyay
und seine einzige Tochter Elisabeth (Erzsi, 1883–1963)
sogar den Sozialisten Petznek heiraten wird.
Aber auch die Kaiserin Elisabeth mochte ihre Schwiegertochter ebensowenig wie deren Vater, König Leopold II.
von Belgien, den sie für einen »Geschäftsmann« und
»Spekulanten« hielt. Wegen seiner allgemein bekannten
Beziehung zu der Tänzerin Cléo de Merode wurde der
König spöttisch »Cléopold« genannt, und von seiner
Frau, der Königin Henriette, sagte die Kaiserin nur verächtlich: »Sie hat gleiche Eigenschaften wie Stephanie –
oberflächlich, beschränkt und bigott dazu.«
Die Kaiserin war überzeugt, daß von Belgien »kein Heil«
käme. Zugegebenermaßen hatte sie keinerlei Lust, Stepha-

nie auch nur zu sehen, der sie alle Schuld am Zerfall der Ehe des Kronprinzen zuschiebt, die ihrerseits solcherart von einer starken Aufregung in die andere getrieben wird. Von Natur aus eher mürrisch und stark eifersüchtig veranlagt, gebärdet sich Stephanie – wenn sie allein im Kreis ihrer Hofdamen ist – bald angeblich wie eine Wahnsinnige, während sie nach außenhin selbstverständlichen Stolz und Haltung bewahren muß, um jenes gleichmütige, versteinerte Gesicht zu zeigen, das ihr beim spottlustigen Wiener Publikum schon bald die Bezeichnung »die kühle Blonde« einbringt, den Namen »Vulkan mit Eishaube«, der dennoch auf ihre wahren Gefühle verweist.

Nicht allein die ganze kronprinzliche Ehe war unglücklich, so möchte man meinen, sondern die gesamten Umstände waren ihr nicht günstig und förderlich, obschon sie bei einem stärkeren Charakter, als Rudolf einer war, dennoch hätte gedeihen können.

Ausdauer war Rudolfs Sache nicht; übereinstimmend wird behauptet, daß er sich spätestens schon ab Mitte November 1888 gedanklich mit einer Anullierung seiner Ehe trug, wahrscheinlich aber schon viel früher. Immer häufiger soll er über die Unlöslichkeit des katholischen Ehestandes Äußerungen gemacht und gleichzeitig die Niederschrift seines Promemoria an den Papst in Angriff genommen haben, die aber niemals vom Vatikan bestätigt wurde. Keinesfalls scheint aber seine Bekanntschaft mit Mary Vetsera hinter diesen Plänen gestanden zu haben, dagegen vielmehr sein Ehekonflikt selbst, nachdem Stephanie durch seine Schuld keine weiteren Kinder mehr bekommen konnte und Rudolf den Gedanken an einen leiblichen Nachfolger aufgeben mußte, wie aber auch sein allgemeiner Überdruß an dieser Verbindung, die ihm eine bedrückende Last war, was er auch Freunden gegenüber immer wieder im vertrauten Gespräch äußerte. So sahen manche nach dem blutigen Geschehen von Mayerling die Ursache dafür in seinen Eheproblemen, was aber auch nicht einleuchtend ist. Der enge Freund Graf Hoyos hat in seiner Denkschrift geschrieben: »Erst in den letzten zwei bis drei Jahren trat eine Trübung dieses zärtlichen Verhältnisses ein ... seine Gemahlin soll ihm, aus begründeter und unbegründeter Eifersucht, wie mir Obersthofmeister Graf Bombelles sagte, gewisse Rechte verweigert haben, die ihn erbitterten und auf schlimme Abwege brachten, von denen ich niemals Mittheilung durch ihn erhielt.«

Daß es in Rudolfs Ehe zu solchen Problemen gekommen war, beweist ein Brief von ihm, den er am Karsamstag 1888 an Stephanie nach Abbazia richtete und worin er sie ziemlich direkt bat: »Ich finde, wir könnten diese eine Nacht in Abbazia zusammen schlafen; es macht sich gut, dann geht man ohnehin wegen dem Beichten und Kommunizieren früh schlafen, und es wäre auch recht hübsch, wieder einmal im Bett herumzunutscherln ... Dein Dich innigst liebender Coco.«

Aus dem Briefwechsel Stephanies mit Louise von Coburg, ihrer Schwester, hat man erfahren können, daß Stephanie ihrerseits in den Grafen Arthur Potocki – er trug in allen ihren Schreiben den Decknamen »Hamlet« – verliebt gewesen ist, was man ihr nach dem Scheitern der Ehe zubilligen kann, um so mehr, als Rudolfs Affären ihr nicht unbekannt blieben, sondern ihr, ganz im Gegenteil, oft zynisch hinterbracht wurden.

Erstmals schwärmte Stephanie von dem Grafen in einem Brief vom 25. März 1888, wo sie ihrer Schwester gesteht: »Hamlet n'est pas oublié« – »Hamlet ist unvergessen.« Sie hatte Potocki während der Reise des Kronprinzenpaares im Juni 1887 in Galizien kennengelernt; er starb frühzeitig am 27. März 1890, knapp 14 Monate nach Rudolf. Noch am 5. Januar 1889, als sie wieder einmal von Abbazia zurück nach Wien muß, schreibt sie: »Die Sehnsucht nach Hamlet ist unbeschreiblich, meine Gedanken und Grüße sind in den Wellen versenkt ...« Und im September 1889 heißt es: »Meine Sehnsucht nach ihm ist unsagbar! Io l'amo tanto!«

Vielleicht ist es nur Abscheu und Haß für den Mann, der ihre Zuneigung mit Füßen getreten und ihre Ehe mutwillig ruiniert hatte, vielleicht war es wirkliche Liebe zu »Hamlet« gewesen: ob so oder so – sicherlich trat dem Kronprinzen nun eine Frau gegenüber, welche die Verliebtheit fast feindlich gemacht hat, deren Sinne entsprechend geschärft sind. Stephanies Ablehnung Rudolfs ist nahezu rabiat und grenzenlos geworden, zumal sie ihn nach ihrer Rückkehr völlig verändert vorfand. Gefühlsmäßig ahnte sie eine Katastrophe, die auf sie beide zukommen würde, wenn sie zusammenblieben, denn zweifellos waren alle ihre Sympathien für den Kronprinzen restlos und endgültig erloschen und einem Gefühl kaum verhohlenen Ekels gewichen; des Ekels vor seinen Ausschweifungen und alkoholischen Exzessen, aber auch vor seinen düsteren, depressiven Stimmungen, die ihn immer mehr einholten. Obwohl es heißt, daß sich die Eheleute nicht mehr gegenseitig besuchten, will die Gräfin Larisch dennoch bei ihrem angeblichen Eintritt in Rudolfs Appartement am 28. Januar dort Stephanies Brille auf dem Flügel in seinem Zimmer gesehen und sofort erkannt haben. Demnach hätte das Ehepaar die Beziehungen zueinander wieder aufgenommen; möglicherweise wollte die Larisch aber auch nur eine falsche Spur legen, um von der Wahrheit abzulenken. Zu dieser gehört auch Rudolfs nie beendetes Verhältnis zu Mizzi Caspar; noch kurz vor seinem Tod richtete er einen Abschiedsbrief an sie und hinterließ ihr 30 000 Gulden.

Man hat die Person der am 28. September 1864 in Graz geborenen Mizzi Caspar, die mit 18 Jahren nach Wien übersiedelt war, später in romantisierender und volkstümlicher Weise dem Fiakermilieu hinzugezählt beziehungsweise sie zur schillernden Demimondaine hochstilisiert, aber in Wahrheit dürfte die Caspar, die – was damals keinesfalls außergewöhnlich war – ihren eigentlichen Beruf als Hauseigentümerin in Wien 4, Heumühlgasse 10, angab, durchaus die Sicherheiten eines bürgerlichen Daseins der Flitterhaftigkeit vorgezogen haben. Wenn auch ihre weitausgelegten Moralvorstellungen sicherlich nicht mit den gesellschaftlichen konform gingen, scheint sie doch – ihre Liaison oder Lebensfreundschaft mit Rudolf einmal ausgenommen – ein eher unauffälliges Leben geführt zu haben. Fälschlicherweise hat man sie als Tanzsoubrette oder gar als Tänzerin in der Staatsoper bezeichnet, aber es ist nachweisbar, daß sie in den Schauspielerverzeichnissen nie aufschien. Als freizügige Lebedame mit glänzenden Beziehungen setzte sie wohl alles in den eigenen Aufstieg; in völliger Verkennung der Umstände soll sie sich nach Rudolfs Tod naiverweise sogar eine Staatspension erhofft haben. Sie selbst starb, noch relativ jung, am 29. Januar 1907, an Tabes dorsalis, das heißt Rückenmarksverhärtung, in Wien. Rudolfs Schwägerin Louise von Coburg behauptete, daß der Kronprinz mit der Caspar zwei Kinder gehabt hätte, offiziell aber besaß Mizzi Caspar nur eine einzige Tochter, was freilich nicht viel besagen will.

Stephanie hatte ihre Rivalin nur die »Grande Cocotte« von Wien genannt, was aber maßlos übertrieben scheint und wohl nur ihrer berechtigten Wut zuzuschreiben war. Hoyos behauptet glaubhaft, daß Rudolf die Caspar regelmäßig mitzunehmen pflegte und in entlegenen Garnisonen an ihrer Seite erschienen sei. Oft war das Paar auch zu Gast in der Wohnung des Leibfiakers Josef Bratfisch. Rudolf mochte augenscheinlich diesen leutseligen Umgang wie die Ausflüge in die kleinbürgerliche Sphäre, denen er oft den Vorzug gab.

Wie noch weiter ausgeführt werden wird, verbrachte Rudolf die letzte Nacht vor Mayerling bei seiner Mizzi Caspar, was höchstwahrscheinlich mehr als nur eine sentimentale Anwandlung bedeutete, mehr als ein alkoholfeuchtes Abschiednehmen, hatte Rudolf doch laut Louise von Coburg dieselbe einmal gefragt, wieso er eigentlich eine Ehe eingehen solle, wenn er die Mizzi Caspar habe – eine Aussage, die seine Beziehung zu dieser Frau doch in ein bezeichnenderes Licht stellt, als man allgemeinhin gern bedenkt.

Wie weit dieses Gefühl tatsächlich von ihr erwidert worden ist, bleibt mehr oder weniger unklar. Auch die nachträglich im Krauß-Akt abgelegten Konfidentenberichte des Dr. Meissner können uns darüber keinerlei Aufschlüsse vermitteln, sondern befassen sich damit, Schmutzigkeiten emporzurühren, die der Polizeiagent mit spürbarem Behagen breittritt, etwa wenn behauptet wird, Rudolf habe zur Mizzi einmal leichthin gemeint, er »scheiße« aufs Regieren, der Franzel – gemeint ist Franz Ferdinand d'Este – solle das statt seiner machen. Ferner sei Rudolf als Nüchterner impotent gewesen, er habe sich erst mittels Champagner stimulieren müssen. Ein goldenes, mit Edelsteinen besetztes Zigarettenetui aus seinem Besitz hätte Rudolf der Firma Rutzky am Mehlmarkt nur deshalb verkauft, um das Geld dafür der Caspar zu geben – damit sollte wohl ihr dirnenhaftes Wesen bewiesen werden.

So habe jedenfalls die Caspar nach der Bluttat von Mayerling ihren Hausmeister entlassen, weil dieser sich heftig über die gewisse »Hurenbagage« äußerte. Immerhin aber scheint die Caspar doch die einzige Frau zu sein, zu der Rudolf gewissermaßen ein ungebrochenes Vertrauensverhältnis unterhielt; sie ist ihm nicht nur Geliebte gewesen, sondern auch Herzensfreundin. So soll er ihr in der letzten Nacht auch anvertraut haben, sich »erschießen zu müssen, weil es die Ehre verlange« und ähnliches mehr. Wahrscheinlich waren beim Abschied tatsächlich solche Worte gefallen, die die Caspar vielleicht wissentlich entstellt wiedergab, andererseits hatte man eine lange Nacht über champagnisiert, und Rudolfs Selbstmordpläne waren für Mizzi weder neu noch originell, so daß sie unter Umständen nicht richtig hinhörte, weil sie seine Absichten sowieso nicht mehr ernst nahm.

Fest steht, daß sie, noch relativ jung, an den Folgen ihres ausschweifenden Lebenswandels zugrunde ging. Ihre letztendliche Krankheit, Tabes dorsalis – Rückenmarklues –, kann, ähnlich wie die progressive Paralyse, auch noch 10 bis 15 Jahre nach der Erstaffektion auftreten. Auch Rudolfs Obduktionsbefund bestätigt keine Paralyse, sondern weist einen sogenannten »Hydrocephalus internus«, also einen inneren Wasserkopf aus, der, nachdem alle anderen Ursachen für das pathologische Substrat ausscheiden, bezeichnend für eine ebensolche luetische Affektion sein könnte.

Nach Joachim von Kürenberg, der vertraulichen Umgang mit der »Gnädigen Frau« Schratt und später ebenso mit ehemaligen Persönlichkeiten des Hofes unterhielt, hat Kronprinz Rudolf Mary Vetsera in London kennengelernt, wohin sie, »übrigens noch ein halbes Kind«, zu ihrer älteren Schwester gereist sei; nach Meinung der Mutter, Helene Vetsera, beim Frühjahrsrennen 1888 in Wien. Wie auch immer. »Die Baronesse«, schrieb ein anonymer Autor, »war nicht eigentlich, was man eine Schönheit nennt. Von der üppigen, früh erblühten Gestalt, dem hübschen Gesichtchen, dem kecken Stumpfnäschen, den feuchtschimmernden blauen Augen ging ein Hauch von Sinnlichkeit aus, welche um so mehr auf die Männer wirkte, je sinnlicher ihre eigene Natur war ... Sie war nur mäßig begabt, ihre Bildung entsprach nothdürftig jener ihrer Kreise, sie hatte keinerlei geistige Interessen und interessierte sich, außer für ihre Toilette, nur für den Rennsport« (»Berliner Börsencourier«, 24. Februar 1889: »Der Untergang des Kronprinzen Rudolf«).
Betrachtet man die uns erhalten gebliebenen Fotografien der Vetsera, so zeigen sie uns wirklich, und zwar trotz des erheblichen Wandels im Zeitgeschmack und der Frauenschönheit, ein Mädchen von unbestreitbarer erotischer Qualität, die ihre kräftigen nackten Arme ebenso wie die streng wirkende, geschnürte Taille noch zu unterstreichen scheinen, während ihre rundlichen Schultern sanft zum hochgesteckten Busen abfallen. Ebenso rundlich ist auf den allerersten Blick das jugendlich sanfte Gesicht mit

den betont hochgezogenen Brauen darüber, aber schon verraten die blutvoll geschwungenen Lippen einen ins Sinnliche gehenden Zug, der sich in fragenden, großen Augen widerzuspiegeln weiß, wie das ausgeprägte Kinn gewisse Tatkraft vorwegnimmt. Die angenehme Stirn krönt aufgestecktes, dunkles Haar, das selbst noch auf der Fotografie üppig aussieht, wie denn die gesamte Erscheinung einer bestimmten Üppigkeit nicht abhold ist, eine ganz bestimmte Völle ausstrahlt, die überaus anziehend wirkt. Etwas Geheimnisvolles, Dunkles geht von ihr aus, das vielleicht ihr levantinischer Einschlag ausmacht, ein Hauch von Exotik und unausgelebter Erotik, der im Zentrum des Bildes zu schweben scheint.

Keineswegs war Mary, wie verschiedentlich ausgeführt wurde, ein Mädchen mit gewöhnlichen Zügen und alltäglichem Liebreiz. Demgemäß wurde die Begegnung der jungen Baronesse mit dem schon erwachsenen, blasierten Kronprinzen zum beiderseitigen Schicksal, was aber trotzdem erstaunlich ist, weil es sicherlich viel schönere, berühmtere, an Rang wie an Bildung außerdem weitaus höherstehende Frauen gab, die sich ebenfalls ohne allzu großes Zaudern in Rudolfs Arme geworfen hätten, freilich ohne gleich deshalb mit ihm sterben zu wollen; das nämlich machte den Unterschied aus, denn fatalerweise tauchte in dieser leichtlebigen Liaison, in diesem sich rasch anbahnenden »Gspusi«, fast augenblicklich das Wort »Tod« auf: Mary bekam von Rudolf einen eisernen Ehering mit der Gravur: »I. L. V. B. I. D. T.« geschenkt – »In Liebe vereint bis in den Tod«.

Das sind nicht etwa ganz normale Reaktionen eines verliebten Mannes, wie verschiedentlich gemeint wurde, das ist abseitige Veranlagung, die nicht zum vollen Leben tendiert, sondern schon das Sterben ins Auge faßt, die Auslöschung in der Endgültigkeit, den Tod.

Wiewohl Rudolf andererseits Mary zu verwöhnen suchte, ihr Geschenke machte, nahezu jede Nacht seinen Fiaker für sie abstellte und ihr sogar sentimental Kinderbilder von sich verehrte, so ist doch die Parole »bis in den Tod« nicht zu übersehen; an ihr läßt sich nicht mehr rütteln, allmählich muß sie zum bereits beschlossenen Schicksal werden. Sie ist mehr als ein Wort, sie ist vom Kronprinzen herbeizitierte Vorsehung, wenn auch nur zunächst noch ein Wunsch, wird sie dennoch zum unheilvollen Versprechen, zu einer Art geheimen Schwurs, von dem er nicht mehr abrücken kann oder will.

Am 27. Januar 1889 abends gibt die Deutsche Botschaft ein Gala-Souper zu Ehren des bevorstehenden 30. Geburtstages von Kaiser Willhelm II. Während es das Bestreben Franz Josephs war, den Verbündeten auszuzeichnen und korrekte nachbarliche Beziehungen zu pflegen, ist der Kronprinz ein erklärter Gegner alles Preußischen gewesen, der Wilhelm nachsagte, daß dieser »bald eine große Konfusion im alten Europa anrichten« würde und ihn überdies als »hartgesottenen Junker und Reaktionär« bezeichnete. Rudolfs ganze Einstellung gegen Preußen und das Deutsche Reich war nicht zuletzt ein Erziehungsresultat seiner Mutter, die schon seinen Lehrern anbefohlen hatte: »Machen Sie meinen Sohn so wenig deutsch wie möglich!« und freimütig eingestand, »mit ihrem Herzen auf der anderen Seite der Leitha« zu stehen, während Rudolf indessen als »Plauscher« bei seinem Vater kein Gehör fand. Tatsächlich haben viele seiner Aussprüche, aber auch seiner Pläne, etwas Phantastisches und Unwirkliches an sich gehabt, wie etwa Emil Franzel meinte. Das Unerhörte, Undurchführbare faszinierte ihn ganz entschieden.
Auf dem Ball in der Deutschen Botschaft erscheint Rudolf in preußischer Ulanenuniform; nachträglich ist behauptet worden, daß er müde und geistesabwesend wirkte, obwohl Stephanie an seiner Seite war. Als die Gesellschaft mit dem Prinzen Reuß schließlich Aufstellung genommen hat, fährt, nach der bei Hof genau festgelegten Ordnung, der Kaiser in der vorschriftsmäßigen Uniform

eines preußischen Generalfeldmarschalls vor, der als einziger noch Lebender den Schwarzen-Adler-Orden ohne Kollane tragen darf.

Folgt Franz Joseph einer Einladung, so muß dem Obersthofmeister zunächst die Gästeliste eingereicht werden. Für das Gala-Souper in der Deutschen Botschaft ergibt diese Liste in der Hofburg keine Beanstandung, zumindest nicht sogleich. Doch ist eine geringfügige Veränderung eingetreten, die zuerst nebensächlich erscheint. Anstatt der vorgesehenen Baronin Helene Vetsera ist infolge einer »Erkrankung« ihre 17jährige Tochter, Mary Vetsera, gekommen.

Der Kronprinzessin werden nun die einzelnen Damen vorgestellt. Die Baronesse Vetsera, die besonders mit einem Diadem im Haar auffällt, das von einem brillantenen Halbmond gekrönt wird, weicht dieser Vorstellung aber offensichtlich aus. Diese Brüskierung der Kronprinzessin bleibt natürlich nicht unbemerkt, sie gibt der Gesellschaft Anlaß zu verschiedenen Tuscheleien, die sogar der Kaiser beobachtet haben soll. Als nach dem Cercle der Kronprinz auf Franz Joseph zutreten will, zeigt ihm dieser angeblich demonstrativ den Rücken – ein weiterer Vorfall, der nicht zu übersehen ist. Nunmehr, so heißt es, soll der Kronprinz nach einer Entschuldigung an den Prinzen Reuß die Botschaft fast sogleich verlassen haben.

Auch Bismarck, so sagt man, wurde angeblich von seinem Botschafter in Wien, dem Prinzen Reuß, dahingehend informiert, »daß die heftigen Szenen und Streitigkeiten zwischen dem Kaiser und Rudolf die Ursache des Selbstmordes waren«. Übereinstimmend haben andere Autoren berichtet, daß Rudolf noch am 26. Januar in Uniform und offizieller Eigenschaft beim Kaiser war, woraus man geschlossen hat, daß dieser ihm abverlangte, die Pläne seiner Ehescheidung wie das Verhältnis zur Vetsera aufzugeben und darauf das Offiziersehrenwort Rudolfs heranzog. Somit wäre dieses Ehrenwort gegen Rudolfs Ehrenwort »bis in den Tod« gestanden – was zwar für Menschen unserer Zeit keinen einleuchtenden und zwingenden Grund zum Selbstmord ergäbe, aber nicht nach dem Ehrenkodex eines kaiserlichen Offiziers, den gänzlich andere Verhaltensregeln prägten. Dennoch will auch diese Version nicht völlig schlüssig erscheinen; allenfalls kann sie als auslösendes Moment in Betracht gezogen, aber ebenso wieder verworfen werden.

# *Montag, 28. Januar 1889*

Es ist eine jener merkwürdig anmutenden Tatsachen, die in der Öffentlichkeit der Monarchie niemand ahnen konnte, daß das gesamte Privatleben des Kaisersohnes und Kronprinzen sozusagen auf Schritt und Tritt von einem Rudel eigens dafür abgestellter Polizeiagenten in all diesen Jahren observiert worden war. Rund um die Uhr, bei Tag wie bei Nacht, wird er von routinierten Geheimpolizisten beschattet, die ein ausgeklügeltes Netz von Zuträgern und Konfidenten aufgebaut haben, das allgegenwärtig ist. Es reicht, wie es scheint, von den Tafeldeckern in der kaiserlichen Hofburg bis zur intimen Freundin Mizzi Caspar. Nur Loschek, der Kammerdiener, und Bratfisch, der Leibfiaker, gehören nicht zu den Spitzeln, sie sind Rudolf unverbrüchlich treu ergeben. Angeblich um »seiner persönlichen Sicherheit willen«, wie die inoffizielle Begründung lautet, deren offizieller Auftraggeber aber eigentlich bis heute im dunkeln bleibt, werden alle Beobachtungen, auch noch die geringsten, penibel an Baron Krauß ins Polizeipräsidium auf dem Schottenring weitergemeldet und in einem Geheimakt niedergelegt. Gleichgültig, ob der eigenwillige Thronfolger nach durchzechter Nacht im Prater frühstückt, mit Freunden auf der Jagd ist, sich am Rennplatz sehen läßt oder bei einer seiner Freundinnen schläft – der Baron Krauß ist im Bilde. Meldung reiht sich an Meldung. Daß Rudolf diese totale Überwachung nicht völlig unbekannt bleiben konnte und er dagegen wahrscheinlich eigene Maßnahmen in puncto Verschleierung gewisser Absichten ergriff, lassen die Ereignisse des 28. Januar 1889 stark vermuten, welche sich auf den ersten Blick als verwirrend darstellen – was aber

Rudolfs Gegenkonzept nachgerade erhärtet, das vor allem der später in Panik geratenen Gräfin Larisch eine Hauptrolle zuweist.

»Montag den 28/1 1889 war E. R. [Erzherzog Rudolf] bei Mizzi [Caspar] bis 3 Uhr morgens, trank sehr viel Champagner, gab dem Hausmeister 10 f. Sperrgeld«, heißt es in einem als »Mittheilung des Dr. Meissner« überschriebenen Konfidentenbericht des Advokaten Dr. Florian Meissner an den Polizeipräsidenten Baron Krauß. »Als er sich von Mizzi empfahl, machte er ganz gegen seine Gewohnheit ihr an der Stirne das Kreuzzeichen. Von Mizzi fuhr er (direct?) nach Mayerling.«

Dieses letzte, doch sehr intime Detail – nämlich das Ziehen des Kreuzzeichens auf der Stirne der Caspar –, wie aber auch die kühl aufgestellte Behauptung, daß der Kronprinz »sehr viel Champagner« getrunken hätte, kann nur die Tanzsoubrette Caspar selbst dem Konfidenten Meissner mitgeteilt haben; keinesfalls vermochte er es aus seiner eigenen Beobachtung festzustellen. Aber schon 48 Stunden später waren die Indiskretionen der Caspar gehütetes Staatsgeheimnis geworden, was zunächst freilich noch außerhalb jeder Wahrscheinlichkeit des 28. Januars 1889 lag.

»In letzter Zeit versuchten E. R. u. die Hoteliersgattin Kuranda aus Abbazia die Wolf zu bestimmen, ihm Zusammenkünfte zu vermitteln, Wolf lehnte ab«, heißt es im nächsten Absatz unter deutlicher Anspielung auf die stadtbekannte Kupplerin Wolf in der Pilgramgasse.

»E. J. [Erzherzog Johann] soll sich um Mizzi beworben haben u. nahm zu diesem behufe die Intervention der Wolf ebenfalls – auch erfolglos – in Anspruch.

Der E. R. soll stets ein Medaillon mit Gift um den Hals getragen haben.

Herr Dr. L. M. theilte mir heute folgendes mit:

Vom ›Erschießen‹ sprach K. R. [Kronprinz Rudolf] seit Sommer 1888. Er machte auch der Mizzi den Vorschlag, sich mit ihm im Husaren Tempel zu erschießen: Mizzi lachte darüber u. glaubte es auch nicht wahr, als er ihr Montags den 28. I. 1889 sagte: er werde sich in Mayerling erschießen.

Er glaubte übrigens, daß er am 22. I. 1889 sterben werde, weil ihm dies eine Zigeunerin in Siebenbürgen vorausgesagt hatte. An diesem Tage verließ er seine Zimmer nicht. K. R. äußerte sich Mizzi gegenüber wiederholt – aber immer erst seit dem Sommer 1888 – es erheische seine Ehre, daß er sich erschieße. Warum es seine Ehre erheische, detaillierte er nicht näher – also ist ein amerikanisches Duell immerhin nicht ausgeschlossen. Übrigens soll Kr. R. sehr verschuldet sein, die Möbel der Mizzi sind nicht gezahlt und er soll bei Baron Hirsch bedeutende Summen geborgt haben.«

Moritz Freiherr von Hirsch, ein neugeadelter Bankier, mit Instituten in Brüssel und Paris, war oft in Gesellschaft des Kronprinzen gesehen worden, was um so verwunderlicher ist, da die Aristokratie sich zwar bei ihm Geld leiht, aber nicht mit ihm an einem Tisch speisen wollte. Noch nach dem Tod von Rudolf hielt sich hartnäckig das Gerücht, daß er bei Hirsch hochverschuldet gewesen wäre. Es wurde angenommen, daß er aus Diskretionsgründen die enormen Gelder, die seinen Freundinnen zuflossen, nicht aus seiner eigenen Kasse verrechnen wollte.

Baron Krauß, der dem Gerücht um Rudolfs Schulden nachgeht, notierte unter dem Datum 3. Februar 1889 dessen Bestätigung: »Da ich dem Ministerpräsidenten mittheilte, es heiße, daß der Kronprinz Schulden habe u. z. 300 000 fl. bei Baron Hirsch in Paris, bemerkte Graf Taaffe, daß das mit anderen Wahrnehmungen stimme . . .« Es ist da auch von einem in Mayerling verschwundenen Geldbetrag die Rede, der entweder noch vom lebenden Kronprinzen ausgegeben oder dem toten Kronprinzen geraubt worden ist – doch davon später. Kehren wir zurück zum 28. Januar 1889.

»Am 28. früh ist dem diensttuenden Adjutanten die unaufmerksame und flüchtige Art aufgefallen, mit der der

Prinz ganz wider seine Gewohnheit die zum Vortrag gebrachten militärischen Angelegenheiten erledigt hat. Der Erzherzog hat sich zum Schluß mit sehr heftigen Kopfschmerzen entschuldigt, das beste Mittel gegen Kongestionen würde Landluft sein und möchte daher so bald als thunlich nach Meyerling fahren, um daselbst einige Tage zu jagen«, meldet der Prinz Reuß an Bismarck am 31. Januar 1889.

Rudolfs Unpäßlichkeit mochte mehr oder weniger vorgeschützt gewesen sein, zumal er schon am vorhergegangenen Sonntag, dem 27. Januar, und zwar gegenüber Loschek, angeordnet hatte, gleich am Montag morgen nach Mayerling fahren zu wollen. Wie auch immer, jedenfalls war der Vortrag des Adjutanten und Oberstleutnants im Generalstab, Albert Mayer, in der Hofburg gegen 10 Uhr vormittags beendet. Nun informiert Rudolf auch den anderen Diener Rudolf Püchel, der soeben eingetroffen ist, daß Loschek mit ihm Dienst getauscht hätte und noch heute mit Rudolf nach Mayerling hinausfahre – ganz offensichtlich hat der Kronprinz bei dieser Tour Loschek den Vorzug gegeben. Püchel erfährt weiter, daß dieser schon mit dem Wirtschaftspersonal und dem Hof-Kammer-Büchsenspanner Franz Wodicka vorausgereist sei.

40 Jahre nach der Mayerling-Tragödie gab Loschek – damals schon 83 Jahre alt – irrtümlich zu Protokoll, daß er erst am Dienstag, dem 29. Januar, um 8 Uhr 45 zum Südbahnhof und von dort mit dem Zug nach Baden gefahren sei; tatsächlich geschah dies aber schon am Vortag, was Bratfisch insoferne bestätigte, da Loschek kurz vorher bei ihm gewesen sei und ihm eine Mitteilung Rudolfs überbracht habe, der zufolge er sich um 10 Uhr 30 bei der Augustinerbastei einzufinden hatte. Loschek muß danach um 9 Uhr 40 in Baden eingetroffen sein, von wo aus er mit dem Fiaker Rosensteiner nach Mayerling weiterfuhr. In der Hofburg erfährt man nur: »Seine Kaiserliche Hoheit, der Kronprinz, hat gestern spät abends das Programm geändert und fährt heute schon nach Meyerling.«

Möglicherweise hat Rudolf mit der abrupten Vorverlegung seines Jagdausfluges zusätzlich auch seine Bespitzler irreführen wollen; es war dem eigenwilligen Kronprinzen wohl klar bewußt, daß er ihre andauernde Überwachung vor allem seinen privaten Eskapaden verdankte und dem nicht allzu guten Ruf, den er sich als Privatperson eingehandelt hatte. Es ist anzunehmen, daß er sie zeitweilig, wie zum Sport, sogar abschütteln hat können – selbstverständlich für nicht lange; im Grunde genommen ist der österreichische Thronfolger ein Verfolgter, auf dem das öffentliche Auge ruht wie auf keinem zweiten, der nicht die harmloseste Affäre eingehen kann, ohne daß nicht schon ein schmieriger Konfident darüber berichtet, ein routinierter Geheimagent der Polizei dem Baron Krauß Meldung erstattet, in dessen Büro mit den Glastüren das gesammelte Wissen über Rudolf archiviert wird. Angesichts dieses Sachverhaltes scheinen die sich häufenden Wutausbrüche des Kaisersohnes, seine Ausfälle wie auch seine heimlichen Reisevorbereitungen hinsichtlich Mayerlings zumindest erklärbar. Es liegt in der Natur der Situation, daß er sich ständig als Zielscheibe kleinlicher Komplotte fühlen mußte und überall mißtrauisch Beobachtung vermutete, dazu brauchte es nicht notgedrungen paranoische Züge, das war die Wirklichkeit.

Man hat ausgeführt, daß die übliche Zusammenstellung des Personals der Hof-Wirtschaftsabteilung für Mayerling ansonsten zwei Köche, einen Kellermeister, einen Zuckerbäcker und deren Hilfskräfte vorgesehen haben soll. Diesmal ist diese Zusammensetzung verändert. Auffallen wird später auch, daß die Stunde der Abfahrt geheimgehalten bleibt, so daß man den Polizeiagenten Wiligut und seine Kollegen auf die Straße hetzen muß, um feststellen zu können, wann der Kronprinz Wien wirklich verläßt. Da anstatt des sonstigen Dienstpersonals nur die alte Köchin Mali und das Dienstmädchen Kathi nach Mayerling geschickt werden, bedeutet dies, daß der Baron Krauß keinen seiner Spione in den Jagdausflug einschleusen konnte. Eine diesbezügliche Eintragung in den Geheimakt von seiner Hand scheint dieses Mißvergnügen noch zu bestätigen. Ungeklärt bleibt freilich, wer sich hinter der Person der unter Anführungszeichen gesetzten Kathi tatsächlich verbarg – indem Krauß diesen Namen solcherart hervorhob, könnte es als Synonym für jemand ganz anderen gelten, das heißt, in der polizeilichen Chiffrensprache, auf die wir noch zurückkommen werden, völlig andere Bedeutung gehabt haben. Aber das ist unerwiesene Spekulation. Betrachten wir statt dessen weiter den schon schicksalhaften Ablauf dieses 28. Januars 1889.

Nach 10 Uhr empfängt Rudolf den Korrespondenten des »Neuen Wiener Tagblattes« in Paris, Dr. Berthold Frischauer, und wahrscheinlich noch Moriz Szeps. Ihr Gespräch dürfte sich um das Ergebnis der französischen Wahlen gedreht haben, deren Sieger General Boulanger, ein bekannter Deutschenhasser und Verfechter des Präventivkrieges, geworden ist. Rudolf war dem Blatt außerdem durch zahlreiche, von ihm unter Pseudonym für Moriz Szeps verfaßte Artikel verbunden gewesen. Obwohl Szeps die redaktionelle Leitung schon 1886 zurückgelegt hatte, blieben sie persönliche Freunde. Das »Neue Wiener Tagblatt« verstand sich als eine Art demokratisches Organ und wies eine spezielle lokale Färbung auf. In ständiger Konkurrenz mit der »Neuen Freien Presse« stehend, jedoch im Ausland viel weniger als diese beachtet, wurden vom »Neuen Wiener Tagblatt« vor allem innerösterreichische Angelegenheiten erörtert, etwa die Verhandlungen des Reichsrates, die Fragen zur Wiener Stadtpolitik, die Bereiche des Gerichtswesens und die kommunale Berichterstattung. Der ausführliche Feuilleton- und Theaterteil widmete sich sowohl kulturellen wie auch wirtschaftlichen Fragen, dazu kam aber noch die sorgfältige Behandlung des außenpolitischen Sektors, der an diesem Tag den Kronprinzen besonders interessierte. Da in der Zeitung besonders das lokale Geschehen publizistisch aufbereitet wurde, erfreute sich das »Neue Wiener Tagblatt« auch noch im Laufe seiner späteren Entwicklung vor allem des Interesses des bürgerlichen Mittelstandes und wurde mit seinem ausgedehnten Annoncenteil zur »Anzeigenplantage« des Wiener Pressewesens dieser Zeit. Es bleibt unumstritten, daß Rudolf mit seiner Zugehörigkeit zu diesem Blatt ein »verdeckter Liberaler« gewesen ist, wenngleich die persönliche Einflußnahme von Moriz Szeps auf den Freund nicht unterschätzt werden darf. Es ist immer die »Tendenz«, die den Halbjournalisten anzieht – auch Rudolf blieb von ihr nicht verschont.

Während Loschek und das übrige Personal wohl schon in Mayerling eingetroffen war, stattete noch Alexander von Battenberg, Fürst von Bulgarien, der sich nach seiner späteren Abdankung Graf Hartenau nennt, dem Kronprinzen einen Kurzbesuch ab. Rudolf lädt den Fürsten der Form halber für den nächsten Tag zur Jagd nach Mayerling ein; er wußte wohl, daß Battenberg insoferne ablehnen mußte, weil er sich nur auf der Durchreise nach Venedig in Wien aufhielt, keineswegs aber zu einer Jagd disponiert war.

Man hat den Tod des Thronfolgers unter anderem auch mit dem Sieg der Regierungspartei im ungarischen Parlament, das gleichzeitig die Wehrgesetznovelle verhandelte, in Zusammenhang gestellt, aber die Lesung im Plenum erfolgte erst am Dienstag, dem 29. Januar. Sie ergab einen Erfolg von Ministerpräsidenten Koloman von Tisza – die dritte entscheidende Lesung war außerdem erst für den 3. Februar angesetzt. Rudolf konnte daher vorerst überhaupt keine politischen Entscheidungen erwarten und naturgemäß auch keinerlei Konsequenzen ziehen, wie immer sie auch ausfallen hätten sollen. Die ganze Verschwörungstheorie fällt damit flach, sie ist nur Ausgeburt überhitzter politischer Phantasien – oder gezielter Desinformation mit dem Ziel, Rudolf als potentiellen Hochverräter hinzustellen.

Seitens der Historikerin Hamann wird nun behauptet,

daß der Kronprinz anschließend an diese Besuche bereits vier undatierte Abschiedsbriefe aufsetzt und sein Testament ergänzt, dem er einen Zusatz hinzufügt. Wie Gerd Holler aber hinweist, erscheint das widersinnig, findet sich in dem Kodizill nämlich der Satz: »Alle Briefe der Gräfin Larisch-Wallersee und der kleinen Vetsera an mich sind allsogleich zu verbrennen.« Rudolf, immer noch in der Hofburg befindlich, hätte dies ebensogut selbst tun können, saß er doch an seinem Schreibtisch, in dem sich diese ihn kompromittierenden Briefschaften befunden haben. Es ist daher wahrscheinlich, daß er sowohl die Abschiedsbriefe wie das Kodizill – seinen Zusatz zum 1887 erstellten Testament – erst in Mayerling abfaßte, was andererseits heißt, daß jenes Ereignis, das den Doppeltod auslöste, noch nicht mit Bestimmbarkeit absehbar war. Nicht auszuschließen ist aufgrund seiner ganzen Abreisevorkehrungen, daß es sich zwar in Umrissen ankündigte, von ihm doch vorerst beiseite geschoben wurde.

Mit Sicherheit aber erhält er zu diesem Zeitpunkt einen für ihn äußerst wichtigen Brief von seiner Vertrauten, der Gräfin Larisch, den er mit Ungeduld erwartet haben muß. Darin macht sie ihm die Mitteilung, daß es ihr gelänge, Mary Vetsera unter einem Vorwand von zu Hause wegzuführen. Erst jetzt, so will es scheinen, ist die geplante Mayerling-Fahrt für den Kronprinzen perfekt geworden; darum wahrscheinlich auch die vorerst ungewisse Stunde der Abreise. Nun beginnt sich das Drama zu fügen:

»Ich wollte sie allein schicken, weil ich vormittags eine wichtige Kommission habe, von der für mich *alles* abhängt, wenn ich später als zwölf hinkomme, da ich um zwei abreisen muß, doch werde ich nach dem gestrigen Vorfall mit A. mit ihr gehen, ich traue ihm alles zu!

Deine ergebene Marie

Ich fahre mit meinem eigenen Fiaker, gegen halb elf sind wir dort!«

So endet die Mitteilung der Larisch, die von »gefahrendrohenden Umständen« und »Unannehmlichkeiten« im

Hinblick auf Mary spricht (Briefzitat aus Corti-Sokol »Der alte Kaiser«, S. 117). Mit A. mag Alexander Baltazzi, der Onkel der Vetsera, der sich zu diesem Zeitpunkt in Wien befand, gemeint sein, die anderen Anspielungen bleiben im dunkeln. Möglicherweise mochte die Larisch, sich nach allen Seiten hin absichernd, aber auch nur auf das Außergewöhnliche oder Wichtige ihrer Rolle als Mittlerin hinweisen, wovon sie sich vielleicht finanzielle oder andere Vorteile von Rudolf versprach. Jedenfalls bleibt ihr Brief erhalten, der das seltsame Doppelspiel der Larisch als mütterliche Freundin im Hause Vetsera einmal mehr beleuchtet, das dort vorerst noch über jeden Zweifel erhaben ist, weil eine 15jährige Freundschaft sie mit der Baronin verbindet, die der Larisch wohl alles zugemutet hätte – nur nicht die Entführung ihrer 17jährigen Tochter, die nun in die Wege geleitet werden soll.

Fest steht, daß Mary selbst gegen 10 Uhr vormittags im Palais Vetsera in der Salesianergasse längst Vorbereitungen zu ihrer Ausfahrt getroffen hat, zu der die Larisch sie abholen wird. Die Gräfin ihrerseits erscheint schon zwei Stunden später atemlos beim Polizeipräsidenten Baron Krauß, der ihre Ausführungen neben der Bemerkung Promemoria, der er ein gewichtiges Rufzeichen hinzufügt, in seinem Akt festhielt:

»Nach 12 Uhr mittags kam die Gräfin Marie Larisch, geb. Freiin von Wallersee (Tochter S. K. H. des Herzogs Ludwig in Bayern, Bruders I. M. der Kaiserin, welche in Pardubitz domizilirt und jetzt in Wien im Hotel [Grand Hotel] wohnt), zu mir ins Bureau, um mir folgende discrete Mittheilung zu machen:

Sie habe nach 10 Uhr V. M. die 17 Jahre alte Baronin Vetsera bei ihrer Mutter III., Salesianergasse 11 mit einem Fiaker abgeholt, um mit ihr zu Rodeck am Kohlmarkt zu fahren, um daselbst eine Rechnung zu bezahlen. Die Gräfin sei dann in das Gewölbe des Rodeck gegangen, während die Baronin im Wagen zurückblieb. Als die Gräfin nach einer Weile einen Commis aus dem Gewölbe zum

Wagen schickte, um die Baronin bitten zu lassen in die Galanteriewarenhandlung zu kommen, war die Baronin nicht mehr im Fiaker und der Fiakerkutscher erzählte, die Baronin sei in einen anderen Fiaker umgestiegen und weggefahren. Die Gräfin eilte hinaus, um selbst zu sehen, was diese Mittheilung bedeute, und fand im Fiaker einen Zettel, in welchem die Baronin mit wenigen Worten die Absicht aussprach, sich das Leben zu nehmen.

Die Gräfin glaube jedoch, daß die Selbstmordgedanken nicht ernst zu nehmen sind, da vielmehr Gründe vorhanden sind anzunehmen, daß die Baronin die Fahrt zu Rodeck veranlaßt habe, um von dort mit einer im Einvernehmen stehenden Persönlichkeit zu verschwinden.

Sie könne diese Gründe nicht detailliert angeben, bemerke jedoch, daß die Angehörigen der Baronin den Verdacht auf den Kronprinzen haben. Die Gräfin sei nämlich gleich nach der Entdeckung der Entweichung des Mädchens zu dem Onkel derselben, den Alexander Baltazzi, I., Giselagasse 9 und zur Baronin Vetsera gefahren, und da wäre durch Wahrnehmungen in den letzten Tagen die begründete Vermutung ausgesprochen worden, daß bei der Entweichung des Mädchens der Kronprinz die Hand im Spiel habe.

Die Gräfin Larisch sei in der peinlichsten Verlegenheit, weil die Entweichung zur Zeit geschehen sei, als sie bezüglich des Mädchens die Verantwortung übernommen hatte und man nun die Gräfin in Verdacht haben könne, daß auch sie im Einverständnisse gehandelt habe.

Die Gräfin halte sich verpflichtet, selbst bevor es durch die Angehörigen des Mädchens geschehen werde, die Anzeige von dem Vorfall zu machen, und bitte den Fiaker, welcher sie geführt hat, einvernehmen zu lassen, um vielleicht durch eine Aussage desselben eine Spur zu erlangen, wohin sich das Mädchen begeben hat.

Wenn auch bezüglich des ausgesprochenen Verdachtes mit aller Vorsicht und Discretion vorgegangen werden müsse, so sei es doch dringend nothwendig zu erfahren, wo die Baronin Vetsera sich befindet, um womöglich weiteres Unglück zu verhindern.«

Es folgt ein Trennungsstrich unter diesem Absatz im Protokoll, dessen penible, blaßblaue Handschrift streckenweise auf die Kommasetzung verzichtet – als wäre dieser Schriftsatz in Hast und Eile abgefaßt worden, als wäre der Polizeipräsident bemüht gewesen, Bewegungen festzuhalten, die ihm zwar vorerst noch unklar, aber nicht ganz geheuer sein müssen. Selbstverständlich weiß er, daß die Larisch die Lieblingsnichte der Kaiserin ist, selbstverständlich kennt er auch das Naheverhältnis der Gräfin zum Kaisersohn; unangenehm berührt, muß er sich zwangsläufig fragen, was es zu bedeuten hat, wenn diese einen Verdacht gegen jenen äußert. Als der am besten über den Thronfolger informierte Mann in der Monarchie kennt er auch schon Rudolfs Hinwendung zur »kleinen Vetsera« – und zwar so gut, daß er es nicht einmal der Mühe wert erachtet, ihren Vornamen Mary in sein Protokoll aufzunehmen, wiewohl sie noch eine Schwester, nämlich die Baronesse Hanna Vetsera, hat. Für den Baron Krauß steht ohnedies fest, wer gemeint ist. Daß er indessen selbst noch herumrätselt, wann der Kronprinz nach Mayerling aufbrechen wird, ist eine Tatsache, die er gegenüber der Larisch nicht erörtert – das diesbezügliche Telegramm seines Polizeiagenten trifft nämlich zu jener Zeit im Polizeipräsidium ein, als sie noch bei ihm sitzt.

Nunmehr wurde – bezeichnenderweise immer noch in Gegenwart der Gräfin Larisch – der betreffende Fiakerkutscher einvernommen. Dieser, ein gewisser Franz Weber, wohnhaft Wien VII, Zieglergasse 10, bestätigte – wie sich nachträglich herausstellte, mit 500 Gulden von der Larisch bestochen – im wesentlichen deren dem Polizeipräsidenten abgegebene, persönliche Verantwortung:

»Ich wurde heute früh 10 Uhr vom Standplatz (Schwarzenbergstraße) zum Grand Hotel bestellt, um dort auf eine Frau Gräfin zu warten. Die Frau Gräfin bestieg um

1/4 11 Uhr meinen Fiaker und ich führte dieselbe in den III. Bezirk, Salesianergasse zum Hause No. 11.

Dort stieg die Frau Gräfin aus, kam einige Zeit mit einer jungen Dame aus dem erwähnten Hause wieder zum Wagen und ich führte beide Damen direkt in den Bezirk Innere Stadt Kohlmarkt vor das Galanteriewarengeschäft Rodeck.

Daselbst stieg die Frau Gräfin aus dem Wagen, ging in das Geschäftslokal hinein u. wenige Minuten nachher schon, während ich vom Wagen gestiegen war u. ein Schaufenster besichtigt hatte, hörte ich von der Stelle, wo mein Wagen stand, einen zweiten Wagen davonfahren u. sah zu meiner Überraschung, daß die Dame, welche kurz zuvor noch in meinem Wagen saß, nun in dem anderen Wagen in der Richtung gegen den Michaelerplatz davonfuhr.

Die Dame saß allein im Wagen. Ich weiß nicht, ob es ein Fiakerwagen war, glaube aber, daß es ein sogen. Unnummerierter war; dem Anscheine nach war es keine private Equipage.

Ich kann auch die Farbe der Pferde nicht bestimmen, da ein vorüberfahrender Stellwagen mir die Aussicht eben benahm u. ebensowenig kann ich eine Beschreibung des Kutschers geben.

Als nun bald darauf die Frau Gräfin den Geschäfts-Inhaber zu meinem Wagen geschickt hatte, um die Dame vom Wagen in das Geschäftslokal zu holen, so sagte ich demselben, daß diese soeben in einem anderen Wagen weggefahren sei.

Dieses mag vorgefallen sein zwischen 3/4 11 und 11 Uhr.

Vorgelesen und richtig befunden

Franz Weber

Habrda.«

Wir haben das weitgehend uninteressante Protokoll mit dem Fiaker Nr. 58, Franz Weber, hier deshalb so ausführlich wiedergegeben, damit man sehen kann, wie sehr sich beide Aussagen gleichen – bis auf den mageren Unterschied, daß die Larisch den Commis hinaus zur Vetsera geschickt haben will, der Fiaker aber den Geschäftsinhaber gesehen hat. Enttäuscht fügt denn auch der Polizeipräsident Baron Krauß schriftlich hinzu, daß die Einvernahme des Zeugen »gar keine Anhaltspunkte bietet um eine weitere Nachforschung einzuleiten«. Dafür könnte die Recherche des Polizeirates Friedrich Heide etwas auf sich haben, die aber als falsch bezeichnet und vom Polizeipräsidenten nicht weiter verfolgt wird. Der Polizeibeamte hatte zusammenfassend berichtet, daß der Fiakerkutscher Nr. 359, Josef Pachler bei Fux in Penzing, Schmidtgasse 20, mit dem Standplatz Walfischgasse, der ständige Fiaker der Gräfin Larisch sei und in Abwesenheit von Nr. 80 vertreten würde, aber: »Am Montag den 28ten Jänner wartete Bratfisch in der Operngasse mit im Wagen herabgelassenen Vorhängen. Der eben erwähnte Fiaker mit der Nr. 359 führte Baronesse Vetsera dahin…«

Es scheint, als wäre Baron Krauß in Wahrheit ein Zauderer gewesen, der im Grunde genommen gar nicht auf die richtige Spur kommen wollte, auf die seine Agenten ihn stießen, als hätte er Angst vor der letzten Wahrheit gehabt, die zum Thronfolger führen mußte. Auch die Frage, warum die Larisch, wenn der Fiakerkutscher Nr. 359, Josef Pachler, ihr »ständiger Fiaker« gewesen ist, sie weder ihn noch seinen Stellvertreter genommen hat, was doch normal gewesen wäre, wird nicht gestellt. Daß sie ihn vielleicht nicht in eine Affäre – in der es nicht nur um Bestechung geht – hineinziehen wollte, ist eine andere Sache. Der Fiakerkutscher Franz Weber kennt die Larisch nicht, für ihn ist sie »eine Frau Gräfin« wie irgendeine andere auch, er kann die Zusammenhänge nicht erahnen, ist also daher kein wie immer gearteter Mitwisser, sondern rein ein »nützlicher Idiot«, dem 500 geschenkte Gulden ein kleines Vermögen bedeuten müssen, um so mehr er nachher kaum glauben wird, worauf er sich eigentlich eingelassen haben soll. Also geht das raffinierte Komplott der Larisch vorerst einmal erfolgreich über die Bühne des Polizeipräsidiums. Der vielleicht gar nicht so ratlose Baron Krauß kehrt dabei sogar die Erwähnung des sogenannten »Leibfiakers« Bratfisch, der genaugenommen gar kein solcher war, sondern einen Dienstgeber namens Leopold Wollner in der Breitenseer Straße 15 hatte, für den er »fahrt«, in der Vorerhebung der Affäre noch unter den Teppich – weil dieser Name wie einen Blinden sein Stock direkt zum Erzherzog Rudolf führen muß. Aber dem Baron Krauß geht plötzlich die Courage aus, er verlegt sich eindeutig auf das altbekannte österreichische Prinzip »Abwarten«, das schon der Dichter Bauernfeld als solches bespöttelt hat, er reduziert alle auftauchenden Befürchtungen, wahrscheinlich auch seine eigenen, auf das vielzitierte »'s wird scho nix g'schehn!«.

Die Gräfin Larisch hat also – was auch die Baronin Vetsera bestätigte – Mary gegen 10 Uhr vormittags daheim in der Salesianergasse 11 abgeholt. Die Larisch schrieb später in ihren Erinnerungen über diesen Moment: »Mary trug ein dicht anliegendes, olivengrünes Schneiderkleid, mit schwarzer Tresse besetzt, der Kragen wurde durch eine einfache Brosche zusammengehalten. Sie trug keinen Schmuck, außer ihrem Ohrgehänge, dem eisernen Armband und Ring und einem goldenen Kreuz um den Hals. Sie trug einen Hut aus grünem Filz, der reich mit Straußenfedern garniert war. Dazu einen schwarzen Schleier, den Sealskinmantel und einen Muff.« – Die früh voll aufgeblühte, exotische Schönheit der Baronesse mit dem kurzen, aber schön gebogenen Hals, den lockenden und vollen Armen, der Brust, die das Korsett hochschob, brauchte sich keine feinen Seidenrüschen ins Taillenfutter einnähen zu lassen wie die meisten Altersgenossinnen, um damit ihrer Figur die gewünschten Rundungen zu geben; trotzdem war sie angeblich äußerst nervös und hektisch, was aber verständlich scheint, hatte sie sich doch entschlossen, der Mutter einem Abenteuer zuliebe den Rükken zuzukehren. Noch im Tor des Palais Vetsera will die Gräfin dem Kutscher Franz Weber den Auftrag gegeben haben, direkt zu »Rodeck« zu fahren – jedenfalls disponiert sie gleich wieder um und gibt als neue Adresse höchstwahrscheinlich den Aufgang zur Augustinerbastei beziehungsweise die Operngasse an.

Längst hat sich – von der Breitenseer Straße aus – Bratfisch mit seinen Pferden ebenso dorthin in Bewegung gesetzt. »Bratfisch fährt nach Meyerling. 30 Gulden«, notiert Frau Theresa Wollner am 28. Januar 1889. Es ist so gut wie gewiß, daß Bratfisch erst am selben Morgen in seiner Wohnung im achten Bezirk, Laudongasse 52, von Loschek aufgesucht worden war, der ihm den Auftrag Rudolfs zur Ausfahrt überbracht hat.

Währenddessen hält der Fiaker mit der Gräfin und der Baronesse vor dem Wäschegeschäft »Weiße Katze«, wo, wie die Larisch erwähnt, Besorgungen gemacht werden – wahrscheinlich deckt Mary sich dort für das zu erwartende Abenteuer mit einer Nachttoilette ein, die sie aus naheliegenden Gründen nicht von zu Hause hat mitnehmen können.

# Die Reise ins Drama

Die Affäre von Mayerling – das ist fast ein Stück klassischer altgriechischer Tragödie, verdünnt ums Fiakerblut, das selbst angesichts des Sterbens fidel bleibt, um sich hinterher despektierlich an den »gewissen« Umständen zu ergötzen. Und Fiaker sind es denn auch, welche die Protagonisten dem Schauplatz entgegenführen. Eine Rekonstruktion der Fahrtstrecke vom Grand Hotel, wo die Larisch sich abholen ließ, zum Palais Vetsera beziehungsweise anschließend weiter zur Hofburg ergibt etwas mehr als 2 000 Meter. Wenn man nun annimmt, daß ein Fiaker damals etwa 5 Minuten pro Kilometer benötigt hat, war diese Strecke in längstens einer Viertelstunde zurückzulegen. Rechnet man noch die kurzen Aufenthalte im Palais Vetsera und beim Wäschegeschäft »Weiße Katze« hinzu, dann darf man also annehmen, daß die Larisch mit der Vetsera – wenn die angegebene Abfahrtszeit vom Grand Hotel um 10 Uhr stimmt – gegen 10 Uhr 45 auf der Augustinerbastei respektive in der Operngasse eintrafen.

Wahrscheinlich stiegen nun beide Damen dort aus. Die Gräfin Larisch veranlaßte den Kutscher Franz Weber zu warten, bis auch Bratfisch mit seinem Wagen eintrifft, in den nun die Vetsera umsteigt, worauf die Larisch selbst – allein – zu Rodeck weiterfährt, um dort ihre komödienhafte »Suchaktion« zu starten, wobei der Kutscher brav mitwirkt, während Bratfisch mit verhängten Fenstern seinerseits die Vetsera in Richtung Mayerling bringt.

Andere Autoren wie zum Beispiel Holler wollen wissen, daß Mary zuvor noch Rudolf einen Kurzbesuch abgestattet haben soll, bei dem ein – mißglückter – Abtreibungsversuch an ihr vorgenommen wurde. Diese Annahme knüpft an die Tatsache, daß eine unscheinbare eiserne Tür von der Augustinerbastei direkt in die Gemächer Rudolfs führte, die man aber normalerweise vom sogenannten Schweizerhof aus, und zwar entweder über die Säulenstiege oder auch über die Kapellenstiege neben der Burgkapelle erreichte. Dieses Appartement befand sich im zweiten Stock, die Stiege und die Zugänge waren von Burggendarmen bewacht. Während offizielle Besucher diesen Weg zu wählen hatten, gelangten solche, die nicht gesehen werden sollten, auch durch die eiserne Tür zu Rudolf, von der aus ein Weg und eine Wendeltreppe auf das Flachdach des Augustinertraktes führten. Nachdem man dieses überquert hatte, stieg man in ein Fenster ein und war direkt im Garderobenzimmer des Kronprinzen, welches auf das Flachdach hinausführte. Von dort aus kam man durch das Türhüterzimmer auf einen Korridor, der zu den beiden Vorzimmern wies. Es soll aber noch eine dritte Möglichkeit, Rudolfs Gemächer zu erreichen oder zu verlassen, nämlich vom Josefsplatz aus, gegeben haben. So wollte Moriz Szeps sich erinnern können, daß er von dort aus über Stiegen, Gänge, Zimmer und eine steile Holztreppe vom Kammerdiener Nehammer zu Rudolf gebracht worden war, was sehr wahrscheinlich erscheint, da die Hofburg, wie ich mich überzeugen konnte, ein für den Fremden undurchschaubares, labyrinthartiges System von Korridoren und Geheimgängen, »toten« Fluren und ineinander verschachtelten Zimmern darstellt, in denen sich beispielsweise das Wachpersonal des »Ständestaates« am Ende der Ersten Republik mitunter sogar verlaufen hat.

Noch bis heute trägt die von Szeps bezeichnete Stiege Nr. XXXIII in der Hofburg seitens der Burghauptmannschaft den Namen »Vetsera-Stiege« – Mary könnte diesen Weg also tatsächlich öfters gegangen sein.

Die Larisch, auf deren Aufzeichnungen man sich hinsichtlich des Kurzbesuches von Mary bei Rudolf vor der Abfahrt nach Mayerling stützt, führt nun aus, daß der Kron-

74

prinz sofort, nachdem die beiden Damen durch die eiserne Tür zu ihm gelangt waren, mit der kleinen Vetsera – trotz heftigen Protestes der Larisch – für etwa eine Viertelstunde verschwand, worauf er – allein – wiedererschienen sei. Sie gibt an, sehr verstimmt gewesen zu sein und zum Fenster hinausgeschaut zu haben, worauf sie bemerkt haben will, wie unten, im Amalienhof, soeben die Burgwache mit der Militärmusik aufzog; das ist aber falsch – die dortigen Fenster gehen nicht auf den Amalienhof, sondern in den äußeren Burghof hinaus.

Es gibt nun zwei Möglichkeiten: entweder war die Larisch nie im sogenannten »Türkischen Zimmer« eingeschlossen gewesen, das heißt, am genannten Tag nicht bei Rudolf zu Besuch – oder sie ist bei der Abfassung ihrer Memoiren einem Irrtum aufgesessen, in denen die Retusche ohnedies nicht zu kurz kommt. Jedenfalls liefert sie sich selbst ein unbestätigtes Alibi, das ihr für die weitere Entwicklung der Dinge wichtig war.

Fritz Judtmann hat die Suite des Kronprinzen rekonstruiert; demnach wird angenommen, daß die beiden Besucherinnen Rudolf in seinem Arbeitszimmer, dem »Türkischen Zimmer«, antrafen, wonach er fast sogleich Mary ins Nebenzimmer – das »Lernzimmer« – hineinzog und die Tür dazwischen absperrte. Von diesem Lernzimmer ging man durch ein Kabinett in Rudolfs Schlafzimmer, das nur einen Ausgang in das dahinter befindliche »Cavalierszimmer« hatte, über welches man wieder über das Türhüterzimmer und das Garderobenzimmer zum Flachdach des Augustinertraktes kam.

Lernzimmer und Kabinett waren, nach dem Absperren der Tür zum Türkischen Zimmer, nun angeblich völlig ungestört, nimmt man an, daß Rudolf, um vor den Lakaien sicher zu sein, auch die Tür des Schlafzimmers beziehungsweise des Korridors zu den Dienerzimmern verschlossen hatte.

Verschiedentlich wird nun behauptet, daß dort an Mary ein verbotener Eingriff vorgenommen worden sein soll –

verdächtigt wird die Hebamme Theresia Miller, die in den Aufzeichnungen der Larisch mehrmals Erwähnung findet, aber dafür gibt es keinen einzigen Hinweis. Dennoch hat diese fehlende Viertelstunde am Vormittag des 28. Januar 1889 sämtliche Autoren, die sich mit dem Mayerling-Thema auseinandergesetzt haben, auf die verschiedenste Weise beschäftigt und zu allen nur denkbaren Spekulationen Anlaß gegeben.

Folgen wir aber nun der anderen Möglichkeit, daß die Larisch sich selbst ein doppeltes »Alibi« für das Entwischen der Vetsera hinaus nach Mayerling zurechtmachen wollte, wird der ganze Besuch bei Rudolf äußerst zweifelhaft. Demnach muß er überhaupt nicht stattgefunden haben – zumindest nicht an diesem Tag. Fest steht, daß die Vetsera jedenfalls in den Fiaker Bratfischs umstieg und davonfuhr.

Diese Tatsache deckt sich auch mit der Aussage Bratfischs im Geheimprotokoll des Polizeipräsidenten: »Bratfisch sagt aus, daß am 28ten d. M. kurz vor 11 Uhr Mary Vetsera aus dem Gang der Augustinerbastei heraustrat, sofort einstieg und befahl nach ›Rothen Stadl‹ zu fahren.« Es gäbe auch keinen zwingenden Grund, die Baronesse, ausgerechnet nach einem Eingriff, über vereiste Straßen in einer holpernden Fiakerkutsche hinaus nach Mayerling zu bringen, anstatt ihr irgendwo in Wien Ruhe zu gönnen – etwa bei der Larisch im Grand Hotel oder direkt bei der verdächtigen Hebamme. Die Abtreibungsversion wirkt dadurch sehr überzogen – sie dient zuletzt dem Zweck, Rudolf sozusagen freizusprechen, indem er sich als »Ehrenmann« in Mayerling töten muß, nachdem die Vetsera hilflos neben ihm im Bett verblutet ist.

Wahrscheinlicher dagegen ist, davon auszugehen, daß die Larisch, nachdem Mary zu Bratfisch umgestiegen war, allein zu Rudolf durch den Schleichweg der eisernen Tür geht, um ihn zu informieren, daß ihr Auftrag erfüllt war. Sie spricht von einer heftigen Unterredung mit dem Kronprinzen, die nicht ganz glaubhaft erscheint; er soll sogar einen Revolver gezogen und sie bedroht haben. Die Larisch will ihm gedroht haben, daß sie zur Kaiserin gehen und ihr alles sagen werde – er, der Kronprinz, habe in ihren Augen keine Ehre mehr. Rudolf hätte sie nun seinerseits zynisch gefragt, wieso ausgerechnet sie die Heilige spiele:

»Du, die den Liebesmittler für meine Mutter gespielt hast, seit du ein Kind warst? Du wagst es, mir gegenüber von Moral zu sprechen, du, die du ohne Skrupel dabeigestanden hast, wenn Mama meinen Vater betrog?«

Dieser Dialog im Buch der Larisch ist doch sehr vom Burgtheater inspiriert – man darf auch nicht vergessen, daß sie gleichzeitig mit dem Kaiserhaus abrechnete, bei dem sie nach Mayerling in Ungnade gefallen war. Darauf aber hätten Rudolf und sie sich wieder versöhnt und er sie zum erstenmal ziemlich stürmisch geküßt. »Ich schwöre dir, Marie, bei der Schwarzen Jungfrau der Burg, daß ich dir die Wahrheit sage: Ich will Mary nur zwei Tage bei mir behalten!«

Die Gräfing Larisch fragt angeblich jetzt, was sie den Vetseras sagen solle – nach schon ausgeführtem Komplott! Rudolf rät ihr darauf, sie könne angeben, Mary sei ihr im Geschäft davongelaufen – also weiß er zumindest längst die weitere Ausführung des Plans, der den »Rodeck« miteinbezieht. Er fügt, immer noch laut Larisch, hinzu, daß er nach den zwei Tagen selbst mit den »Alten«, gemeint sind die Vetseras, reden wolle – und gibt ihr 500 Gulden für den Fiaker, wahrscheinlich aber viel mehr, wie wir noch erfahren werden. Nun sei sie, die Larisch, den selben Weg zur Eisentür »mehr tot als lebendig« – darauf besteht sie – zurückgegangen, habe den Fiaker bestiegen, ihm die 500 Gulden gegeben, ihm erklärt, was er zu sagen habe, und wäre endlich mit ihm zu Rodeck auf den Kohlmarkt gefahren. Es wäre genau 11 Uhr 15 gewesen.

Ihr weiterer Weg wurde schon wiedergegeben – von Rodeck zum Palais Vetsera, anschließend ins Polizeipräsidium am Schottenring, wo sie nach 12 Uhr mittags eintraf, um sich mit ihrer Aussage vom tatsächlichen Geschehen abzusetzen. Daß die Gräfin zwischendurch die Nerven verlor und sie in Tränen ausgebrochen sein soll, wurde ihr seitens der betroffenen Baronin Vetsera als Zeichen ihrer übergroßen Anteilnahme am Schicksal Marys ausgelegt.

Der an diesem Tag diensttuende Leibjäger Rudolf Püchel erinnerte sich hinterher, daß vormittags um 11 Uhr ein Brief in der Hofburg ankam, den er dem Kronprinzen im Schlafzimmer übergeben haben will, wo dieser versunken am Fenster gestanden haben soll, woraus Püchel auf eine sichtbare geistige Abwesenheit Rudolfs schloß, der sich angeblich noch bis zum Eintreffen weiterer Post, eine halbe Stunde später, nicht vom Fleck rührte, als bereiteten sich große Ereignisse vor, was nachträglich eventuell wirklich so scheinen mochte. Setzt man dagegen die spätere Aufregung aller Beteiligten in Rechnung, so mag das überhaupt nichts bedeutet haben.
Laut der Kammerfrau Planker-Klaps wollte Rudolf sich noch von seiner kleinen Tochter Erzsi verabschieden, war jedoch daran gehindert, weil diese soeben »am Thron saß«, Rudolf aber offenbar nicht abwarten wollte, sondern plötzliche Eile an den Tag legte, endlich abzufahren. Der Wagen mit dem Hofkutscher Anton Prechtler war schon im Schweizerhof unten bereitgestanden, als Rudolf über die Säulenstiege kam, um selbst die Zügel zu übernehmen. Er hatte die Stunde der Abfahrt, 11 Uhr 30, so gut es ging, geheimgehalten – sein Ziel hieß Mayerling.
Nicht nur der mit seiner Überwachung beschäftigte Polizeikommissär Habrda bestätigte dies mit seiner Aussage im Krauß-Akt, auch der Graf Hoyos war von Rudolfs Aufbruch überrascht worden, da dieser ihm noch am Tag zuvor, und zwar beim Empfang auf der Deutschen Botschaft, mitgeteilt hatte, erst am Montag abend abreisen zu wollen. Als Hoyos, der zum »Geheimen Rath« ernannt worden war, von der Vereidigung beim Kaiser zu Rudolf

78

kam, um ihn zu informieren, daß er gemeinsam mit Prinz Coburg um 8 Uhr früh nach Mayerling hinauskommen werde, traf er den Kronprinzen zu seinem »Befremden« gar nicht mehr in der Hofburg an.

Bestimmte Anzeichen sprechen allerdings dafür, daß nicht nur die Abfahrt, sondern der gesamte »Jagdaufenthalt« Rudolfs in Schloß Mayerling hätte geheimbleiben sollen.

So erhielt, wie auch der Polizeipräsident Krauß später in seinem Akt ausdrücklich vermerkte, der Bezirkshauptmann von Baden, Ernst Oser, nicht das ansonsten übliche Aviso seitens des kronprinzlichen Sekretariates zum Ausrücken der Gendarmeriewache nach Mayerling; dieses soll vielmehr auf Wunsch des Kronprinzen unterblieben sein. Ebenso unterblieb auch die Besetzung der eigenen Telegrafenstation von Mayerling mit voller Absicht. Der Badener Bezirkshauptmann erfuhr erst am Dienstag abend die Anwesenheit des Kronprinzen im Schloß.

Die Abgeschiedenheit Mayerlings prädestinierte es geradezu für einen geheimen Aufenthalt, zudem es über mehrere Anfahrtswege verfügte. Außerdem, was nicht vergessen werden soll, war es Rudolfs Lieblingssitz und bevorzugtes Refugium, das er sich nach eigenen Vorstellungen gestaltet hatte. Hier fühlte er sich unbeobachtet, und hierher kehrte er zurück.

Gegen 12 Uhr mittags – während die Larisch wie gesagt noch beim Polizeipräsidenten saß – traf dort ein Routinetelegramm des Polizeioffizials des Kommissariates Margareten ein, das Krauß wenig später zu den Akten legte: »P. D. Telegramm No 2791 von Station M. nach C. am 28. 1. 1889, 11 Uhr 50 Minuten. V. M. H. 3050 Präsidium: Se. K. Hoheit Kronprinz Rudolf passierte soeben den 5. Bezirk gegen Schönbrunn zu ohne Hindernis. Margarethen, Wiligut.«

Der Polizeipräsident hätte nun wissen können, woran er war, aber er wartete ab. Andererseits waren ihm gegenüber dem Erzhaus gewissermaßen die Hände gebunden;

immerhin aber wäre bereits eine Verständigung des Ministerpräsidenten Graf Eduard Taaffe möglich gewesen, der seinerseits das Kaiserhaus hätte alarmieren können. Nachträglich scheinen die Dinge freilich immer klarer, außerdem waren Taaffe und Rudolf erklärte Gegner.

Taaffe, aus altem irischen Geschlecht, geboren in Prag, ein Jugendfreund des Kaisers, war am 12. August 1879 zum zweiten Mal Ministerpräsident geworden. Er trat mit einem Programm der »Versöhnung der Nationalitäten« vor das Parlament – es war ihm darum zu tun, die Tschechen, die seit dem ungarischen Ausgleich und dem Bruch der ihnen in der Ära Hohenwart (1871) vom Kaiser persönlich gemachten Versprechungen, die die Königskrönung in Aussicht gestellt hatten, »in tiefstem Groll abseits standen« – so Viktor Bibl –, auszusöhnen. Damit regierte Taaffe verschiedenen Meinungen zufolge gegen das staatstragende Element der Deutschen, nach Rudolfs persönlicher Auffassung aber für die tschechische »Reaktion« und gegen die Ungarn, die der Kronprinz bevorzugte. Indirekt schuf Taaffe mit seiner Politik die Irredenta der Alldeutschen unter der Führung Schönerers, ohne aber die Tschechen mit ihren immer mehr steigenden Forderungen gewinnen zu können. Nach ungewöhnlich langer Amtszeit von vierzehn Jahren traf auch den »Meister des Fortwurstelns« und erkorenen »Kaiserminister« Taaffe sein Schicksal, als er (1893) eine Wahlreform einbrachte, der die Absicht zugrunde lag, durch Heranziehung breitester Volksschichten die nationalen Schwierigkeiten beizulegen.

Mary war also um 11 Uhr abgefahren, Rudolf um 11 Uhr 30. Während die Larisch etwas konfus ihre Aussage im Polizeipräsidium ablegte und auch die Baronin Helene Vetsera bereits Kenntnis vom Verschwinden ihrer Tochter hatte, traf Mary etwa um 12 Uhr 30 am vereinbarten Treffpunkt, dem Gasthaus »Rother Stadl«, westlich von Kalksburg, im Wagen von Bratfisch ein. Sie hieß Bratfisch, langsam auf und ab zu fahren und auf Rudolf zu warten, was Bratfisch denn auch tat, der in seinem Vernehmungsprotokoll bei der Polizei später angab, daß der Kronprinz gegen 13 Uhr, angeblich zu Fuß, angekommen sei. Das deckt sich mit der Auskunft Prechtlers, des Hofkutschers, der seinerseits mitteilte, daß Rudolf schon ein Stück vor dem »Rothen Stadl« ausgestiegen wäre. Er, Prechtler, wäre vom Kronprinzen wiederum für Mittwoch, den 30. Jänner um 12 Uhr mit dem Wagen zum Südbahnhof in Wien bestellt worden, worauf Rudolf die leicht ansteigende Straße zum »Rothen Stadl« weitergegangen sei.

»Der Kronprinz war sehr aufgeräumt und heiter und entschuldigte sich noch bei mir, daß wir so lange warten mußten«, gibt Bratfisch weiter zu Protokoll. »Er gab nun den Befehl nach Meyerling zu fahren, er sagte aber ich solle mir Zeit lassen, damit wir erst in der Dämmerung dorthin kommen. Die Straßen waren aber schlecht und vereist, daß es ohnehin nicht schneller ging.«

Diese Aussage des bis in die Knochen dem Kronprinzen treu und loyal ergebenen Bratfisch scheint schwer glaubhaft, da dort doch schon mehr als die halbe Fahrtstrecke zurückgelegt war, also rund noch 25 Kilometer – wenn auch auf winterlichen Straßen – gefahren werden mußten, wird aber angesichts der damals dort herrschenden Schneeverhältnisse deutlich, die vom Meteorologischen Zentralamt belegt sind. Zwischen 1. Januar und 27. Januar 1889 waren in Wien fast ganze 20 Zentimeter Schnee gefallen, aber in der Gegend um Alland ist die Schneehöhe statistisch gleich um 100 Prozent höher als in Wien, die Straßen waren nicht geräumt worden. Die Wagenräder blieben mehrmals im Tiefschnee stecken, der Kronprinz und Bratfisch mußten öfters absteigen und den Fiaker schieben.

Es war zwar ein klarer Himmel und nur schwacher Westwind und kaum kalt, aber eines Gefälles wegen wurde der Weg über Breitenfurt-Hochrotherd-Stangau-Sulz-Sittendorf und von dort aus über die Waldstraße und die Höhe 410 auf die Straße Gaaden-Heiligenkreuz genommen, weil die Straße Sittendorf-Gaaden noch nicht existierte. Auf dieser Waldstraße fuhr sich der Wagen denn auch öfters fest und konnte nur mühsam von den beiden Männern fortbewegt werden. Dennoch fiel auch Graf Josef Hoyos, der am nächsten Morgen mit dem Jagdgefährten Prinz Philipp von Coburg in Mayerling eintreffen wird, verschiedenes an dieser Reise auf, was ihm unklar bleiben sollte. Der Kronprinz erzählt den beiden Herren, daß er mit dem Wagen über Breitenfurt gefahren sei und der Fiaker über den ganz glatten Berg nächst Gaaden nur mit einem Bauernvorspann zu bringen gewesen wäre. »Ohne den Pelz abzulegen, habe er beim Schieben des Wagens geholfen, sei dabei gelaufen und habe sich verkühlt. Erst der als Relais aufgestellte Fiaker Bratfisch von Wien habe ihn nach dieser mühsamen Expedition um halb vier Uhr nachmittags nach Mayerling gebracht...«, heißt es im Mayerling-Kapitel des Buches über Kaiser Franz Joseph I. von Corti-Sokol. Manches in der Schilderung ist dem Grafen Hoyos unerklärlich, der es aber aus Höflichkeit unterläßt, weiterzufragen.

»In dieser Aussage war mir Vieles unverständlich«, erinnerte er sich dessen in seiner Denkschrift wieder. »Erstens die Reise zu Wagen überhaupt, dann die unglaublich lange Dauer derselben, trotz Glätte der Straße, und schließlich die Geschichte von dem glatten Gadner Berg, der ja erst nach Breitenfurth kommt. Es war mistrios, und ich enthielt mich jeder Frage.«

Es ist ebenfalls die lange Fahrtdauer, die Hoyos auffällt; Judtmann, der der Sache auf den Grund gehen wollte, hat seinerseits daraus den Schluß gezogen, daß Rudolfs Gefährt in Folge der Umstände tatsächlich steckengeblieben sei – und sogar als mutmaßliche Stelle dafür die zweite größere Steigung vor der Straße Gaaden-Heiligenkreuz bezeichnet, die etwa 300 Meter entfernt ist. Judtmann nimmt nun an, daß Bratfisch aus der nächsten Umgebung

Pferde auftrieb, um seinen Fiaker wieder aus dem Schnee ziehen zu können. War er, wie Judtmann vermeint, wirklich auf der Höhe 410 zum Stehen gekommen, so hätte er – vorausgesetzt, daß Bratfisch mit der Gegend gut vertraut war – bei der am nächsten gelegenen Meierei Füllenberg die Pferde ausborgen müssen, die er derart notwendig brauchte. Alle anderen Orte wie Gaaden, Heiligenkreuz und Sittendorf sind von dort weiter entfernt. Demnach wären Mary und Rudolf sicherlich längere Zeit über allein gewesen. Die Kälte war nicht allzu groß, aber Fiakerkutschen sind ziemlich zugig. Sicherlich verfügte man über Decken; vielleicht machten die beiden auch Bewegung im Schnee. Wir werden es vermutlich niemals mehr erfahren.

Die genaue Strecke »Rother Stadl«–Mayerling beträgt 23,6 Kilometer. Berechnet man der vereisten Straßen wegen für den Kilometer nun 6 Minuten Fahrzeit, kommt man auf eine Fahrtdauer von insgesamt 2 Stunden und 20 Minuten. Um etwa 13 Uhr waren Rudolf und Mary vom »Rothen Stadl« abgefahren – sie hätten also gegen 15 Uhr 20 im Jagdschloß in Mayerling eintreffen müssen. Laut Grafen Hoyos soll Rudolf gesagt haben, um 15 Uhr 30 gekommen zu sein, was später auch Loschek bestätigte. Und als der Wagen wieder flottgemacht war und mit Bratfisch, Rudolf und Mary am Waldfriedhof nach Heiligenkreuz hinabrollte, sorgte ihre Abwesenheit in Wien bereits für Aufregung.

Nicht nur, daß im Palais Vetsera äußerst erregt der Familienrat zusammengetreten war – Alexander Baltazzi hatte in der Hofburg nachfragen lassen und erfahren, daß der Kronprinz in Alland, das heißt in Mayerling, sei, glaubte aber hartnäckig, daß diese Fahrt »nur eine Fiktion« wäre, mit der man ihn, Baltazzi, zu täuschen versuche. Auch die Gräfin Larisch erschien noch einmal an diesem Tage beim Polizeipräsidenten Krauß, und zwar in Begleitung Baltazzis. Der Baron Krauß verbarg aber geschickt seine

Überraschung über das durchaus unübliche Auftreten beider, die ihm einen Privatbesuch abstatteten: »Nach 7 Uhr abends (Randbemerkung: ich fand sie in meiner Wohnung auf mich wartend, als ich vom Diner bei Se. Kaiserl. Hoheit dem Erzherzog Wilhelm nach Hause kam) kam die Gräfin Larisch abermals zu mir und mit ihr Alexander von Baltazzi. Letzterer sprach die Überzeugung aus, seine Nichte sei im Einverständnisse mit dem Kronprinzen entwichen und sie befinde sich beim Kronprinzen... Die Mutter des Mädchens habe schon längere Zeit den Verdacht, daß ihre Tochter mit dem Kronprinzen correspondire. Sie habe darauf bestanden, daß ihre Tochter eine eiserne Cassette öffne, um die Briefschaften einzusehen. In der Cassette fanden sich jedoch keine Briefe, sondern nur viele Fotografien des Kronprinzen vor und eine Art ›letzter Wille‹« – dies unterstrich Krauß sogar – »des Mädchens, worin sie ihre Schmucksachen, insbesondere die Ringe, an verschiedene Personen vermache (...unleserlich) daß die Ringe von dem Mädchen nicht mitgenommen worden sind, daher ein Selbstmord geplant werde, an welchen die Mutter jedoch bei der Lebenslust ihrer Tochter nicht glauben könne. Die Mutter wolle zum Kaiser gehen, jedoch könne sie dies nicht thun, wenn sie nicht weiß und beweisen könne, daß ihre Tochter thatsächlich beim Kronprinzen sei.

Eine bei Rodeck gekaufte Cigarrentasche sei von der jungen Vetsera dem Kronprinzen gesendet worden, und diese Tasche sei in der Hand des Kronprinzen gesehen worden, und beweise das Einverständnis. – Ich konnte hierauf nur bemerken, daß Meierling außerhalb des Polizeirayons gelegen ist, ich daher nicht in der Lage sei dort amtszuhandeln oder nachzuforschen und auch in Wien sei ich nicht befugt, in der Burg nachzuforschen.

Wenn mir die Mutter die amtliche Anzeige von dem Verschwinden ihrer Tochter macht, werde ich durch Bekanntmachungen nach der Vermißten nachforschen, ich mache aber aufmerksam, daß dann der öffentlichen Sensation durch die Zeitungen nicht begegnet werden könne. Den Namen des Kronprinzen dürfe ich mit der Sache nicht in Verbindung bringen. Am zweckmäßigsten wäre abzuwarten, da am ehesten zu erwarten ist, daß dann Nachrichten von der Tochter selbst kommen, wenn sie nicht selbst zurückkehrt. Allfällige Consequenzen bezüglich der Ehre der jungen Dame seien nun unvermeidlich und vielleicht am besten noch (unleserlich) zu parallisiren, wenn nichts in die Öffentlichkeit dringt. Es wäre übrigens gut, wenn man mir Fotografien des Mädchens bringen würde, da dieselben zu einer allfälligen Nachforschung nöthig sind.«

Als der Polizeipräsident dieses Gedächtnisprotokoll hinterher auf sein Kanzleipapier schreibt, scheint er der kruden, fast stammelnden Diktion zufolge selbst einigermaßen verwirrt zu sein. Das Gesetz des Handelns, das nun in irgendeiner Weise – wir sprachen schon von einer etwaigen Verständigung des Ministerpräsidenten Taaffe – bei ihm gelegen wäre, mißachtet er vollends, obwohl, fast signalartig, schon das Wort »Selbstmord« gefallen ist.

Auch Krauß will sich, ganz auf seine Weise, zunächst aus der delikaten Angelegenheit heraushalten, ohne sich irgendeinen Schaden zuzufügen. Obwohl ihn die Sache sichtlich beunruhigte, weicht er an diesem Abend jeder Intervention aus, indem er von einem eventuellen Skandal in der Öffentlichkeit spricht.

Während die Baronin Vetsera verständlicherweise einen solchen Skandal ebenso scheute und daher noch nichts unternahm, war eigentlich nur Alexander Baltazzi für ein striktes Vorgehen gewesen. Die Larisch, die allein mehr wußte und deren Bedenken scheinbar stündlich anwuchsen, muß einen fürchterlichen Zwiespalt durchgestanden haben, der sie völlig konfus werden ließ. Einerseits hatte sie sich berechtigtes Schweigen aufzuerlegen, andererseits sich von der Entwicklung der Angelegenheit, die sich immer mehr zuspitzte, zu distanzieren, war doch ein Skandal bereits absehbar, so daß sie ein auf sich zukommendes

Malheur erahnen konnte. Am nächsten Morgen erhielt der Polizeipräsident von ihr einen verzweiflungsvollen Brief, den er ebenfalls zu den Akten legte:

»Euer Excellenz,                              Montag, Abend
Ich richte diese Worte noch vor meiner Abreise an Sie – die Mutter wird sich vielleicht im letzten Fall an Se. M. den Kaiser wenden – ich bitte Sie *dringend* auch in diesem Falle *meine Confidenzen* zu verschweigen!
Es ist nicht zu vermeiden, der *Zukunft* nachzuforschen, aber es ist der *Wunsch,* daß die *Vergangenheit* so viel als möglich *unergründet* bleibt, bitte also darin Ihr *Möglichstes* zu thun, – die *vergangenen* Vorfälle nützen ja auch nichts, – und für die *zukünftigen* Ereignisse bleibt nichts übrig, als den *gewöhnlichen* Weg zu gehen! –
*Meine Bitte* betrifft nur die Angelegenheit bis zum heutigen Tag *schonend* zu behandeln. Weil nicht gewünscht wird, daß viele unschuldige Leute verwickelt werden. Ich setze mein *ganzes Vertrauen* in Sie, lieber Baron! Ich handle nicht in meinem Auftrage!«

»Wessen?« notiert Krauß fragend über diesen Schlußsatz – obwohl er die Antwort wohl ebensogut längst kennt. »Cca. 1/2 10 Uhr«, so verfehlt er denn auch nicht anzumerken, »erhielt ich den beiliegenden Brief der Gräfin Larisch, der nicht ganz verständlich ist, aber aus dem hervorzugehen scheint, daß Gräfin Larisch mit des Kronprinzen Absichten bekannt war und in dessen Auftrag handelte. – Es fällt mir nachträglich ein, daß Gräfin Larisch mich gestern fragte, ob denn alle Vorfallenheiten S. Majestät gemeldet werden müssen, daher auch die Entweichung der Vetsera. Es werde gewünscht, daß diese Meldung nicht erfolge.«

Aber wir greifen dem Gang der Geschichte vor, blenden wir also nochmals zurück. Schon in der Dämmerung kam der Fiaker von Bratfisch auf der Heiligenkreuzer Höhe an. Dieser sagte später aus, daß Mary dort ausgestiegen und Rudolf allein über Alland nach Mayerling weitergefahren sei, was aber nicht glaubhaft erscheint, weil es die heutige Straße von der Heiligenkreuzer Höhe nach Mayerling seinerzeit noch nicht gab. Wäre Mary dort oben ausgestiegen, hätte Bratfisch demnach wieder zurückkehren und sie abholen müssen, während sie in leichtem Schuhwerk im dunkel gewordenen, tiefverschneiten Wald gewartet hätte, noch dazu völlig allein. Das ist kaum anzunehmen – auch hätte Rudolfs Kavalierstum sich dies kaum gestattet. Wahrscheinlich war es genau umgekehrt; Rudolf steigt aus und kommt über die sogenannte »Milli-Nandel«, den heutigen Marienhof, und den Heiligenkreuzer Wirtschaftshof zu Fuß ins Jagdschloß Mayerling hinunter, das er wahrscheinlich durch das Nordtor erreicht. Inzwischen kommt Bratfisch über Alland und fährt durch das Südtor in Mayerling vor, wo der Kammerdiener Loschek seine diskrete Fuhre schon erwartet, um sie sofort in Rudolfs Privatgemächer zu geleiten, worauf Bratfisch sofort nach Wien zurückkehrt.

Warum Bratfisch diesen Sachverhalt so und nicht anders darstellte, wäre aufklärungsbedürftig und bleibt ungewiß. Auch Loschek gab eine völlig falsche Darstellung ab. Seiner Erinnerung zufolge wäre Rudolf überhaupt erst Dienstag abend in Mayerling angekommen, was unrichtig ist.

Tatsächlich quartierten der Kronprinz und die Vetsera sich noch am selben Abend in Rudolfs Privatgemächern ein, die Mary nicht mehr lebend verlassen sollte.

# Wer war Mary Vetsera?

Nach dem schrecklichen Ereignis von Mayerling äußerte Marys Mutter, die Baronin Helene Vetsera, in einer Aussprache gegenüber dem Grafen Taaffe auf dessen ausdrücklichen Wunsch um Verschwiegenheit: »Diejenigen, die schon früher mehr gewußt haben als ich, werden es wahrscheinlich schon wissen, den anderen habe ich nichts mitgeteilt.«

Das sollte nur teilweise stimmen, denn schon bald verfaßte die Baronin eine Denkschrift, die sie gleichzeitig als Broschüre in einer angeblichen Auflage von 20 (in Wahrheit waren es wohl 200) Stück im Juni 1889 von der Buchdruckerei Plaut in der Maria-Theresien Straße 5 herstellen ließ. Der Vermittler dieses Privatdruckes war ein gewisser Dr. Karl Biel, Herausgeber des »Volkswirths«, gewesen, auf den auch im Polizeiakt explizite hingewiesen wird. Diese Broschüre wurde, was schon eine übliche Gepflogenheit war, sogleich beschlagnahmt, nachdem die Behörden von ihr Kenntnis erlangt hatten; trotzdem gelangten einzelne Exemplare auf Umwegen in die Redaktionen ausländischer Zeitungen und sorgten durch ihre Veröffentlichung weiterhin für enorme Aufregung. Eine Abschrift dieses als »Gedenkblätter« übertitelten Promemoria der Baronin, die der Polizeipräsident, Baron Krauß, hatte anfertigen lassen, findet sich in seinem Dossier aufbewahrt.

Verschiedentlich hat man in dieser Schrift, die umständlich Marys letzte Lebenszeit behandelt, den Versuch der Mutter erblickt, sich sozusagen von allen Machenschaften rund um die Vorfälle von Mayerling reinzuwaschen und die Hintergangene zu spielen, dies, obwohl die Baronin zumindest teilweise über die Affäre ihrer Tochter mit dem Kronprinzen im Bilde gewesen sein muß – so sie nicht überhaupt insgeheim selber die Fäden gezogen haben* soll. Letzteres kann nicht völlig verneint werden und ist schon im Hinblick auf Marys Besuch am Ball der Deutschen Botschaft – wohin sie, wie erinnerlich, *anstatt* ihrer geladenen Mutter kam – durchaus im Bereich des Möglichen und Wahrscheinlichen liegend. Eine besorgte Mutter hätte wohl alles darangesetzt, ihr Kind von einem Mann fernzuhalten, der demselben, wie auch ihr bekannt war, nachstellte. Dazu kam auch noch, daß die Baronin schon in den letzten Januartagen von Marys Zofe erfahren hatte, daß ihre Tochter bei Rutky für den Kronprinzen eine goldene Zigarettentasche gekauft hatte. Ebenso war von ihr ja Marys Stahlkassette durchsucht worden, worin sie – neben dem ominösen, mit 18. Januar 1889 datierten Testament – noch eine stählerne Zigarettendose mit dem eingravierten Namen »Rudolf« auffand, über deren Besitz sie allerdings von Mary getäuscht worden sein will: So habe diese behauptet, die Dose wäre Eigentum der Gräfin Larisch – und die Gräfin habe ihr das bestätigt. Sie, die Baronin Vetsera, und dieses ist die Quintessenz ihrer Abhandlung, habe sich vom Doppelspiel der Gräfin blenden lassen, der allein alle Schuld zukäme. Erst als die Larisch ihr einen von Mary angeblich im Fiaker zurückgelassenen Zettel mit der Drohung »in die Donau zu gehen« übergab, sei ihre ganze mütterliche Besorgnis erwacht, aber Mary war zu diesem Zeitpunkt bereits verschwunden.

»Das ritterliche Wesen des Kronprinzen, mit dem gewinnenden Zauber seiner äußeren Erscheinung, hatte bei der Baronesse Mary Vetsera eine schwärmerische Verehrung erweckt, ehe noch eine persönliche Begegnung stattgefunden hatte«, heißt es in der Denkschrift der Mutter. »Sie machte keinen Hehl aus dieser Schwärmerei, allein dieselbe hielt sich in solchen Grenzen und erschien bei dem fast kindlichen Alter der Baronesse und dem Mangel jedes persönlichen Verkehrs mit dem Kronprinzen so unverfänglich, daß nicht im entferntesten daran gedacht werden konnte, an diese Schwärmerei irgendwelche Besorgnis zu knüpfen.«

Nun ja, das klingt leichthin behauptet; und daß aus dieser sogenannten »Schwärmerei« schließlich Liebe, wenn nicht Leidenschaft wurde, will die Mutter zuletzt erfahren haben, die immerhin anmerkt: »In gesteigertem Maße äußerte sich diese Schwärmerei zuerst, als die Baronesse bei den Frühjahrs- und Sommerrennen des Jahres 1888 von dem Kronprinzen, wie sie ihrer Vertrauten mittheilte, sich beachtet glaubte.« Danach soll ein »Stillstand ihrer damals tief erregten Gefühle« infolge des mehrmonatigen, gemeinsamen Aufenthalts mit der Mutter in England eingetreten sein, während aber schon bald nach der Rückkehr nach Wien »das Feuer der Liebe« erwacht sei. Der Widerspruch zwischen dem, was die Baronin schrieb, und den tatsächlichen Begebenheiten wird hier völlig offensichtlich, wenn auch ihr nicht bewußt. Demgemäß weist sie in ihrer ganzen Verantwortung immer wieder auf die Larisch, die allein alles auszubaden hat: »Der geheime Verkehr mit dem Kronprinzen, mit all dem entsetzlichen Unglück, welches daran sich knüpft, hätte nie erfolgen können, wenn nicht Gräfin Larisch-Wallersee die fluchwürdige That begangen hätte, hinter dem Rücken der Baronin die Zusammenkunft ihrer Tochter mit dem Kronprinzen zu ermöglichen. Die Gräfin Larisch-Wallersee war es, die, anstatt ihr den Kopf zurechtzusetzen, es unternahm, gelegentlich eines Festes in Tegernsee, wo der Kronprinz und zu gleicher Zeit auch die Gräfin weilten, den Vermittler zu spielen, und den Kronprinzen aufmerksam zu machen, daß sich die Baronesse Mary Vetsera für ihn begeisterte; sie war es, die es später unternahm, einen Brief der Baronin Marie in die Hände des Kronprinzen zu befördern; die Gräfin war es, die dann unter einem falschen Vorwande die Baronin bewog, ihre Tochter ihr anzuvertrauen, und dieses Zutrauen mißbrauchte, um die ihr

anvertraute Tochter der Baronin zu dem Kronprinzen in
die Burg zu bringen ...«

Gewiß hatte die Gräfin Larisch die allerersten Zusammenkünfte der Verliebten im Prater arrangiert. Mit Bestimmtheit hat sie auch Mary erstmals auf dem schon beschriebenen Augustinergang insgeheim in die Hofburg
eingeschleust, und ebenso sicher hat sie dieses Verhältnis
nach außen hin gedeckt und bemäntelt, nachdem es nun
einmal von ihr eingefädelt worden war, denn die Larisch
war eine Meisterin der Intrige und Rudolf außerdem fast
hörig. Trotzdem kann manches daran nur mit Wissen der
Baronin Helene Vetsera geschehen und inszeniert worden
sein, die scharfsinnig genug gewesen sein müßte, die mit
ihrer Tochter vorgehenden Veränderungen zu beobachten, so sie diese nicht zumindest halben Herzens sowieso
gedeckt hatte, zumal sie sich zu einem früheren Zeitpunkt
selber dem Kronprinzen hatte nähern wollen, ehe ihre
Tochter dazwischengetreten war, wie verschiedentlich bestätigt worden ist.

Immer, wenn Mary irgendwo Rudolf sah, soll sie danach
zu ihrem Kammermädchen nahezu verklärt gesagt haben:
»Heute habe ich den Kronprinzen gesehen. Er war so
schön!« Diese Verzückung nahm schon bald gefährli-
chere, weil intimere Formen an. Denn nach ihrer Rückkehr aus England richtete Mary einen Brief an eine
Freundin: »Ich kann nicht leben, ohne ihn gesehen und
gesprochen zu haben. Geben Sie sich, liebe Hermine,
keine Mühe mit mir, ich weiß, daß Alles, was Sie sagen,
recht ist, allein ich kann nicht anders. Ich habe zwei
Freundinnen, Sie und Marie Larisch. Sie arbeiten für
mein seelisches Glück und Maria für mein moralisches
Unglück.«

Trotzdem war sich die Baronin Vetsera – freilich erst nach
Mayerling – sicher, daß die, wie sie es umschreibt,
»Abendbesuche« Marys beim Kronprinzen erst mit dem
Beginn des Wagner-Zyklus in der Hofoper am 11. De-
zember 1888 ihren Anfang genommen hätten, der mit

»Rheingold« anfing. Die Baronesse habe »ihre Abneigung gegen die Wagnerische Musik als Vorwand benützt,
um einige Male zu Hause zu bleiben«, während sie, die
Mutter, in der Oper war. Nichtsahnend, versteht sich. Andererseits weiß sie plötzlich, daß Mary, um in die Burg zu
gelangen, nur in die ganz nahe Marokkanergasse gehen
mußte, wo an der Ecke schon der Fiaker des Kronprinzen
wartete, den Bratfisch kutschierte:
»In der Burg nahm sie ihren Weg durch den Augustinergang, wo sie von einem Kammerdiener erwartet, beim Po-
sten vorüber in die Gemächer des Kronprinzen geleitet
wurde. Nach 9 Uhr war sie wieder zu Hause. Nichts
konnte im entferntesten den Argwohn erregen, daß sie die
Zwischenzeit bis zur Rückkehr der Baronin außer dem
Hause verbracht habe . . .«
Abgesehen davon, daß Wagners Opern unter anderem
auch von einer exorbitanten Länge ausgezeichnet werden,
also um 21 Uhr sicherlich nicht beendet sein konnten, was
andererseits bedeutet, daß die Mutter um diese Zeit noch
gar nicht nach Hause kommen konnte, also Mary demgemäß freie Hand hatte, entwirft die Baronin hier eine für
eine zunächst noch »Unwissende« doch ziemlich an-
schauliche Schilderung der amourösen Wege ihrer Tochter. Zieht man in Betracht, daß sie gar nichts geahnt haben will, so war sie nachträglich doch äußerst gut informiert:
»Außer den erwähnten Theaterabenden benützte sie [ge-
meint ist Mary] am 19. Jänner, da sie damals durch ein
leichtes Unwohlsein verhindert war, einen Ball mitzubesu-
chen und am Tanze teilzunehmen, die Abwesenheit der
Baronin genau bis 1 Uhr, um den Kronprinzen in der
Burg zu besuchen.«
Hier nennt uns die Mutter sogar ein Datum, das sie selbstverständlich erst später rekonstruiert hatte. Sie räumt
auch ein, daß andere Zusammenkünfte des Liebespaares
dann stattgefunden haben könnten, wenn Mary mit der
Gräfin Larisch das Familienpalais in der Salesianergasse

verließ, um angebliche Kommissionen zu besorgen, das heißt Einkäufe und ähnliches mehr zu unternehmen. »Zwischen 2 1/2 und 5 Uhr nachmittags, manchmal auch zwischen 10 1/2 bis 1 Uhr vormittags und nur«, wie sie betont, *»außer* dem Hause der Baronin.« Marys Mitteilungen an die Freundin zufolge wäre dies mehrmals der Fall gewesen, was geheißen hätte, daß die Larisch jede einzelne gemeinsame Ausfahrt mit Mary in Wahrheit zu einem Rendezvous mit dem Kronprinzen umgemünzt haben muß, weil diese Ausfahrten im Fiaker stets nur unregelmäßig unternommen und angeblich immer erst nach vielen »Bitten« gewährt worden waren, wenn die Larisch die Baronesse selbst abholen kam und danach wieder selbst zurückbrachte. Ebenso soll die Larisch schlauerweise auch alle Briefe des Kronprinzen für Mary wieder an sich genommen haben, damit das Kind keine »Unvorsichtigkeiten« beginge.

Rudolf hätte der kleinen Vetsera außerdem ein Medaillon geschenkt, worin sich ein mit einem Blutstropfen getränktes Stoffstückchen befunden habe; dieses Medaillon wäre von ihr als ein Geschenk der Larisch ausgegeben und nicht einmal mehr in der Nacht abgelegt worden.

Die tiefromantische Schwärmerei Marys, die Rudolf sich zunutze machte, ist offensichtlich. So schrieb sie, in völliger Verkennung der Wirklichkeit, an ihre Freundin: »Wenn wir in einer Hütte miteinander leben könnten, wie glücklich wäre ich!«

Ursprünglich stammten die Vetseras aus geringen Verhältnissen. Marys Urgroßvater war noch Schuster in Preßburg gewesen. Er heiratete eine gewisse Elisabeth Killer, mit der er fünf Kinder hatte. Eines davon war sein Sohn Georg Bernhard Vetsera (1796–1870), verheiratet mit einer Caroline Ullmann. Marys späterer Großvater hatte insgesamt acht Kinder gehabt. Er war tatkräftig und machte eine rasche Karriere. 1820 sehen wir ihn als Stadtschreiber von Preßburg, 1839/49 bereits als Stadthauptmann, später wurde er sogar Hilfsämterdirektor. Während des Revolutionsjahrs von 1848/49 war er auf seiten der Obrigkeit scharf gegen die aufständischen Ungarn vorgegangen, was seine Lebensumstände später begünstigte. Sein viertgeborener Sohn Albin Vetsera (1825–1887), Marys Vater, konnte dadurch mühelos die Diplomatenlaufbahn einschlagen und darin reüssieren. Vom Dolmetschgehilfen an der Agentie in Bukarest brachte er es bis zum Wirklichen Legationsrat und Geschäftsträger in St. Petersburg, 1880 wurde er zudem noch einflußreicher k. u. k. Kommissär bei der »Internationalen Commission zur Verwaltung der ägyptischen Staatsschulden« in Kairo, wo er auch, nach seinem in Alexandrien erfolgten Ableben, begraben wurde.

Seiner Verdienste um die Krone wegen war er schon 1867 zum Ritter des Leopoldsordens erhoben worden. 1869 mit dem ungarischen St.-Stephans-Orden ausgezeichnet, war er Baron. Seine Frau Helene Baltazzi hatte er 1863 kennengelernt; bei seinem Ansuchen um die vorgeschriebene Heiratsgenehmigung an den Kaiser versäumte er nicht hervorzuheben, daß sie eines der reichsten Mädchen von Konstantinopel sei. Schon im April 1864 konnte das Paar in der katholischen Kirche von Konstantinopel-Pera heiraten.

Die Familie Baltazzi soll entweder aus Smyrna oder aus Venedig herkommen, sie läßt sich bis zum Jahr 1450 nachweisen. Es bestanden insgesamt drei Stammlinien, von denen eine griechisch, eine österreichisch und eine englisch war. Die uns interessierende österreichische Linie gründete sich auf Evangheli Baltazzi, der fünf Söhne in die Welt setzte, darunter den zweitgeborenen Theodor Baltazzi, Marys Großvater mütterlicherseits. Dieser heiratete die Engländerin Eliza Sarell und war der Finanzberater des Sultans. Mit den Mautgebühren der Brücke Stambul-Galata verdiente Theodor Baltazzi sich ein Vermögen. Er hatte insgesamt zehn Kinder, darunter Helene (1847–1925), Marys Mutter, die die zweitgeborene der sechs Töchter war. Von den weiteren Geschwistern wird zum Teil noch zu reden sein.

1865 entband Helene Vetsera in Paris ihren Sohn Ladislaus; 1868 ihre Tochter Johanna in Konstantinopel. Baron Albin Vetsera reiste im selben Jahr als Geschäftsträger nach St. Petersburg, seine Frau nahm ihr Domizil in Wien auf. Mary, eigentlich Marie Alexandrine Vetsera, wurde am 19. März 1871 im zweiten Bezirk, Schüttelstraße 11, geboren, ebenso wie nach ihr (1872) noch Franz Albin Vetsera, den man innerhalb der Familie magyarisiert »Fery« nannte. Das Familienpalais Vetsera-Baltazzi in der Salesianergasse 11 wurde erst später erworben, es verblieb bis 1897 im Besitz, danach mußte es aufgegeben werden. In der Zwischenzeit hielt Helene sich mit den Kindern oft bei ihrem Bruder Alexander Baltazzi in Pardubitz auf, der in der dortigen Garnison seinen Dienst versah. In Pardubitz lernte die Baronin Vetsera auch die Gräfin Marie Larisch kennen, mit der sie die später verhängnisvolle Freundschaft einging.

Den Baltazzis eilte der Ruf verwegener Reiter, Draufgänger und Spieler voraus, die sich teilweise durch Ehen sanierten, teilweise durchs Glücksspiel ruinierten. Durch Verheiratung mit der Gräfin Evelyn Stockau wurde Aristides von Baltazzi seinerzeit Besitzer des berühmtesten und größten Pferdegestütes der Monarchie, dem Gut Napajedel in Böhmen; gemeinsam mit seinem Bruder Alexander gehörte ihm das sehr beachtete Rennpferd »Kisbér«, das ihnen viele Preise holte und sogar als einziger ausländischer Renner das englische Derby gewann. Hektor von Baltazzi, der mit der Gräfin Anna Ungarte verheiratet war, galt als der beste Herrenreiter Österreich-Ungarns. Schwer verschuldet, ging er – wahrscheinlich auf der Flucht vor seinen Gläubigern – nach Paris, um in den dortigen Rennställen des schon erwähnten Baron Hirsch eine neue Karriere zu beginnen, die aber scheiterte. Mittellos mußte er kurz vor dem Ersten Weltkrieg nach Wien zurückkehren. Als er sich 1916 im mondänen Jockey-

Club in Wien erschoß, sorgte das für großes gesellschaftliches Aufsehen. Heinrich von Baltazzi, der jüngste Bruder, lebte ein eher unauffälliges Dasein als aktiver Offizier und erwarb sich später sogar Schloß Leesdorf in Baden. Waren die Baltazzis nach den Ereignissen von Mayerling in Wiens allerersten Kreisen so gut wie unmöglich geworden, fällt auch das Unglück auf, das ihre Schwester Helene Vetsera betraf. Nach außen hin hatte sie bis zum Tode Marys in Mayerling ein glänzendes Los gehabt – aber schon 1881 war ihr damals erst 16jähriger ältester Sohn Ladislaus beim furchtbaren Ringtheaterbrand am 8. Dezember mit mehreren Kameraden der Major-Frießschen-Militärschule verbrannt. Ladislaus wurde mit allen anderen Opfern im Massengrab auf dem Zentralfriedhof beigesetzt. Die zweite Tochter Johanna (Hanna) starb am 20. Februar 1902 an Typhus – worauf Judtmann hingewiesen hat – in Rom; Fery, der jüngere Sohn der Baronin, fiel schon am 22. Oktober 1915 als Rittmeister des Husarenregiments Nr. 9 bei Kukli am Styr in Wolhynien.

Nach dem Drama von Mayerling zog die Baronin Vetsera sich aus der Wiener Gesellschaft völlig zurück und erwarb den »Mühlhof« in Küb bei Payerbach. Am dortigen Ortsfriedhof liegt sie auch mit dem Sohn Fery begraben. Sie verstarb 1925 im vierten Bezirk, Prinz-Eugen Straße 10, nachdem sie alle ihre Kinder hatte überleben müssen.

Wer war eigentlich Mary Vetsera, jenes Mädchen, das mit seinem Tod an der Seite des Kronprinzen ein so tragisches Maß an Unsterblichkeit erlangte, welches bis in unsere Tage reicht und wohl noch darüber hinaus? Genaugenommen wissen wir nicht viel über ihre Person, zumal Helene Vetsera alle ihre Tochter betreffenden Erinnerungsstücke vernichtet haben dürfte. Weder Dokumente noch Briefschaften oder sonstige persönliche Sachen sollten sich der Nachwelt erhalten. Dadurch bedingt, haben sich nur Konturen von ihr herüberretten können, Umrisse, Schatten – Marys eigentliche Züge aber sind in die Dunkelheit gestürzt, die ihr gewaltsames Ende umgibt.

Es ist hier schon versucht worden, ihr Äußeres zu beschreiben, die ihr eigene Faszination. Louise von Coburg schrieb einmal in ihren Memoiren, daß sie über Marys »Schönheit beinahe die Fassung verloren« habe. Die Larisch äußerte sich ähnlich: »Marys Bild steht unauslöschlich in meiner Erinnerung, und ich brauche nur die Augen zu schließen, um sie in ihrer frischen Schönheit vor mir zu sehen. Sie war nicht groß, ihre geschmeidige Gestalt und ihr voll entwickelter Busen ließen sie älter als achtzehn Jahre erscheinen. Ihr Teint war wunderbar zart, ihr kleiner roter Mund öffnete sich über kleinen weißen Zähnen, die ich ›Mausezähne‹ zu nennen pflegte, und niemals wieder habe ich solch beseelte Augen gesehen mit solch langen Wimpern und solch feingezogenen Brauen. Ihr dunkelbraunes Haar war sehr lang, die Hände und Füße klein. Ihr Gang war von einer verführerischen und unwiderstehlichen Grazie.«

Gut, von Marys »levantinischer« Schönheit haben wir nun einiges gehört – wie aber war es um ihre Geistigkeit bestellt, um ihre Denkweise? Wie schon erwähnt worden ist, sagte man ihr Oberflächlichkeit nach, Unbildung – sie habe sich nur für ihre Toilette und Pferderennen interessiert. Die Larisch meinte dazu:

»Welch ein seltsames Geschöpf doch Mary war! Kokett aus Instinkt, unbewußt unmoralisch in ihren Neigungen, fast Orientalin in ihrer Sinnlichkeit und dabei so süß und lieblich, daß jeder sie gern haben mußte. Sie war zur Liebe geboren ... Marys Phantasien waren leider durch schlechte Bücher verdorben worden, die ihre Zofe Agnes ihr heimlich verschafft hatte, und manche ihrer Ideen über Liebe und Anbeter entsprangen unsittlichen französischen Romanen.«

Ihr Hauslehrer nannte Mary: »Ein verwöhntes Kind, etwas kokett, gehaßt von den anderen Frauen, die durch sie in den Schatten gestellt wurden. Für mich hat sie nur einen einzigen Fehler begangen, und den hat sie mit dem Leben gebüßt.«

Gewiß, aber das sind doch nicht viel mehr als lauter Allgemeinplätze, aneinandergereihte Klischees, hinter denen der wirklich gemeinte Mensch nicht sichtbar hervortritt. Wenn ein Kommentator, nämlich Lori Hoyos, die Schwägerin des Grafen Hoyos, außerdem die Möglichkeit aufwirft, ob Rudolf nicht vielleicht aus der »Exaltation« des von »allen gemiedenen Mädels« zur Tat getrieben worden sei, so kann diese Fragestellung nur noch als schwachsinnig bezeichnet werden, ist doch der geistige Einfluß Marys auf den Kronprinzen als minimal anzunehmen, als so schwach, wie ihre gesamte Bildung gewesen war, zu der nicht viel eigenes hinzugekommen zu sein scheint. Albert Camus hat den Selbstmord als das einzig wirklich ernste philosophische Problem bezeichnet, sagte aber nichts über den zusätzlichen Mord aus; während Rudolf seinerseits immer noch irgendwie »intellektuell« handelt, dürfte Mary sich dagegen wohl kaum jemals ernsthafter mit den Problemen des Selbsttodes auseinandergesetzt haben, dazu besaß sie weder die Reife noch das Alter.

Gemeint sind nämlich die geistigen Probleme des Suizids: wenn die Welt tatsächlich ohne Gott dasteht, so ist faktisch *alles* erlaubt. Demgemäß wäre auch alles gleichgültig.

»Wenn Gott nicht existiert, bin ich Gott«, läßt Dostojewski in seinem Roman »Die Dämonen« den Ingenieur Kirilow sagen, für den diese Erkenntnis durchaus ausreichender Grund ist, sich umzubringen. Gleichzeitig tötet auch Nietzsche seinen Gott, um sich an dessen Stelle zu setzen. Nimmt man die literarische Prämisse, daß mit Nietzsche und Dostojewski die Welt der Mörder und Umstürzler anbricht, als gegeben, so rückt auch Rudolfs Tat in ein anderes Licht. Es scheint dann, daß auch er von der nihilistischen Besessenheit seiner Zeit gepackt war und sie wie einen Rausch durchlebt und durchrast hat, von der plötzlichen Sinnleere eines solchen Daseins gleichermaßen angewidert wie hypnotisiert.

Im Gegensatz dazu muß Marys Opfer wohl ein schlichteres, weil rein menschlicheres gewesen sein, das vielleicht das ungleich größere war: »Sie aber hat ihn wirklich geliebt und ist angesichts der unabsehbaren Konflikte, die daraus entstehen mußten, freudig mit ihm in den Tod gegangen«, schreibt Rudolfs Witwe, Stephanie, in ihren Memoiren, und sie fährt fort: »Diese Feststellung, daß die Liebe Mary Vetseras zum Kronprinzen tief und echt gewesen ist, sei die Blume, die ich, die betrogene Frau, verzeihend dem beklagenswerten verblendeten Mädchen auf die Ruhestätte lege.«

Obwohl Mary nominell dem Herzog von Braganza (geb. 1853) versprochen gewesen sein soll, entflammte sie intensiv für Rudolf. Wie sie in einem Brief an ihre Freundin Hermine Tobis schrieb, war er »ihr Gott, ihr Alles«, und im letzten Brief an diese von Mitte Januar 1889 hieß es: »Liebe Hermine, ich muß Ihnen heute ein Geständnis machen, über das Sie sehr böse sein werden. Ich war gestern vom 7–9 bei ihm. Wir haben beide den Kopf verloren. – Jetzt gehören wir uns mit Leib und Seele an! Ich hoffe, mich am Samstag, am Balle loszumachen, und dann eile ich zu ihm!« Zusätzlich beschwor sie die Freundin einmal mehr, »daß ja Mama nichts erfahre, ansonsten würde sie sich den Tod geben«. Das mag zum Teil Backfischhitze gewesen sein, weniger die Attitüde des voll erwachten Weibes, wenn auch die Bändchen und Schleier des gesamten Zeitalters in diesen Briefstil einfließen, Marys Artikulation prägen und die vordergründige Glut, die sie in diese »Liebelei« legt, die doch zunächst noch mehr den diskreteren Bereichen von Chambre séparée und Mulatság angehörte; andererseits scheint auch sie selbst die ganze Affäre weitgehend forciert zu haben, indem sie die ihr moralisch auferlegte Zurückhaltung völlig aufgab, um sich wegzuschenken, wiewohl sie unmöglich an eine Legalisierung des Verhältnisses glauben konnte. Man darf außerdem annehmen, daß sie ihrer Jugendlichkeit zum Trotz ihre Erfahrungen bereits gesammelt hatte, worauf nicht nur die Larisch zart anspielt – auch im Dossier des Polizeipräsidenten Krauß heißt es bedeutungsvoll, daß die Wiener »Gesellschaft sagt, Heinrich von Liechtenstein sei ein intimer Verehrer der Baronesse und der Kronprinz hätte ohnehin kein prima nox feiern können«: eine Aussage, die in einem Polizeiakt, der sich streng an die Tatsachen halten sollte, ein zumindest seltsames Bild macht, wenn sie auch vielleicht nur die Voreingenommenheit wiedergibt, die gegen die »levantinischen« Vetsera-Baltazzis sicherlich mit im Spiele war und nicht zu übersehen und zu überhören ist:

»Madame Vetseras Ruf war nicht gerade gut, doch die Wiener Aristokratie ist in puncto Liebelei sehr duldsam und vergibt einer Frau, die gut und geschmackvoll zu bewirten versteht«, notiert die Larisch in ihren Memoiren, denn in den Wiener Gesellschaftskreisen war es unvergessen geblieben, daß die Baronin eine Zeitlang selbst und später angeblich immer noch über Mary Kontakte zu dem bedeutend jüngeren Kronprinzen gesucht hatte. So soll sie schon 1879 bei den Herbstjagden in Gödöllö, die sie durch Intervention ihrer Brüder Alexander und Aristides von Baltazzi mitmachen hatte dürfen, selbst dem Kaiser in unangenehmer Weise aufgefallen sein, weil sie Rudolf »auf Schritt und Tritt« nachritt.

Es war ihr kaum verhüllter Ehrgeiz, in die allerhöchsten Kreise vorzudringen. Andics hat sogar in diesem Zusammenhang davon gesprochen, »daß man auf levantinische Art Allerhöchste Betten erklimmen wollte« – was der kleine Beamtenadel der Baronin versagte, schien nun Mary leicht zu erreichen.

Von ihrer Mutter weiß man, daß die Baronin ein Verhältnis mit dem Erzherzog Wilhelm einging und ein ebensolches mit dem Fürsten Alfred von und zu Liechtenstein, das war stadtbekannt. Verschiedentlich wurde sogar be-

hauptet, daß Rudolf Mary im Familienpalais Vetsera kennengelernt haben soll, was die Baronin selbstverständlich
dementiert hat, wollte sie nicht auch noch als Kupplerin
dastehen. Trotzdem ist Mary so etwas wie der allerletzte
Einsatz einer halbruinierten Familie im existentiellen
Spiel um Ansehen, Geld und Beziehungen. Sie selbst hat
ähnliche Anspielungen gemacht. Nach den Januartagen
von 1889 war diese Familie in Wien natürlich unmöglich
geworden, Stellung und Ruf der Vetsera-Baltazzis waren
untergraben, sie selbst nicht mehr gesellschaftsfähig.
Nicht nur der Schwager Helene Vetseras, Graf Stockau,
überlegte, ob es nicht das gescheiteste sei, Österreich-Un-
garn zu verlassen. Mit ihrer »Denkschrift« hatte die Baronin Vetsera zwar beweisen wollen, daß sie selbst ein Opfer geworden war, aber als sie nach deren Beschlagnah-
mung in einem Bittgesuch den Kaiser um Rehabilitierung
ersuchte, wurde dieses nur von einem kühlen Brief der
Kabinettskanzlei beantwortet, eine weitere Bitte um Audienz nicht gewährt.

Über diese Beziehung Rudolfs zu Mary Vetsera einvernommen, hat der Fiaker Josef Bratfisch gegenüber dem
Polizeipräsidenten Baron Krauß angegeben: »Die Baronesse Vetsera kenne er seit über drei Monaten, erstmals in
Begleitung der Gräfin Larisch. Er glaubt, daß er die Vetsera zirka zwanzig Mal in die Hofburg gebracht habe. In
der Marokkanergasse wartete er öfters nachts, um die Baronesse in die Burg zu bringen. Die Angaben des Bratfisch machen durchaus den Eindruck der Glaubwürdigkeit.«
Man kann ruhig vermuten, daß Mary weitaus öfter beim
Kronprinzen gewesen war, als Bratfisch dies wußte und
ihre Mutter zugab. Einige Autoren haben daraus auf eine
eventuelle Schwangerschaft der Vetsera geschlossen und
diese sogar als eine Tatsache beweisen wollen. Nun, die
gesamten Mutmaßungen über eine solche Schwangerschaft infolge einer länger andauernden intimen Bezie-

hung sind dürftig geblieben, auch wenn man sich bei der »Beweisführung« auf zwei besonders gekennzeichnete Daten, nämlich den 5. November 1888 und den 13. Januar 1889, in Marys Tagebuch stützen will, das uns außerdem nicht vorliegt. So ist angenommen worden, daß der 5. November der Beginn intimer Beziehungen gewesen sei und der 13. Januar jener Tag, an dem Mary ihre Gravidität bestätigt worden ist. Also eine Kohabitation mit sofortigen Folgen, an deren Ende ein mißglückter Abtreibungsversuch steht, ein blutiges Drama, zumindest ein Selbstmord, wenn nicht gar ein vorhergegangener Mord. Eine solche Schlußfolgerung will einfach nicht einleuchten, weil ihr die Zwangsläufigkeit abgeht.

Wenn man schon die Möglichkeit einer Schwangerschaft nicht a priori ausschließen will, so ist sie doch kein hinlänglicher Grund für eine Gewalttat und in keinster Weise zwingend für das, was geschah: demnach hätten sich hunderttausend ähnliche Dramen ereignen müssen. Eine Abtreibung war auch damals nur ein medizinisches Problem und daher lösbar – darüber hinaus war es in jener Zeit selbst in den unteren Ständen verbreitete Sitte, unerwünschte Kinder sofort in andere Familien zu stekken, die man für deren Unterhalt bezahlte. Derartiges fand sich im Wien der Jahrhundertwende sehr häufig in allen Kreisen, es wäre in aller Stille vor sich gegangen. Rudolfs Belastbarkeit hätte dabei überhaupt keine weitere Rolle gespielt, so Mary das Kind überhaupt ausgetragen hätte, die angeblich nach dem 19. Januar noch zu einer Wahrsagerin gegangen war sowie zu einem Vortrag, in dem über Gifte gesprochen wurde.

Wenn sich für diese Schwangerschaft überhaupt ein Indiz finden läßt, dann vielleicht dieses, daß der Gräfin Larisch zufolge dieser die Baronin Helene Vetsera gesagt haben soll, sie könne Rudolf gegenüber »andeuten, daß sich alles arrangieren ließe ... jedenfalls weigere ich mich nicht, die Angelegenheit mit dem Kronprinzen zu verhandeln«. Die Vetseras wären sicherlich bereit gewesen, sich zu »arrangieren« – realistisch gesehen wäre ein Arrangement in dieser Richtung im Prinzip sowieso schon das Höchste an Erreichbarkeit gegenüber dem Thronfolger geworden und hätte sicherlich ein entsprechendes Maß an Entgegenkommen zur Folge gehabt. Eine Familie, die fast skrupellos ihren Aufstieg innerhalb der Gesellschaft sucht, hätte sich eines solchen »sanften Druckmittels« doch kaum freiwillig berauben lassen; so naiv konnte auch Mary nicht handeln.

# Der Thronfolger läßt sich entschuldigen

Man hat Mayerling später oft als ein Signal des nahen Zusammenbruchs der Donaumonarchie, ja einer ganzen Epoche interpretiert, als das Vorzeichen einer unabänderlichen Katastrophe, die sich mit dem unheilvollen Attentat von Sarajevo erfüllen sollte, und diese Sichtweise ist nicht ganz unrichtig. Bruno Brehm und nach ihm Emil Franzel haben sogar anklingen lassen, daß sich die Tragödie des Hauses Habsburg-Lothringen und damit Österreichs, vielleicht jenseits aller rationalen Auslegung, als ein die menschlichen Maße von Logik und Vernunft überschreitendes Kräftemessen zwischen Himmel und Erde ausdeuten ließe, und die Mechanik der Entwicklung solcherart gewissermaßen in für Menschen nicht mehr beeinflußbare Bereiche verbannt.

Ohne Mayerling dermaßen mythologisieren zu wollen, ist doch zu bedenken, daß es nachgerade *das* Drama der Zeitenwende war und nur aus dieser heraus erklärbar wird. Hier fiel der Erbe eines Riesenreiches als das Opfer seines eigenen Revolverschusses – nachdem er zuvor noch einen Mord begangen hatte, den man zu vertuschen trachtete, weil er nur eine »unwesentliche«, geradezu uninteressante Person betraf. Das Echo von Rudolfs Revolver vermag nicht die Lebenslüge dieser Zeit zu übertönen, die eine angeblich gute gewesen sein soll, deren Mißstände jedoch offensichtlich waren. Zur sozialen Verwahrlosung breitester Schichten kam der moralische Tiefstand der allerhöchsten Kreise, welcher auch Rudolf nicht ausnahm, hinzu. Wir sehen ihn als einen fast 31jährigen Mann, dessen Lebensfähigkeit aber beinahe schon erloschen ist, der sich im wahrsten Wortsinn »ausgelebt« hat, ausgeleiert.

Das Dasein hat ihm nichts mehr zu bieten, die Genüsse haben ihn blasiert gemacht, müde bis zur Erschöpfung. Es ist müßig zu spekulieren, was aus der Doppelmonarchie geworden wäre, wenn Rudolf sich nicht totgeschossen hätte, nachdem er nicht einmal der ihm auferlegten Lebensrolle gewachsen war. Es ist seine ureigenste Tragödie gewesen, als Thronfolger geboren zu sein. Als charmanter Kavalier und Lebemann machte er die weitaus bessere Figur, hier konnte er im Kreis der Kokotten und Fiaker seine Erwartungsenttäuschung wie seine angeborenen Lebensschwächen mit blankem Zynismus kaschieren, seine höhere Daseinsunfähigkeit hinter fröhlich durchzechten Nächten verbergen, den ihn verfolgenden Lebensüberdruß und krankhaften Skeptizismus scheinbar überwinden. Es muß gesagt werden, daß Rudolf, den Zeugnissen nach, die über ihn vorliegen, eine frühzeitig zerstörte Persönlichkeit mit einem kaum zu übersehenden Destruktionstrieb gewesen ist, deren ganze Beständigkeit der bohrende Zweifel an allem und jedem war, was ihn sich zeitweilig in die skurrilsten Pläne und Absichten flüchten ließ, die er freilich sogleich wieder verwarf, um andere, ähnliche, aufzunehmen. Noch seinerzeit auf dem Hradschin in Prag domizilierend, soll er, ähnlich träumerisch wie der mit seinem Löwen und der Sternenwelt befaßte Rudolf II., seine Briefe mit dem Geheimzeichen 8 13 0 7 y d unterfertigt haben, das man für eine Freimaurerchiffre hielt; anderseits habe er aber selbst gesagt, daß er nicht einmal deren Statuten kenne. Wir haben schon gehört, daß sein Vater ihn schroff als »Plauscher« abtat, was nicht gänzlich unrichtig sein mochte, zumal Rudolfs der Mutter verwandte unstete Wesensart den Kaiser befremden mußte, dessen Charakter ein ungleich stabilerer war. Seinen inneren Anlagen nach könnte man Rudolf tatsächlich schon den Protagonisten des heraufdämmernden Zeitalters der Angst erkennen, der, ähnlich den halbdämonischen Figuren Dostojewskis, in geistiger Entwurzelung den Revolver aufnimmt, um endlich sicherzugehen. Sein unbestrittenstes Talent war jenes zur Selbstzerstörung. Wäre er nicht ausgerechnet der Kronprinz gewesen, stünde er wahrscheinlich in einer Linie mit den Nihilisten und Empörern seiner Zeit; indirekt treffen auch seine Schüsse die festgefügte Gesellschaftsordnung, die es zu vernichten gilt – auch er zieht aus, um mit blutbefleckten Kleidern und zerschmettertem Schädel zurückzukehren, weil ihm das Weltsystem insgesamt nicht gepaßt hat: »Es gibt eine Weltanschauung, derzufolge das Paradox höher ist als jedes System«, schrieb, schon 1839, der Philosoph Kierkegaard, den kommenden Zeitgeist vorwegnehmend.

Greifen wir nun den eigentlichen Handlungsfaden wieder auf. Rudolf und Mary hatten also am Abend des 28. Januar in Mayerling Quartier bezogen, das heißt, er verbarg die Besucherin sofort in seinen Privatgemächern, wo sie angeblich niemand außer Loschek mehr sehen sollte. Wie Schuldes rekonstruiert hat, dem wir hier außerordentlich verpflichtet sind, war der Schloßeingang damals an der Hofseite, wo sich ein ebenerdiger, hallenartiger Hausflur befand, der gleichzeitig ebenso als Aufenthaltsort des diensttuenden Personals wie als Platz für das Buffet Verwendung fand. Über eine Holztreppe gelangte man von dort hinauf in den ersten Stock. Von Schuldes, der einen Originalgrundriß der damaligen Schloßanlage anfertigte, weiß man, daß rechts unten die seinerzeitige Gaststube des ehemaligen Wirtshauses kam und dahinter ein für die Leibjäger eingerichtetes Zimmer. In dem großen Zimmer davor gab es einen Billardtisch, der mit ein paar Handgriffen in einen großen Eßtisch mit gewendeter Platte umgewandelt werden konnte – dieser Raum hieß das sogenannte Billardzimmer. Gegenüber führte noch eine Tür in ein Vorzimmer. Gartenseitig zu war das Dienerzimmer, geradeaus, in der aufgelassenen Gaststube, jenes von Rudolf untergebracht. Es war ziemlich genau 7 mal 7 Meter, das heißt ein fast quadratischer Raum, mit einer »böhmisch« gewölbten Decke und vergitterten Fenstern. Auf den glatten Wänden imitierte eine hellbraune Tapete eine nichtvorhandene Holzverschalung, die gut zu den hellen Kirschmöbeln gepaßt haben soll. Die Tür in das Zimmer hinein war einflügelig und öffnete sich von rechts nach links innen, wo sich eine Tapetentür befand, durch die man in einen außerdem vom Vorzimmer zugänglichen Nebenraum mit Garderobe, Bad und Klosett hineinkam oder über die schmale versteckte Wendeltreppe hinauf ins gemeinsame Schlafzimmer gelangen konnte, was die einzige Verbindung dieses Zimmers darstellte. Neben der Tapetentür befand sich der damals übliche Waschtisch, der fast an das Kopfende des breiten französischen Bettes anschloß, an dessen anderer Seite, schon der Ecke zu, ein Nachtkästchen stand. An der östlichen Zimmerwand war zwischen den zweien der insgesamt vier Fenster, die der Raum aufwies, ein runder Rauchtisch mit einer Polstermöbelgarnitur. Den Winkel gegen die Gartenseite zu verstellte der über das Eck plazierte Schreibtisch, über dem von der dort sich ziemlich herabneigenden Deckenwölbung ein Messingluster für Petroleumbeleuchtung und drei Armen für insgesamt neun Kerzen hing. Gegenüber dem Bett, also an der ebenfalls von zwei Fenstern durchbrochenen Südwand, war ein Spiegel aufgestellt, dann eine Statuettensäule in der nächsten Ecke und noch eine größere Sitzgruppe mit einem rechteckigen Tisch nächst dem Ofen. Das war die ganze, für einen Kronprinzen mehr spartanisch anmutende, eher bescheidene Einrichtung, und in einem ähnlichen Stil war auch der Oberstock des Jagdschlosses möbliert worden, das durch das Stiegenhaus in der Mitte in zwei Teile getrennt war.

Obwohl der Teil über dem Schlafzimmer Rudolfs als gemeinsame Wohnung galt, bemerkt man doch das bezeichnend Junggesellenhafte, das von seiner fast bohemienhaften Einrichtung ausgeht, die manches über die Wesensart des Besitzers aussagt, der sich hier vielleicht am ungezwungensten fühlte.

Stieg man die verborgene Wendeltreppe zu dieser gemeinsamen Wohnung hinauf, gelangte man zuvor in das sogenannte Damenzimmer, welches aber eng war und nur einen Schreibtisch, eine Staffelei vor den Fenstern, ein Pianino und eine kleine Sitzgruppe aufwies. Stephanie, die bezeichnenderweise in all den Jahren nur zweimal in Mayerling gewesen war, hatte im daran anschließenden gemeinsamen Schlafzimmer verschiedene Änderungen vornehmen und die beiden östlichen Fenster zumauern lassen, angeblich weil ihr Bett stets mit der Kopfseite ostwärts gerichtet stehen mußte, was eine Gewohnheit von ihr gewesen sein soll, an der sie auch auf allen Reisen festhielt.

Die durch die Mittelstiege abgetrennten Teile der Wohnung über dem schon beschriebenen Billardzimmer hatte man in einen selten benutzten Gesellschaftssalon umgemodelt, den eine Art Erker abschloß. Vorne war ein mit Kamin und Kredenz ausgerüsteter Speiseraum, dahinter gab es einen zweiten Kamin, bequeme Sitzgarnituren, Tische und verschiedene Spiegel.

Gäste waren in Mayerling eher selten anzutreffen, das Haus für größere Festivitäten gar nicht eingerichtet. Rudolf selbst hat dort nur insgesamt zehn Jagden abgehalten. Der festgelegte Umgangston war im Gegensatz zur Hofburg bewußt leger und amikal, für gewöhnlich trug man den steirischen Lodenrock mit Kniehosen und Strümpfen. Anschließend an die Jagden, an den Abenden, traten zumeist nur die Fiaker Bratfisch sowie ein gewisser »Hungerl« auf, der diesen Spitznamen trug, weil er so klein und zart war. Ziemlich zweifelsfrei handelt es sich bei ihm zufälligerweise um meinen Verwandten mütterlicherseits, den Fiakerkutscher und zeitweilig selbständigen Fuhrwerksunternehmer Friedrich August Lehner aus dem Erdberger Mais (geb. 1847). Wie mein Großvater mir seinerzeit überliefert hat, war sein Vater innerhalb der Fiakerzunft, die sich gegenseitig mit solchen rabiaten Spitznamen versah, als eben dieser »Hungerl« bekannt gewesen. Auch wußte er noch dunkel von dessen Umgang mit dem Kronprinzen wie von seiner ausgeprägten Fähigkeit, mit den damals populären Wienerliedern eines Edmund Guschelbauer und ähnlicher Interpreten für weinselige und sterbenssüchtige Dulliöhstimmung zu sorgen. In den Jahren danach verkam Friedrich »Hungerl« Lehner infolge geschäftlicher Rückschläge, Schulden und Alkohols. Seine Familie blieb verarmt zurück.

Dieser heitere Ort Mayerling im südlichen Wienerwald, wo die beiden Fiaker dem Kronprinzen und seinen Freunden Wienerlieder vorpfiffen und zur Zithermusik vorgetragen hatten, rückte sozusagen über Nacht ins grelle Licht des öffentlichen wie des internationalen Interesses. Mayerling machte Schlagzeilen auf den Extraausgaben der Weltpresse, Sondertelegramme jagten seinen Namen rund um den zivilisierten Erdball, wo er allerorts Aufregung verursachte. Etwas Entsetzliches, völlig Unglaubliches war dort geschehen – es ist selten vorgekommen, daß ein einziges Ereignis die Welt gleichermaßen derart erschüttert und bewegt hat. In Mayerling endete der Sohn des ältesten Kaiserhauses unter höchst merkwürdigen Umständen an der Seite eines geheimnisvollen jungen Mädchens namens Mary Vetsera. Eine Unbekannte trat vorübergehend in den Lauf der Weltgeschichte ein – wenn auch erst mit ihrem Tod, der zunächst noch verschwiegen werden sollte.

Noch ahnte man freilich nichts von den sich bald überstürzenden Ereignissen, welche die nächsten knappen 24 Stunden bringen sollten. Dienstag, der 29. Januar 1889, begann daher auf völlig gewöhnliche Art und Weise. Der Morgen war mäßig kalt, als Graf Hoyos und Prinz Philipp von Coburg verabredungsgemäß wenige Minuten nach 7 Uhr mit dem Frühzug der Südbahn in Baden eintrafen. Wie üblich fuhren die beiden mit dem Fiaker nach Mayerling weiter, wo sie, zur Jagd bereit, kurz nach 8 Uhr ankamen. Graf Hoyos schrieb später: »Der Prinz machte mich, sobald wir Mayerling in Sicht hatten, darauf aufmerksam, daß alle Jalousien der Fenster gegen die Straße und Einfahrt zu geschlossen seien, als ob das Schlößchen unbewohnt wäre. Wir begaben uns in das sogenannte Billardzimmer, Parterre rechts neben dem Eingang des Schlößchens, wo gefrühstückt werden sollte, und warteten. Nach etwa fünf bis zehn Minuten erschien der Kronprinz im Morgenanzug, bot uns einen herzlichen guten Morgen und setzte sich mit uns zum Frühstück, dem er zusprach ... Während des Frühstücks erklärte der Kronprinz, er sei so verkühlt, daß er schon gestern meinte, schwer krank werden zu müssen, und es daher besser sei, wenn er der abzuhaltenden Jagd in Glashütte mit ihren steilen Hängen nicht beiwohne, zu was ihm auch Loschek (der Kammerdiener) gerathen hat. Das Frühstück verlief ganz heiter, und entließ uns der Kronprinz huldvoll mit Waidmannsheil. So fuhr ich denn mit Prinz Coburg allein auf die Jagd.«

Es kann kein Zweifel darüber bestehen, daß Rudolf sich mit seiner vorgeschützten Erkältung der kleinen Jagdgesellschaft nur entziehen wollte, um sich gänzlich Mary widmen zu können, von deren Anwesenheit im Schlößchen selbstverständlich weder Graf Hoyos noch Prinz Philipp von Coburg etwas ahnten. Unterdessen wurde sie in Wien aber schon gesucht.

Gegen 9 Uhr 30 erhält der Polizeipräsident Baron Krauß den schon erwähnten, wortreichen Brief der Gräfin Larisch, den diese am Vorabend im Grand Hotel abgefaßt hatte, und macht sich am Rand seines Akts jene Notiz, daß sie es wünsche, diese »Vorfallenheiten« Sr. Majestät nicht zu melden, wobei er noch anmerkt: »Als ich antwortete, daß nur Vorfallenheiten von öffentlichem Interesse und solche, wo positive strafbare Handlungen vorliegen, gemeldet werden, dermal ja noch nichts Derartiges vorliegt, um sogleich gemeldet zu werden, fühlte sich Gräfin Larisch sichtlich erleichtert.«

Er zieht einen Strich über das darübergeschriebene Datum des 29. Januar und verweist auf die diesbezüglichen Beilagen. Aber noch im Laufe des Vormittags gehen die Aufregungen weiter:

»Gegen 11 Uhr V. M. kamen Baronin Vetsera Mutter und Alexander Baltazzi zu mir, und übergab mir Baronin Vetsera beiliegende Fotografien ihrer Tochter. Es sind dies die letztaufgenommenen, und deshalb nur Bruchstücke, weil die andere Person auf der Fotografie die Gräfin Larisch war.

Bar. V. sagte, sie habe seit April 1888, als die Rennen begonnen hatten, bemerkt, daß den Kronprinzen ihre Tochter interessiere, dies sei so fortgegangen bis die Baronin in letzter Zeit an ihrer sonst lebenslustigen Tochter eine auffallende Zurückgezogenheit wahrnahm. Sie wollte in keine Gesellschaft gehen, in den Theatern habe der Kronprinz auffallend ihre Tochter immer angesehen, und auch bei der Soirée des Prinzen Reuß am 27. Januar habe der Kronprinz fast unablässig sich ihrer Tochter genähert.

Sie müsse erfahren, wo ihre Tochter sei, die Polizei solle ihr behilflich sein.

Ich habe dasselbe, was ich dem Baltazzi tags vorher gesagt hatte [gesagt].« Letzteres Wort vergißt der Polizeipräsident, der auch ansonsten auffallend zerstreut scheint und mehr weiß, als er seinen aufgeregten Besuchern gegenüber eingestehen will, während er scheinbar teilnahmsvoll lauscht und die auseinandergeschnittenen Bilder zum Akt legt. Seltsam ist auch der Gedankengang Alexander Baltazzis, mit dem Baron Krauß später in seinen Notizen fortfährt:

»Da bemerkte Baltazzi, er sei auf den Gedanken gekommen, daß das Mädchen vielleicht durch die bekannte Kupplerin Wolf dem Kronprinzen zugeführt worden, und sich bei derselben befinde. Er habe jedoch erst später erfahren, daß die Wolf nicht mehr in ihrem früheren Haus Heumühlgasse wohne, sondern in der Pilgramgasse No. 16? und daß er um 3 Uhr zur Wolf fahren werde.

Baronin Vetsera (die Schwester Baltazzis) sprach dann wieder von der Cigarrentasche, bemerkte, die Gräfin Larisch habe es unternommen vom Kronprinzen die Tasche zurückzuverlangen, sie habe deshalb an den Kronprinzen geschrieben. Der Kronprinz sei am Sonntag um ½10 Uhr zur Gräfin Larisch ins Grand Hotel gekommen, und da habe die Gräfin Larisch die Tasche in seinen Händen gesehen.

Die junge Vetsera hat die Tasche schon bezahlt und hat sich zu diesem Zweck 300 fl. bei ihrem Onkel Baltazzi, und 180 fl. bei der Gräfin Larisch ausgeliehen. Die Gräfin Larisch sei mit der jungen Vetsera zu Rodek gefahren, um dort gewissermaßen sich selbst als die Käuferin der Tasche auszugeben. Es wurde noch so manches über diese Tasche als Beweismittel gesprochen, ohne daß es mir gelungen wäre, vollständig klar zu werden, wieso diese Tasche die Gräfin Larisch veranlaßt haben konnte, sich in die Affaire zu verwickeln.«

Das ist tatsächlich viel Aufhebens wegen einer – wenn auch kostbaren – Zigarrentasche, wo es doch um weit mehr geht. Entweder es verbarg sich dahinter ein nicht mehr eruierbarer Hinweis, oder aber man verlor sich vor Aufregung wirklich in Nebensächlichkeiten. Ähnlich dachte auch der Baron Krauß:

»Jedenfalls mußte es auffallen, wieso die Gräfin Larisch tags vorher schon mit dem Kronprinzen conferirt hat und dennoch tags darauf dabei betheiligt war, als die junge V. entlief.

Ich stellte daher die Frage, ob Baronin V. etwa glaubte, daß die Gräfin Larisch im Einverständnisse gewesen sei. Dies verneinte die Baronin ganz entschieden und entfernte sich mit dem Bemerken, daß sie noch abwarten werde bis morgen.

Ich sprach dann H. Baltazzi meine Absicht dahin aus, daß es am zweckmäßigsten wäre, wenn er selbst nach Meierling fahrt und sich daselbst überzeugt, ob sein Verdacht begründet ist.«

Als seine Besucher gegangen sind, fährt Krauß sofort zum Ministerpräsidenten Taaffe, weil es ihm nicht ausgeschlossen scheint, daß die offenbar sehr erregte Baronin Vetsera »in irgendeiner Weise« den Kaiser verständigen könnte, welcher seinerseits dann Taaffe gefragt hätte, der bis zur Stunde von nichts weiß. Gegen 13 Uhr informiert Krauß den Ministerpräsidenten nun; diese heikle Mission ist unaufschiebbar geworden, Krauß kann sich ihr nicht länger entziehen. Taaffe äußert sich im vertraulichen Gespräch in bezeichnender Weise:

»Er sprach die Ansicht aus, daß die Mutter Vetsera selbst die Hand im Spiele habe, denn das Vorleben der Mutter und auch der Lebenswandel der Tochter seien nicht frei von leichtsinnigen Streichen. Es wundere ihn nur, daß die Gräfin Larisch nicht sofort zur Kaiserin gegangen sei. Wäre die Gräfin Larisch zu Taffee gekommen statt zu mir, so hätte er ihr den Rath gegeben, sofort zur Kaiserin zu gehen.

Er halte dafür, daß vorläufig nichts zu veranlassen ist.«

Also auch hier das österreichische Prinzip des Abwartens, des vorsichtigen Taktierens und Manövrierens, um sich keinen Peinlichkeiten auszusetzen. Theoretisch hätte Taaffe als Jugendfreund des Kaisers durch ein rasches Gespräch das sich in Mayerling anbahnende Drama wohl noch verhindern können, aber er unternimmt nichts. Man könnte sogar unterstellen, daß der Ministerpräsident *bewußt* zugewartet hat, in welche Patsche sich Rudolf bringen würde; anderseits waren die kommenden Ereignisse auch für ihn nicht absehbar. Dazu kam auch noch seine persönliche Meinung über das Haus Vetsera-Baltazzi, das in seinen Augen kaum Aufmerksamkeit verdiente, zieht man den von Taaffe angedeuteten schlechten Ruf von Mutter und Tochter ab, handelte es sich bei ihnen um Randerscheinungen der Aristokratie, die man nicht für vollwertig nahm, weil sie überall »mitnaschen« wollten.

Zwischenzeitlich hatte die Gräfin Larisch, die – wie noch angemerkt werden muß – am Abend vorher, bei ihrer

Rückkehr ins Grand Hotel, dort die als Hebamme bekannte Frau Theresia Miller vorgefunden hat, was die
Abtreibungsversion beziehungsweise die Schwangerschaft
Marys etwas erhärtet, aber immer noch nicht beweist, sich
neuerlich dazu entschlossen, einen weiteren Brief an den
Polizeipräsidenten zu richten, den sie aber erst von Pardubitz aus, wohin sie noch am Dienstag vormittag abreiste,
an ihn absendete:

»Euer Excellenz! Wien, Dienstag früh
Ich bin gestern abend gestört worden, und mußte den
Brief rasch beenden, hab aber wie mir scheint die Haupt-
sache vergessen darin! – Ich rede *vollkommen frei* mit
Ihnen, wissend, daß Sie meine Mittheilungen private betrachten werden, aber es ist nöthig, daß ich Ihnen die *volle*
Wahrheit sage, indem ich fürchte, daß die Sache sich ernster gestalten wird, als es aussieht. Ich weiß nicht, ob ich
Ihnen sagte, daß außer dem Zettel, den ich dem Onkel
der Dame übergab, noch ein Brief sich im Fiaker befand
– auf *Grund dessen* ich überhaupt zu Ihnen kam und
Ihnen in diesem Sinne meine Mittheilungen machte! Obwohl ich – ebensowenig, wie die Familie gänzlich ahnungslos von *wahrscheinlichen* Beziehungen der Dame
weiß –, so kam mir doch ein solches Ereignis wie das
Gestrige nie in den Sinn und brauche ich Ihnen wohl
nicht zu sagen, daß ich dieser Flucht ganz fernstehe, und
nur *sehr unfreiwillig* in diese Angelegenheit verwickelt
worden bin! Ich habe Ihnen die Wünsche, die der Brief
enthielt, so weit als es mir gestattet ward, mitgetheilt, bitte
aber dieselben womöglich zu verschweigen. Wenn ich soviel als möglich der Angelegenheit *fern* stehen kann, ist es
mir sehr lieb – wie Sie begreifen!
Mit besten Empfehlungen
Ihre ergebene
M. L.
PS: Ich beende diesen Brief in Pardubitz, da es schon Zeit
zur Abreise wird.«

Diese ganz plötzliche Rückreise der Larisch, auf die angeblich deren Gatte bestand, ähnelt doch fatal einer Flucht aus Wien, wo sie sich nur weiter exponieren hätte müssen. Pardubitz war weit vom Schuß; die Larisch will mit der ganzen Angelegenheit offenbar nichts mehr zu tun haben. Anstatt mit dem neuerlichen Schreiben ihren Brief vom Vorabend aufzuklären, verwickelt sie sich immer tiefer in verschiedene Ausreden. Ihre Stellungnahme an Krauß ist nicht viel mehr als ein ahnungsvolles Gestammel über Befürchtungen, die sie nicht preisgeben kann und will. Ganz offensichtlich versuchte sie sich mit allen ihr noch irgendwie zur Verfügung stehenden Mitteln zu retten, das heißt zu distanzieren, denn man kann ruhig annehmen, daß sie weitestgehend mit Rudolfs Problemen vertraut war und seine Absichten, die in ihr böse Sorgen auslösten, zumindest hinterher klar erkannt haben muß. Anstatt sich als deren Lieblingsnichte mit der Kaiserin auszusprechen, zieht sie aber die Flucht vor; ihre Feigheit bedeutet Marys Ende.

Ebenso scheut die Larisch auch eine weitere Begegnung mit der Freundin Baronin Vetsera. Sie läßt sich sogar dazu herbei, das Telegramm ihres Gatten, indem sie zur sofortigen Rückkehr aufgefordert wurde, als »Beweis« mit einem Begleitschreiben ins Palais Vetsera zu senden, um so ihre überstürzte Abreise zu erklären.

Wie auch der Baron Krauß erfährt, ist für den Abend in Wien ein Hofdiner im Familienkreis vorbereitet, zu dem sowohl Prinz Philipp als auch Rudolf erwartet werden.

Graf Hoyos und Coburg sind indessen immer noch auf der Jagd in Glashütte. Laut Conte Corti hat Rudolf sie sogar mit einem fröhlichen »Waidmannsheil!« verabschiedet. Philipp von Coburg verläßt schließlich früher als Hoyos – wahrscheinlich gegen 13 Uhr 30 – seinen Hochstand, um mit Rudolf, der guter Laune ist, seinen Tee zu nehmen. »Bei dieser Gelegenheit«, schreibt Corti, »meint Rudolf, er habe dem Schwager etwas zu sagen, reibt sich dabei in sichtbarer Verlegenheit die Hände und bittet den

Coburger, als dieser schon zu seinem Wagen gehen will, schließlich, er möge dem kaiserlichen Vater seine Handküsse entbieten.«

Rudolf hatte sein Fernbleiben später in einem Telegramm an Stephanie entschuldigt.

Verschiedentlich haben Gerüchte behauptet, daß an jenem Nachmittag noch ein Onkel der Baronesse in Mayerling eintraf, dessen Absicht es war, Mary nach Wien zurückzuholen. So sind, nach Planitz, sogar zwei Herren in einem geschlossenen Wagen beim Schlößchen angekommen, von denen der eine Baltazzi gewesen sei. Auch darüber gibt es verschiedene Mutmaßungen. Die eine Version besagt, daß Baltazzi eine Unterredung mit Hoyos geführt haben solle, die aber nichts brachte, weil dem Grafen die Anwesenheit der Vetsera unbekannt geblieben war, die zweite, daß Baltazzi und Rudolf sogar derart aneinandergeraten seien, daß der Graf Hoyos darauf eine Duellforderung aussprach, die dritte lautet, daß Baltazzi dagegen in diesem Streit den Kronprinzen mit einer Champagnerflasche den Schädel zertrümmert haben soll. Nichts davon ist wirklich wahr.

Obwohl Alexander Baltazzi von Baron Krauß selbst dazu ermuntert worden war, in Mayerling nachzusehen, hätte er, um Rudolf dort, angenommen, allein anzutreffen, sofort nach seinem Besuch im Polizeipräsidium um 13 Uhr 40 vom Südbahnhof abfahren müssen. Dann wäre er noch vor 16 Uhr im Schlößchen gewesen; Hoyos kam erst um etwa 17 Uhr 30 von der Jagd zurück. Baltazzi war aber nun gar nicht davon überzeugt, daß Rudolf sich in Mayerling aufhielte, er hielt das Ganze – wie er dem Polizeipräsidenten gegenüber wörtlich äußerte – nur für eine »Fiktion«, eine Finte – außerdem hatte der Polizeipräsident es ihm ja verschwiegen, daß der Kronprinz dorthin gefahren war. So mochte Baltazzi noch um 15 Uhr zur Kupplerin Wolf gefahren sein, bei der er sich anmelden hatte lassen. Dann hätte er erst mit dem Schnellzug um 16 Uhr nach Baden fahren können und in Mayerling bereits Hoyos vorfinden müssen. Es ist wohl schwerlich vorstellbar, daß Baltazzi in Anwesenheit des Grafen den Kronprinzen, der auf die Vorwürfe vielleicht zynisch reagiert hätte, in einem Wutanfall mit einer Champagnerflasche erschlug oder, wie ebenfalls behauptet worden ist, mit deren Scherben erstach; außerdem könnte dies Marys Tod schon gar nicht erklären. Hoyos hätte denn auch kaum einer solchen Attacke auf Rudolf stillschweigend zugesehen. Wäre eine derartige Tat freilich noch in seiner Abwesenheit passiert, lägen die Dinge wieder anders. Dann hätte Hoyos wohl Grund gehabt, nach einer passenden offiziellen Erklärung zu suchen. Dann hätte er sogar einen Selbstmord Rudolfs mit anschließender Auffindung des Leichnams nach Absprache mit dem Prinzen Coburg, dem Diener Loschek und Bratfisch vortäuschen können – wiewohl auch ein derartiges Vorgehen nicht zwingend notwendig gewesen wäre. Aber wieso wäre dann auch noch Mary gestorben?

Das ganze Gerücht ist unhaltbar und unlogisch; nachweislich scheidet auch der damit in Zusammenhang gebrachte Heinrich von Baltazzi für einen solchen Zwischenfall aus, weil er sich zum gleichen Zeitpunkt in Paris aufhielt.

Wäre Alexander Baltazzi ins Schloß Mayerling gekommen, hätte er Mary sicherlich nach Wien zurückgebracht, und das Drama hätte nicht stattgefunden.

In Wahrheit richtete Rudolf zwischen 14 und 15 Uhr in völliger Ruhe an seine Frau in Wien ein Telegramm. Er übergab es zwecks Absendung dem Hausverwalter von Mayerling, der es seinerseits dem Hoftelegrafen Julius Schuldes in der Villa nächst dem Schlößchen, in der die Jagdgäste abgestiegen waren, überbrachte. Eines technischen Defekts in der Telegrafenstation wegen kam dieses Telegramm erst nach 17 Uhr in der Hofburg an. Sein Wortlaut war: »Vom KK. Hoftelegraphenamte/Telegramm/Aufgegeben in Alland d. 29. Jänner 5 Uhr 5/Angekommen in Wien d. 29. Jänner 5 Uhr10/An ihre kaiserl. und königl. Hoheit die/Durchlauchtigste Frau Kronprinzessin Erzherzogin Stephanie/Wien, Burg/Ich bitte Dich schreibe Papa, daß ich gehorsamst um Verzeihung bitten lasse, daß ich zum Diner nicht erscheinen kann, aber ich möchte wegen starken Schnupfen die Fahrt jetzt Nachmittag unterlassen und mit Josef Hoyos hierbleiben. Umarme euch herzlichst/Rudolf.«

Ebenso erhielt auch der Hofjäger Püchel ein Telegramm Loscheks, der ihm mitteilte, daß Rudolf nicht wie besprochen nach Wien kommen würde.

Etwa gleichzeitig hatte sich Marys Mutter, Helene Vetsera, zu einer Vorsprache bei Taaffe anmelden lassen, der ihr ziemlich kühl zu verstehen gab, daß er schon seitens des Polizeipräsidenten Kenntnis von der Sachlage erhalten habe, und feststellte, es für unangebracht zu halten, auch noch den Kaiser in die Angelegenheit zu involvieren. »Denken Sie sich nur, wie man nach einer solchen Meldung dastehen würde, wenn es sich herausstellt, daß es nicht wahr ist«, zitierte ihn die Vetsera später in ihrer Denkschrift. Auch einer direkten Intervention beim Kronprinzen stemmte sich Taaffe entgegen.

Nach diesem Gespräch traf er abermals mit dem Polizeipräsidenten zusammen, der noch folgendes in seinem Dossier notierte:

»Um 6 Uhr ließ mich der Ministerpräsident ins Abgeordnetenhaus bescheiden, woselbst um ½7 Uhr die Probe der electrischen Beleuchtung stattfindet.

Im Saale, während die Minister und das Präsidium des Abgeordneten- und Herrenhauses die Beleuchtung besichtigten, nahm mich Graf Taaffe bei Seite und theilte mir mit, daß um 5 Uhr die Baronin Vetsera bei ihm gewesen sei. Er habe die Frage gestellt, ob denn niemand anderer betheiligt sein könne. Es müsse ja nicht gerade der Kronprinz sein. Als die Baronin fragte, wer denn das sein könne?, habe er z. B. den Fürsten Heinrich Liechtenstein genannt, worauf die Baronin bluthrot geworden sei. Man habe nämlich in der Gesellschaft gesprochen, daß Fürst

Heinrich ein sehr intimer Verehrer der jungen Vetsera gewesen sei, und daß der Kronprinz keine prima nox feiern könne.

Er habe schließlich fast dasselbe gesagt, wie ich es der Vetsera gesagt hatte. Vorläufig müsse abgewartet werden. Der Ministerpräsident halte es aber für angezeigt, daß von der Polizei ein Agent zur unauffälligen Erhebung, ob die junge Vetsera in Meierling ist, dahingesendet werde, daß ferner constatirt werde, ob der Kronprinz wirklich von der Burg abwesend ist.«

Entweder war Taaffe über die Beobachtungen, die die Agenten des Polizeipräsidenten angestellt hatten, in Zweifel, oder aber dieser hat ihn in völliger Unkenntnis gelassen. Auch diese Möglichkeit ist nicht ganz auszuschließen.

So soll Taaffe nämlich, als er der Baronin Vetsera versprochen hatte, einen Detektiv nach Mayerling zu schikken, auch hinzugefügt haben, daß es ihm sehr unangenehm sei, diesen in die Intimitäten des Hofes einweihen zu müssen. Bei der Bespitzelung, der Rudolf fortwährend ausgesetzt wurde, war das aber überhaupt nicht notwendig. Wenn Krauß sich nicht verstellte, tat dies Taaffe, oder umgekehrt. Selbst Taaffes gespanntes Verhältnis zu Rudolf ist noch keine hinlängliche Erklärung für seine sichtliche Passivität, die er der ganzen Sache gegenüber an den Tag legte.

Der Polizeipräsident wandte darauf ein, daß abends ein Familiendiner in der Hofburg wäre, zu dem Rudolf erwartet würde und daher wahrscheinlich auch die junge Vetsera wieder auftauchte. Taaffe bemerkte, daß ihm von diesem Diner nichts bekannt wäre und er das daher »bezweifle«. Krauß führt nicht aus, ob der Ministerpräsident das Hofdiner bezweifelte oder die Möglichkeit einer Rückkehr der Baronesse. Wie schon gesagt, ist sein ganzer Stil von einer geradezu seltsamen Verworrenheit, es wimmelt von plumpen Wiederholungen und grammatikalischen Auslassungen; für einen Polizeipräsidenten mangelt es dem Baron ganz offensichtlich an differenzierter Ausdrucksweise.

Der Ministerpräsident empfiehlt ihm jedenfalls, auch die Kupplerin Wolf beobachten zu lassen. Krauß eilte darauf zurück in Polizeipräsidium:

»Ich ließ mir sofort den Oberinspektor Jurka kommen und gab ihm die Weisung, morgen mit dem ersten Zuge einen Agenten nach Baden resp. Meierling abgehen zu lassen und dort in discretester Weise nachzuforschen, ob dort eine Dame sich befinde.

Weiters bestellte ich Dr. Florian Meissner für morgen zu mir, um durch ihn über das Verhältnis der Mizzi Caspar zum Kronprinzen näheres zu erfahren, und ob dieses Verhältnis erkaltet ist und jemand anderer begünstigt werde.

Endlich sollten durch Jurka die Agenten in der Burg angewiesen werden, über Kommen und Gehen des Kronprinzen in den letzten Tagen und Nächten positive Thatsachen zu erforschen.«

Außer seiner Verwirrung und der Tatsache, daß Baron Krauß seine Spitzel selbst in der Hofburg sitzen hatte, beweisen diese verschiedenen Maßnahmen, die er plötzlich ergriff, eigentlich gar nichts. Taaffe hatte abgelehnt, etwas wirklich Entscheidendes zu tun, und der Polizeipräsident wagte sich nicht zu weit vor. Damit konnte das Verhängnis seinen schon eingeschlagenen Lauf ungehindert fortsetzen.

# »Bratfisch hat heute wundervoll gepfiffen«

Das Hofdiner, an dem aus Anlaß der Verlobung zwischen Erzherzogin Marie Valerie und Erzherzog Franz Salvator 21 Personen teilnehmen sollten, begann pünktlich um 18 Uhr. Als letzter Gast erschien Prinz Philipp von Coburg in den sogenannten Alexanderzimmern der Hofburg, entschuldigte Rudolf und erklärte, daß dieser sich auf der Fahrt nach Mayerling hinaus eine Verkühlung zugezogen habe, außerdem wäre es auch im Schlößchen äußerst kalt. Erzherzog Albrecht bedauerte das und fügte in Anspielung hinzu, daß es sich wahrscheinlich um eine ernstere Erkrankung handeln müsse, weil Rudolf sonst sicher Montag nachmittags zu der militärischen Besprechung ins Arsenal gekommen wäre, wo man über eine Stunde auf ihn gewartet hätte.

Der Kaiser, der weggehört hat, befiehlt, so steht später im Krauß-Akt, den Tafeldeckern, die Rudolfs Kuvert wieder wegnehmen wollen, es liegenzulassen; Rudolf könne immer noch – und wenn auch im allerletzten Augenblick – erscheinen. Das geschieht freilich nicht, im Gegenteil, Rudolfs Absage hat die ganze Sitzliste umgestürzt. Aber nicht nur er ist ferngeblieben, sondern auch seine Mutter, die Kaiserin, die sich angeblich »nicht wohl« befand. Wie Kürenberg ausführte, der seine Informationen von der Schratt, also aus erster Hand bezog, soll die Kaiserin zu diesem Zeitpunkt bereits äußerste Beunruhigung an den Tag gelegt haben, was nicht sehr glaubhaft erscheint, obwohl Elisabeth von den sich zuspitzenden Auseinandersetzungen zwischen Vater und Sohn natürlich gewußt hat. Sie bestellte, immer noch laut Kürenberg, »in dringender Angelegenheit« die Frau Schratt zu sich, dann den alten

Diener Nehammer, der ihr angeblich Rudolfs Verhältnis mit der Vetsera und deren Besuche in der Hofburg eingesteht.

Als sie auch noch von Rudolfs dem Kaiser gegebenen Ehrenwort erfährt, soll sie bestürzt gegenüber der Schratt geäußert haben: »Was das bedeutet, meine liebe Frau Schratt, können Sie nicht ermessen; ich kenne meinen Sohn zu gut; er wird ganz anders handeln, wie es sich der Kaiser vorstellt... Während es jetzt darauf ankommt, zu erfahren, wo Rudolf ist, und eine Unüberlegtheit von seiner Seite zu verhindern, findet – Hoftafel statt. Nichts auf der Welt könnte jetzt den Kaiser davon abbringen, die einmal angesetzte Zeremonie vom Programm zu streichen.«

Währenddessen trat Stephanie an die Tafel; wie sie sich in ihren Memoiren erinnerte, soll jeder sie gespannt angeblickt haben, sie aber – jeder Zoll ein betrogenes Eheweib – wußte angeblich nur zu sagen, daß Rudolf erkältet sei. Sie wollte aber nicht darum bitten, daß man einen Arzt nach Mayerling schickte, wagte es wahrscheinlich nicht, um sich nicht noch mehr der Lächerlichkeit auszusetzen.

Seinen eigenen Angaben zufolge kam Graf Hoyos fast um dieselbe Zeit, das heißt um 17 Uhr 30, von der Jagd bei Alland zurück, wo er nachmittags noch ein Reh erlegt hatte. Er betrat sogleich sein Quartier im Mayerlinger Hof, etwa 300 Meter vom Schlößchen entfernt, wo er sich umkleidete, weil er um 19 Uhr zur Tafel mit Rudolf bestellt war. Im Klartext heißt das, daß Hoyos schon in der Früh von Rudolfs Absicht, in Mayerling zu bleiben, gewußt haben muß, da er ihn ansonsten mit Prinz Philipp von Coburg in Wien bei der Hoftafel gewähnt hätte.

»Das Abendessen in Mayerling ist für sieben Uhr angesetzt«, schreibt Conte Corti, »der Kronprinz ist mit dem Grafen Hoyos allein zu Tisch. Er erkundigt sich nach den Ergebnissen der Jagd und bemerkt, er habe sehr viel geschrieben und sei gar nicht vor der Türe gewesen. Er scheint dem Grafen weichgestimmt zu sein, milder in seinen Urteilen als sonst. Der Gast läßt den ganzen Zauber Rudolphs auf sich einwirken und wird selbst merkwürdig gerührt. Nachdem Graf Hoyos den Kronprinzen schon seit Jahresfrist nicht ohne Zeugen gesehen hat, ergreift er die Gelegenheit und dankt ihm für alle Güte und unentwegte Liebe sowie für die herrlichen Pirschen im Wienerwald, wobei er die Schönheit der Landschaft lobt. ›Ja‹, sagt der Thronfolger, ›das weiß ich, der Wienerwald ist schön, sehr schön.‹ Dann sprechen sie noch über die Eigenschaften der Vorstehhunde, und schließlich zeigt Rudolph seinem Gast drei Telegramme des Grafen Pista Károlyi aus Budapest. Diese, meint der Kronprinz, seien Mahnungen des schlechten Gewissens, weil Károlyi gegen das neue Wehrgesetz gesprochen habe. Oppositionelle Zeitungen hätten die Meldung darüber in einen Zusammenhang damit gebracht, daß der Graf vorher einen Brief Rudolphs erhalten habe. Es sei die Absicht der Presse gewesen, ihn zu kompromittieren, und die Sache sei recht fatal, man dürfe dies aber den eigentümlichen Naturen dieser Herren nicht übelnehmen. Erst habe Károlyi gegen das Wehrgesetz gesprochen und dann zu dessen Annahme gratuliert.

Während die beiden Herren über die Küche reden, ißt der Thronfolger mit ziemlichem Appetit und spricht auch dem Wein mäßig zu. Er klagt über starken Schnupfen, meint aber, daß dieser bald behoben sein werde. Graf Hoyos will seinem Gastgeber Taschentücher anbieten, aber dieser versichert, daß er bis morgen auskommen werde. Es wird noch ein wenig geraucht, dann zieht sich Rudolph mit dem Bemerken zurück, er müsse seine Erkältung pflegen. Der Hausherr reicht seinem Gaste mit gewohnter Herzlichkeit die Hand, wünscht ihm eine gute Nacht und verläßt das Zimmer. Der Graf begibt sich in sein Quartier im ehemaligen Arbeiterhaus, etwa fünfhundert Schritte vom Schlößchen entfernt. Um zehn Uhr legt er sich zu Bett.«

Der Kammerdiener Loschek gab später zu Protokoll, daß die Vetsera im Zimmer geblieben war, wo sie das Abendessen allein zu sich genommen hätte: »Spätabends war es, als wir alle schlafen gingen. Für Rudolf und die Vetsera gab es keinen Schlaf mehr.« Wie man sieht, ist diese Angabe unrichtig gewesen – wenn Loschek sich nicht etwa darauf bezog, daß Rudolf und Mary, und zwar im Beisein Bratfischs, nach dem Weggehen von Hoyos noch ausgiebig Abschied feierten, sozusagen ihren Abgang von der Welt.

Marys Abschiedsbrief zufolge soll Bratfisch an diesem letzten Abend in Mayerling »noch so schön gepfiffen« haben, von Loschek dagegen wird er überhaupt nicht erwähnt, auch Hoyos hat ihn nicht zu Gesicht bekommen und stellt fest, daß Bratfisch erst am folgenden Morgen wieder ins Schlößchen kam. Die Stieftochter von Bratfisch führt aber ihrerseits an, der Kutscher habe von Mayerling eine kleine, diamantbesetzte Uhr mit nach Hause gebracht, die ihm die Vetsera mit den Worten: »Nehmen Sie das zum Andenken, es ist ohnedies zum letzten Mal!« geschenkt hätte.

Loschek mag zu diesem Zeitpunkt schon wissen, daß Rudolf die für den kommenden Tag geplante Jagd abgesagt hat, was er vom Forstmeister erfährt.

»Du, was ist's mit dem Kronprinzen?« fragt dieser ihn.

»Er hat jetzt mit mir gesprochen, hat aber an etwas ganz anderes gedacht.«

Zuletzt äußert der Kronprinz zu Loschek: »Sie dürfen niemand zu mir lassen, und wenn es der Kaiser ist!«

Jedenfalls setzen schon jetzt die Versionen um Mayerling ein, während Rudolf und Mary noch lebten. So will man nach den »zwei Herren« einen Arzt im Schlößchen gesehen haben, dann sogar einen Priester. Diese hartnäckig kolportierten Gerüchte halten sich bis zum heutigen Tag. Einer Version zufolge soll dieser Arzt in den Abendstunden den mit einem Bauchschuß schwerverletzten Baltazzi Erste Hilfe geleistet haben, der, der zweiten Version nach, sogar im Schlößchen verstorben sei, was unwahr ist. Einer weiteren Version nach hat der Arzt Mary Vetsera ärztlichen Beistand geleistet, die nach dem Abtreibungsversuch, beziehungsweise nach Entfernung eines Katheters, eine unstillbare Uterusblutung gehabt haben soll, was auch die Ankunft des Priesters erklärt hätte, der Mary mit der Letzten Ölung versah. Bei ihm soll es sich um den Pfarrer von Alland gehandelt haben. Alles das ist nicht verifizierbar, ebensowenig wissen wir über den wahren Zustand der kleinen Vetsera Bescheid. Es ist eher unwahrscheinlich, daß sie doch – wie man dieser Version nach annimmt – im Zustande des Verblutens und Ausblutens noch jene drei Abschiedsbriefe geschrieben haben soll, die ihre Familie später erhalten hat. Außerdem ist dem entgegenzuhalten, daß Bratfisch behauptet hat, Mary wäre bis zuletzt heiter und vergnügt gewesen. Loschek, der sich in der allernächsten Umgebung Rudolfs aufhielt und dessen Zimmer nächst dem des Kronprinzen gewesen ist, hat später indessen ausgesagt, gehört zu haben, daß dort die ganze Nacht über in sehr ernstem Ton gesprochen worden wäre, ohne daß er etwas verstehen konnte. Allerdings war die Wand zwischen den Zimmern einen Meter stark, Loschek hätte demnach kaum lauschen können – höchstens in Türnähe. Warum schlief er eigentlich nicht? Seinen Angaben nach war doch nichts Auffallendes zu bemerken gewesen, alles im Schlößchen schien normal. In der Tat dürfte Loschek mehr gewußt haben, als er zugab. Er will ernstes Reden vernommen haben, aber keinen Schuß, der doch laut gedröhnt haben mußte. Angesichts des großkalibrigen Revolvers, den Rudolf verwendete, ist das undenkbar, auch wenn der Kronprinz tatsächlich den Revolver unter der Bettdecke oder mittels eines Polsters, der den Detonationsknall abschwächen mußte, an Marys Kopf ansetzte. Wahrscheinlich hat Loschek bewußt gelogen, denn es steht fest, daß die Vetsera in den frühen Morgenstunden des 30. Januar gestorben war, schon »Stunden bevor Rudolf sich tötete«, wie auch

Hoyos später gemeint hat, der noch, völlig ahnungslos, in seinem Quartier dem kommenden Morgen entgegenschlief.

Verschiedene Ärzte und auch Katharina Schratt haben sich ebenso geäußert, die meisten Autoren haben sich dieser Überzeugung angeschlossen. Hier gibt es die Version, daß gar kein solcher Schuß gefallen wäre, sondern daß Mary ihren Blutungen erlegen sei, still neben Rudolf verlöschend, der sich darauf Stunden später als »Ehrenmann« erschießt, nachdem er keinen anderen Ausweg mehr sieht, seine Ehrenschuld abzutragen. Diese Sichtweise entspricht aber doch sehr der romantisierenden Wendung von Blut und Treue, von Liebesleid und Tod, sie ist daher nur eine von vielen Versionen und darf als solche eher vernachlässigt werden. Die Wirklichkeit war sicher anders und furchtbarer. Wir wollen versuchen, ihr so nahe als irgendwie möglich zu kommen.

Indessen war der Wintermorgen des 30. Januar heraufgezogen. In Wien hatte es fast minus 5 Grad Celsius, als Prinz Philipp von Coburg gegen 6 Uhr früh auf dem Südbahnhof eintraf, wo er den ersten Zug nach Baden nahm. Um exakt 7 Uhr 3 langte er dort an; mit ihm stieg, wie er später berichtete, auch der Polizeiinspektor Eduard Berger aus, der von seinem Vorgesetzten Jurka den Befehl erhalten hatte, in Mayerling sachte nach Mary Vetsera zu suchen. Ohne daß Coburg etwas ahnt, haben die beiden denselben Weg vor sich. Als sie den Bahnhof verlassen, ist es noch winterlich dunkel.

Loschek wird später wörtlich aussagen, daß Rudolf schon um 6 Uhr 10 vollkommen angezogen und pfeifend zu ihm ins Zimmer getreten wäre und ihm befahl, einspannen zu lassen. Wahrscheinlich hatte er sich gar nicht erst niedergelegt gehabt, und wenn, dann vielleicht mit seinen Kleidern. Wir wissen nicht, was er die Nacht über tat, ob er ruhelos in seinem Zimmer auf und ab gegangen war, die tote Frau auf dem Bett, die er erschossen hatte, den Revolver auf dem Nachtkästchen, ob er still sinnierend gewesen ist oder besessen vor Angst. Wenn er jedenfalls pfeifend aus dem Zimmer kam, was nicht zu bezweifeln ist, handelte er wie ein Zyniker.

»Ich war noch nicht im Hof draußen«, erklärte Loschek weiter, »hörte ich zwei Detonationen, ich lief sofort zurück, der Pulvergeruch kam mir schon entgegen, ich stürmte zum Schlafzimmer, doch war es entgegen der Gewohnheit Rudolfs von innen versperrt. Was nun machen, ich holte sofort den Grafen Hoyos...«

Schon hier wird Loscheks Aussage zum Verwirrspiel; nachdem Mary längst tot gewesen sein mußte, könnte der Kammerdiener nur *einen* einzigen Schuß gehört haben. Entweder setzte er hier also bewußt eine Unwahrheit, vielleicht täuschte ihn auch der Widerhall des Detonationsknalls aus dem Gewölbe – oder aber seine verständliche Bestürzung war derart groß, daß er im nachhinein glaubte, zwei Schüsse gehört haben zu müssen, zumal sich danach zwei Leichen vorfanden. Auch will es nicht ganz einleuchten, daß ihm der Pulvergeruch durch die verschlossene Tür entgegendrang, war doch das Schlafzimmer Rudolfs in seiner Ausdehnung immerhin rund 49 Quadratmeter groß. Es scheint also, daß Loschek bereits hier entscheidend zu fabulieren beginnt.

Wie Rudolf Hoyos schon am Vorabend gesagt hatte, sollte das gemeinsame Frühstück nach 8 Uhr, das heißt nach erfolgter Rückkehr des Prinzen Coburg aus Wien, beginnen. Deshalb beendete Hoyos in seinem Quartier schon kurz vor 8 Uhr seine übliche Morgentoilette, als sein Diener den Schloßverwalter Zwerger einließ. Hoyos erfährt nun von diesem, daß der Kronprinz – schon um 6 Uhr 30 und im Morgenmantel – in Loscheks Zimmer erschienen sei und verlangt habe, ihn um 7 Uhr 30 zu wekken und für diese Zeit das Frühstück und den Fiaker Bratfisch zu bestellen, worauf er sich wieder zurückgezogen hätte. Loschek klopfe nun, zuerst mit der Hand, dann mit einem Holzscheit, seit 7 Uhr 30 vergeblich an Rudolfs

Tür, aber aus dem Schlafzimmer käme kein Laut. Auch wären die Tür zum Entreezimmer und jene Tür, die ins Treppenhaus zum ersten Stock führe, von innen abgeschlossen worden.

Begleitet von Zwerger, eilte Hoyos darauf sofort ins Schlößchen hinüber, wo Loschek die beiden empfing. Es kam zu einer kurzen Unterredung, die aufgeregt genug geführt worden sein muß. Darauf klopfte auch Hoyos an die Tür und rief gleichzeitig laut nach Rudolf, aber nichts regte sich. Hoyos führte aus, sich vorsichtshalber erkundigt zu haben, ob das Schlafzimmer vielleicht mit einem Kohlenofen geheizt würde, was sowohl Loschek wie auch der Verwalter verneinen. Da Loschek sich nicht getraute, allein die Tür aufzubrechen, entschied dies schließlich Hoyos. Das ist der Zeitpunkt, wo Loschek ihm anvertrauen muß, daß Rudolf in Gesellschaft der Baronesse Vetsera hier sei. Diese Tatsache steigert die Aufregung von Hoyos ganz entschieden, der angeblich nicht wußte, daß eine intime Affäre zwischen ihr und Rudolf besteht, die hier ihre Fortsetzung gefunden habe. Die Eröffnung überraschte ihn und machte ihn ratlos zugleich: »Nun war das Schlimmste zu befürchten, bei der Totenstille, die im Schlafgemach herrschte, war an die Möglichkeit einer erfolgreichen Hilfe kaum zu denken, da seit fast $\frac{1}{2}$7 fast sieben Viertel Stunden vergangen waren, und die Verantwortung, die ich tragen sollte, eine Erdrückende. Meine Uhr zeigte 8 Uhr 9 Minuten, Prinz Coburg mußte beinahe schon da sein.«

Die nächsten Minuten müssen, wenn Hoyos' Angaben auf Wahrheit beruhen, in quälender Ungewißheit verstrichen sein, wobei sich die Ahnung einer Katastrophe mehr und mehr verdichtete.

Hoyos wartet das Eintreffen des Prinzen Coburg ab, den er im Billardzimmer empfängt und mit kurzen Sätzen hastig informiert. Auch der Prinz entscheidet sich für ein sofortiges Aufbrechen der Tür. Während Hoyos und Coburg bleich und gefaßt hinter ihm stehen, wird nun von

Loschek versucht, das Türschloß aufzusprengen, was aber mißlingt. Loschek muß nun die Türfüllung mittels einer Holzhacke einschlagen. Dieser Lärm schreckt die ganze Dienerschaft auf, die in der Halle zusammenläuft, um atemlos zu lauschen. Sie alle fühlen wohl, daß etwas völlig Entsetzliches, Unausdenkbares geschehen sein muß, für das sich keinerlei Erklärung finden läßt.

Dieses Gefühl scheint aber nicht nur sie gelähmt zu haben; als Loschek nämlich durch die eingedroschene Türfüllung in das Schlafzimmer hineinblickt, will er sofort zwei Leichen auf dem Bett liegend erkennen, was einigermaßen seltsam ist, zieht man in Erwägung, daß es im Zimmer zumindest dämmrig, wenn nicht halbdunkel gewesen sein muß, erstens des fahlen Wintermorgens und zweitens der verbürgt sicher geschlossenen Fensterläden wegen.

Statt sich zunächst weiter zu vergewissern, ob Loscheks erster Eindruck wirklich stimmt, nehmen aber Hoyos und Coburg seine Erklärung sofort als sichere Gegebenheit zur Kenntnis, was ebenso merkwürdig bleibt, doch infolge der allgemeinen Aufregung vielleicht erklärbar war, wenn auch nicht gänzlich verständlich.

»Es wurde nun die Frage erörtert, ob nicht ein Arzt herbeizurufen sei«, erinnerte sich Hoyos. »Bei den gegebenen Umständen war dies, wenn alles Leben entflohen war, aber nicht rathsam.«

Wieso es nicht ratsam gewesen sei, erklärt Hoyos nicht näher, läßt aber kurz darauf den kaiserlichen Leibarzt, Hofrat Dr. Widerhofer, telegrafisch aus Wien herbeiholen.

Vielleicht tat er dies, um Zeit zu gewinnen, denn erst jetzt entschließen er und Coburg sich, Loschek genauer nachsehen zu lassen. Der Kammerdiener greift durch die eingeschlagene Türfüllung und sperrt Rudolfs Zimmer schließlich von innen auf. Aber wohlgemerkt, nicht Graf Hoyos oder Prinz Coburg gehen nun hinein, sondern Loschek allein! Man erkennt, daß die Merkwürdigkeiten sich häufen.

Der Kammerdiener Loschek findet den Kronprinzen, eine große Blutlache um sich, halb über das Bett gebeugt, vor. Aus der Tatsache dieser Blutpfütze nimmt er eine Zyankalivergiftung an, bei welcher solche Blutstürze auftreten, obwohl er kein Arzt ist: es erhebt sich die Frage, woher Loschek dies dann wissen wollte.

Marys Schicksal dagegen berührt in diesen Minuten kaum jemanden, keiner der Anwesenden scheint auch nur einen einzigen Gedanken an das Mädchen verschwendet zu haben. Rudolfs Tod stand so an erster Stelle, daß sich zu diesem Zeitpunkt niemand mit Marys Leiche abgab, man vergaß fast völlig auf sie.

Schuldes, Hoftelegraf in Mayerling, der hinzugekommen war, beschrieb die Situation später folgendermaßen:

»Niemand fand ein Wort. Entsetzen lähmte alle Sinne und alle Augen blickten verständnislos auf die gräßliche Verwüstung, welche der Tod in dem düsteren Raum angerichtet hatte.

Wenige Schritte von der zersplitterten Tür entfernt, von deren Schwelle aus ich das Zimmer übersehen konnte, lag regungslos eine mit dem Oberkörper über den Rand des blutdurchtränkten Bettes vornüber gebeugte unkenntliche menschliche Gestalt und zur Linken derselben der dunkelverhüllte Körper einer zweiten Person, deren Haupt fast ganz unter den aufgestauten Kissen versteckt war. Eine Stille umher, die nichts Feierliches hatte, sondern die Stille des Schreckens und – Blut! Blut an den Linnen, Blut auf dem Erdboden und Blutspritzer an den Wänden und bis hinauf an der niederen Wölbung des Zimmers!«

Sehr interessant ist, daß Loschek 40 Jahre später eine Version gab, die ganz anders als seine erste lautete. Auch von Zyankalivergiftung ist hier nicht mehr die Rede:

»Welch grauenhafter Anblick – Rudolf lag entseelt auf seinem Bett ganz angezogen, Mary Vetsera ebenfalls auf ihrem Bett vollständig angekleidet. Rudolfs Armeerevolver lag neben ihm. Beide hatten sich überhaupt nicht schlafen gelegt, beiden hing der Kopf herunter. Gleich beim ersten Anblick konnte man sehen, daß Rudolf zuerst Mary Vetsera erschossen hatte und sich dann selbst entleibte.« Ferner sagt Loschek aus, daß der Leibarzt Dr. Widerhofer bereits um 8 Uhr 30 in Mayerling gewesen sei, was ein Ding der Unmöglichkeit ist, weil man knapp davor erst die Leichen auffand.

Wir wollen noch einmal rekapitulieren: Wiewohl Loschek angeblich zuerst zwei Schüsse gehört haben wollte, schloß er doch auf eine »Zyankalivergiftung«, deren Merkmale ihm als medizinischen Laien aber eigentlich unbekannt gewesen sein müßten. Das geht alles irgendwie nicht zusammen; zum Beispiel hatte er entweder Rudolfs Armeerevolver gleich gesehen – der übrigens später spurlos verschwand –, oder er sah ihn nicht, wie er vorweg eine solche Waffe überhaupt nicht erwähnte: tat er es, so konnte er doch keinesfalls an eine Zyankalivergiftung denken, wenn er außerdem noch die Schüsse gehört hatte. Loschek muß hier zumindest einmal die Unwahrheit ausgesagt haben. Man nimmt infolgedessen an, daß er von Rudolf instruiert worden sei; das hätte wieder zur Voraussetzung gehabt, daß der Kammerdiener wesentlich oder sogar vollinhaltlich in die Tragödie eingeweiht gewesen war und nur ihren Vollzug abwartete.

Weiters gibt er an, daß Mary angezogen war – was sie nicht war, ebenso stand im Zimmer nur ein einziges, nämlich Rudolfs französisches Doppelbett, auf dem beide Leichen lagen, was Loschek sicher auch später noch erinnerlich sein mußte.

Hierzu noch rasch ein paar weitere Versionen, die wir kurz streifen wollen. Eine davon besagt, daß am Vorabend, in der Dunkelheit, auch noch eine unbekannte Dame in Mayerling angekommen sein soll, die in einer geschlossenen Kutsche durch das Osttor, das hieße von Baden kommend, ins Schlößchen gelangt sei. Man will dieselbe Dame vom gegenüberliegenden Küchentrakt aus beobachtet, aber nicht erkannt haben. Also sind es nicht nur die zwei schon von der Fama erwähnten mysteriösen Herren und der Arzt und der Priester, nein – auch noch eine verschleierte Dame, und sie alle treffen ausgerechnet am Vorabend der Tragödie in Mayerling ein, ohne sich freilich in die Quere zu kommen. Nun, das sind journalisierte Gerüchte – diese Dame könnte nur Mary Vetsera gewesen sein, das heißt aber, daß sie schon einen Abend vorher angekommen sein muß, was wahrscheinlich verwechselt wurde. Es ist daher anzunehmen, daß die Dienstboten von der Anwesenheit einer »geheimnisvollen« Frauensperson in Mayerling wußten – Dienstboten wissen immer alles, außerdem wurde Mary extra auf das Zimmer serviert, ein separates Gedeck mußte aufgelegt werden, auch wird jemand als Kammerzofe für sie abgestellt worden sein.

Bei Bratfisch, der am Morgen des 30. Januar wieder auftaucht, liegt der Fall etwas anders, auch hier häufen sich die Unklarheiten. So hat Hoyos noch zusätzlich notiert, daß Bratfisch gegenüber dem Leibjäger Wodicka, der um 7 Uhr früh zum Treffpunkt der Jagd vorausfahren sollte, geäußert habe, »er könne sich dies wohl ersparen, da ohnehin keine Jagd sein würde, weil der Kronprinz todt sei«. Hoyos rätselte seinerseits herum, wieso Bratfisch das schon zu diesem Zeitpunkt gewußt haben konnte. »Ist es auf Grund von Gesprächen, die er während der Fahrt belauschte, oder nur eine Combination. Thatsache ist, daß Wodicka nicht zur Jagd, wie sonst üblich, vorausfuhr.«

Dies würde bedeuten, daß sowohl Loschek wie auch Bratfisch in den Gang der Ereignisse eingeweiht waren, denn andernfalls hätte Bratfisch annehmen müssen, daß er, wie mit Rudolf vereinbart worden war, um 8 Uhr früh eine »Fuhre« zurück nach Wien habe – Mary Vetsera, die außerdem in einem Abschiedsbrief ausdrücklich anmerkt: »Bratfisch hat heute wundervoll gepfiffen.«

Das hieße, daß sie und Rudolf im Beisein von Bratfisch sozusagen »Abschied« gefeiert hatten, worüber aber Loschek wohlweislich ebenso wie Bratfisch schweigt und wovon Hoyos wahrscheinlich nichts wußte. Nachdem Bratfisch jedenfalls am Morgen des 30. Januar zu Wodicka jene Äußerung machte, ging er schnurstracks in das nahe Gasthaus Gratzer – heute »Zum alten Jagdschloß« – hinüber, wo er, wie »Le Figaro« schon am 14. Februar 1889 berichtet, ohne ein weiteres Wort zu sprechen, gedankenversunken gesessen sein soll, bis er dann gegen 8 Uhr gemeinsam mit Loschek Alarm schlug. Das schaut fatal nach Verabredung aus, die Übereinstimmung zwischen diesen beiden auf Rudolf eingeschworenen Personen ist kaum zu übersehen. Dazu kommt noch Bratfischs vorhergegangene, rätselhafte Äußerung, die ihm höchstwahrscheinlich die innere Erregung entgegen aller Diskretion abgerungen hat.

Es wäre denkbar, daß Rudolf sich bereits zwichen 6 und 7 Uhr früh mit Wissen Loscheks und auch Bratfischs erschossen hat, während diese aber angehalten waren, mit der Auffindung von seiner und Marys Leichen – aus Gründen, die wir gleich beleuchten wollen – noch eine geschlagene Stunde zuzuwarten. Wenn diese Annahme stimmt, und Bratfischs Äußerung gegenüber dem Leibjäger bestätigt sie ja, dann tritt eine weitere Version in Kraft, diejenige des »amerikanischen« Duells, das wir später näher ausführen werden. Nur bei diesem brauchte es zwei und in Rudolfs Fall hocharistokratische Zeugen, die sozusagen als passive Sekundanten seinen Tod zu bestätigen hatten. Das würde gleichzeitig das Abwarten – nämlich bis zur Ankunft des Prinzen von Coburg als zweitem Sekundanten wie auch das für nach 8 Uhr anberaumte Frühstück, das nie stattfinden sollte – ausreichend erklären. Das heißt nichts anderes, als daß wir das Rätsel von Mayerling de facto geklärt hätten.

Aber es soll nicht so weit vorgegriffen werden.

Angesichts der ganzen verzweiflungsvollen Situation war es unumgänglich geworden, den Kaiser von Rudolfs Ableben in Kenntnis zu setzen. Prinz Philipp von Coburg, den Elisabeth immer verächtlich als »Trottel« bezeichnete, kam dafür nicht in Frage, so sehr hatte ihn Rudolfs Tod getroffen. Hoyos setzte ihn als Aufpasser ein, um allein in die Hofburg zu fahren. Nachdem er seine Vorkehrungen getroffen und seinen Winterpelz anhatte, fuhren Bratfisch und er, so schnell dies angesichts der vereisten Straßen nur möglich war, nach Baden. Sie verließen Mayerling übereinstimmend um 8 Uhr 37. Ihre Eile war verständlich, trotzdem verlangte Hoyos noch von Bratfisch, Geschwindigkeit zuzulegen, was dieser auch tat, um währenddessen den Grafen auszufragen, wie er sich nun im Falle von Fragen verhalten solle, die ihm sicher gestellt würden, worauf Hoyos entschied, Stillschweigen zu bewahren. Er wies den Kutscher nur an, in Baden auf das Eintreffen Dr. Widerhofers aus Wien zu warten, um denselben zurück ins Schloß zu bringen.

»Im badner Bahnhof angekommen, wurde eben der 9 Uhr 18 Eilzug von Triest kommend, der in Baden keine Passagiere aufnimmt, erwartet«, schreibt Hoyos in seinen Aufzeichnungen. »Nachdem ich noch telegraphisch den ersten Obersthofmeister Durchl. Prinz Constantin Hohenlohe sofort in die Burg entboten hatte, verschaffte ich mir unter Hinweis, daß ich im allerhöchsten Dienst reise, Aufnahme in den Eilzug.«

Sehr diskret scheint Hoyos dabei nicht vorgegangen zu sein, obwohl er das Gegenteil versicherte. So wurde glaubhaft behauptet, Hoyos habe am Badener Bahnhof den Stationsvorsteher mit dem Ruf »Rudolf ist tot!« gezwungen, den Kurierzug aus Triest anzuhalten, worauf dieser sofort an den Baron Nathaniel Rothschild telegrafierte, welcher die Patronanz über die gesamte K. K. privilegierte Südbahn ausübte, die damals als Privatunternehmen in seiner Hand war. Baron Rothschild machte nun seinerseits das Ereignis sofort auf der Wiener Börse publik, so daß es höchste Kreise erfuhren, während Hoyos noch unterwegs in die Hofburg war. Angeblich war vom Stationsvorstand sogar durchgegeben worden, daß Rudolf sich *erschossen* habe. So hieß es demgemäß schon am darauffolgenden Tag, dem 31. Januar, in der »Neuen Freien Presse«, daß »auf der Südbahn die erschütternde Todesnachricht zuerst bekannt war; um 12 Uhr wußte man, daß an dem Tode des Thronfolgers nicht zu zweifeln sei ...« Mittels einer Visitenkarte des Sekretärs der Südbahngesellschaft erreichte gleichzeitig die Bezirkshauptmannschaft von Baden die Unglücksnachricht: »Der Kronprinz liegt todt in Meyerling.« Wieweit Rothschilds Nachricht den Kapitaltransfer dieses Tages an der Wiener Börse irritiert hat, soll hier nicht näher untersucht werden, jedenfalls erreichte seine Information auch direkt die wichtigsten ausländischen Vertretungen, die ihrerseits sofort reagierten.

Nur den nach Mayerling ausgesandten Polizeiagenten Eduard Berger traf ein österreichisch zu nennendes Schicksal, das sich aus dem Krauß-Akt ablesen läßt: »Über höhere Weisung hat der Gefertigte in Meierling bei Alland betreffs eines Gegenstandes Erhebungen pflegen müssen. Gefertigter fuhr am 30ten des Monats um 6 Uhr früh von Wien mittels Südbahn nach Baden, mit selbem Zug ist auch Prinz Coburg dahin gefahren und stieg in Baden aus und fuhr sodann direkt nach Meierling, ich in einem zweiten Fiaker ihm nach, wir langten daselbst gegen ½9 Uhr vorm. dort an, Prinz Coburg fuhr direkt ins Schloß und ich machte sofort meine Erhebungen, es dauerte kaum 15 Minuten, so sah ich wie der Fiaker Bratfisch den Grafen Hoyos nach Baden führte, in der größten Eile, eine kurze Zeit darauf kamen zwei Herren aus dem Schloße und gingen in das dem Schloß gegenüberliegende Gasthaus, ich verfügte mich auch dorthin, und erfuhr sogleich, daß der eine Herr der Gärtner des Kronprinzen, der andere der Diener des Grafen Hoyos sei, dieselben erzählten untereinander, daß die angeordnete Jagd wegen Unwohlseins des Kronprinzen abgesagt worden ist, da derselbe bettlägrig ist, und deswegen Graf Hoyos nach Wien um einen Professor gefahren ist, gegen

12 Uhr mittags begegnete ich auf der Straße von Meierling nach Baden dem Fiaker Bratfisch mit dem Herrn
Professor in der größten Eile daherkommen...«
Während halb Wien also bereits wußte, was vorgefallen
war, tappte der Polizeiagent noch immer im dunkeln und
erfuhr erst auf seiner Rückreise, in Mödling, vom Tode
Rudolfs.
Einer weiteren Version zufolge wird aber berichtet, daß
Loschek doch Hoyos sehr wohl deutlich zugerufen haben
soll: »Der Kronprinz hat sich *erschossen, er ist todt, todt,
todt!*« (Dorfmeister: »Kronprinz Rudolf«.) Hoyos sei
daraufhin gar nicht mehr ins Zimmer hineingegangen,
ebensowenig Prinz Coburg.
Anders wußte es die »Neue Freie Presse« schon am 2. Februar 1889, wo in einer als Tatsachenbericht aufgemach-
ten Reportage Loschek angesichts der blutigen Lippen
des Kronprinzen nun eine Strychninvergiftung aufgetischt haben soll: »Jesus, Maria! Seine Kaiserliche Hoheit
haben sich mit Strychnin vergiftet!« Weil aber noch Kerzen im Zimmer gebrannt haben, gehen Loschek und –
hier auch – Coburg nochmals hinein, um einen Brand zu
verhüten, und bemerken erst jetzt Rudolfs zerschmetter-
ten Schädel, während Hoyos schon mit der Giftversion
abgereist war.
In diesem Artikel wird ausdrücklich darauf hingewiesen,
daß Rudolfs verkrampfte Hand noch den Revolver hielt.
Widersprüche also, wohin man schaut, sich gegenseitig
widerlegende Versionen, die schon vor der Auffi..dung
der Leichen beginnen: irgend jemand, so scheint es, hat
stante pede immer wieder im Gegenzug die Unwahrheit
ausgesagt, immer wieder Erfindungen eingebracht, die die
Wahrheit verwischen helfen sollten, mit Lügen von der
Wirklichkeit abgelenkt.

## Die provisorische Wahrheit

In Mayerling war inzwischen der kaiserliche Leibarzt Dr. Widerhofer mit Bratfisch gemeinsam eingetroffen. Vor dem Schlafzimmer erwarten ihn Loschek und Prinz Philipp von Coburg, die dort Totenwache gehalten haben. Auf die Rolle, die Coburg an diesem Tag gespielt hat, werden wir später noch ausführlicher zurückkommen.

Conte Corti schreibt nun folgendes:

»Als die Läden der Fenster geöffnet worden seien, habe er [Widerhofer] Mary Vetsera mit aufgelöstem Haar, das über die Schultern fiel, völlig bekleidet auf ihrem Bette liegend, vorgefunden. In den gefalteten Händen habe sie eine Rose gehalten. Der Kronprinz sei halbsitzend gewesen; der Revolver sei aus seiner erstarrten Hand auf den Boden gefallen. Auf dem Tische habe sich nur ein Glas Kognak befunden. Rudolphs Schädel sei geborsten, da die Kugel bei einer Schläfe hinein –, bei der anderen herausgegangen sei. Die gleiche Wunde habe der Kopf des Mädchens aufgewiesen. Beide Kugeln seien im Zimmer gefunden worden ...«

Diese Schilderung, die – was Mary betrifft – sich sehr jener Loscheks annähert, ist nicht richtig. Wie schon ausgeführt wurde, war Mary kaum bekleidet gewesen, hier kam wohl Loscheks und Cortis Pietät zum Zug. Auch daß sie eine Rose gehalten haben könne, ist unwahrscheinlich – wo hätte Rudolf eine solche hergenommen? Ebenso lag sie nicht wie aufgebahrt auf dem Bett. Als Arzt glaubt der Autor Gerd Holler auch nicht, daß Rudolf halbsitzend am Bettrand kauerte, auch nicht, »wenn es sich um eine kataleptische Leichenstarre gehandelt haben sollte«. Die Kugeln hat Widerhofer auch nicht aufgefunden. Sein ganzer Bericht ist ein einziger Widerspruch. Holler hat dies nachgewiesen:

»Ferner gab Dr. Widerhofer im Kommuniqué der ›Amtlichen Wiener Zeitung‹ vom 1. Februar 1889 an, daß sich der entladene Revolver in *der Nähe* der rechten Hand befand. Dies ist bei einem Selbstmord durch Kopfschuß gar nicht möglich, denn es sinkt nur der Arm herab, und die Hand umschließt nach wie vor fest den Revolver.«

Graf Hoyos seinerseits hat mit Bestimmtheit festgehalten, daß Mary angeblich schwarz angezogen war und mit gefalteten Händen und ins Haar gesteckten Blumen auf dem Bett gelegen sei. So haben sämtliche an Ort und Stelle anwesende Augenzeugen über die Auffindung von Mary und Rudolf die unterschiedlichsten Aussagen hinterlassen, sich in wichtigen Details völlig widersprochen und demgemäß die unglaublichsten Wahrnehmungen geäußert, die sämtliche Untersuchungen erschweren und jede Rekonstruktion nahezu unmöglich werden lassen; indem jeder von ihnen zu Wort kommen wollte, begannen bereits hier die Halbwahrheiten und Verschleierungen, die später hinzugefügten Ergänzungen und Erfindungen, welche teilweise bewußt und teilweise, wohl um Erinnerungslücken aufzufüllen, getan wurden. Schon hier beginnen also sämtliche Unklarheiten jeder späteren Wahrheitsfindung zuwiderzulaufen. Der zuvor zitierte Bericht des Hoftelegrafen Schuldes scheint noch einer der verläßlichsten zu sein. Demzufolge war Marys Körper links von Rudolfs Leiche zum Liegen gekommen, auch hier zwar »dunkelverhüllt«, aber nun ist ihr Kopf wiederum mit aufgestauten Kissen bedeckt, also nicht zu sehen. Was für Schuldes gilt, mag aber nicht für Hoyos gegolten haben. Wenigstens herrscht in puncto des dunkel gekleideten Körpers bei beiden eine gewisse Übereinstimmung – erinnern wir uns noch einmal, daß Mary, als die Larisch sie abholte, unter anderm einen langen schwarzen Schleier trug, wie die Gräfin sich erinnerte. Rudolf mag die tote Vetsera in diesen eingewickelt oder sie doch zumindest teilweise damit zugedeckt haben, weil ihr Anblick vielleicht sein Pietätsgefühl verletzte oder seinen Schmerz entfachte, aber das sind mehr oder weniger Mutmaßungen, denn es ist ja auch behauptet worden, daß Marys Leichnam nackt im Bett lag. Hoyos notiert weiters in seiner Denkschrift, daß der Zeigefinger von Rudolfs rechter Hand noch verkrümmt den Abzug der Waffe umschlossen haben soll und später geradegebogen werden mußte, was wahrscheinlich Dr. Widerhofer übernahm, der als Zeuge genannt wird.

Dieser ist es auch, der erklärt, daß die Vetsera schon etliche Stunden vor dem Kronprinzen tot gewesen sein muß, worüber es keinen Zweifel gäbe.

Wie die Larisch schrieb, hatte Widerhofer ihr persönlich schon mehrere Tage nach dem Drama einige Einzelheiten darüber erzählt. So habe er Rudolfs blutüberströmten Leichnam abgewaschen und dem Kronprinzen einen Kopfverband angelegt, weil ihm ein Teil der Schädeldecke fehlte beziehungsweise die Detonation ihm mit der Wucht einer Sprengladung eine Gesichtshälfte abgerissen hatte, die später mittels einer Wachsmoulage ersetzt wurde. Loschek, so die Larisch, soll Dr. Widerhofer darauf in eine Kammer gebeten haben, in der man Marys Leiche in einen Wäschekorb getan hatte. Wegen der dort herrschenden Lichtverhältnisse mußte Loschek sie auf den Billardtisch hinübertragen lassen. Nun habe Widerhofer erst erkennen können, daß es sich um Baronesse Vetsera handle, gibt aber gleichzeitig an, daß Mary keineswegs ähnlich wie Rudolf entstellt gewesen wäre und ihr nur ein Auge fehlte. Dieses habe er der Toten wieder einsetzen können und mit einer Binde bedeckt. Danach habe er ihr Gesicht abgewaschen, und sie sei später in die Kammer gelegt worden.

Sicher ist, daß die Leiche spätestens auf Geheiß der danach eingetroffenen Hofkommission von jener Rudolfs getrennt und aus dem Schlafzimmer gebracht worden ist, was wohl weniger der Pietät als bestimmten Vorsichtsmaßnahmen zuzuschreiben ist, welche man, wenn auch verspätet, ergreifen wollte. Rudolfs ganzes Bett war blutbesudelt, auf dem Boden davor breiteten sich Blutpfützen aus. Noch auf der niedrig gewölbten Decke dahinter befanden sich Hirnmasse und Blutspritzer, das alles bot ein derart grausiges Bild, daß es daher unwahrscheinlich ist, wie bestimmte Anwesende höchst wichtige Details, die sich ihnen eigentlich unwiderruflich eingeprägt haben müßten, hinterher verdrehten oder völlig falsch wiedergaben, wenn ihnen nicht eine bestimmte Absicht zugrunde lag.

Hoyos war, wie er berichtet, um 9 Uhr 50 mit dem Kurierzug auf dem Südbahnhof in Wien angekommen. Ohne sich aufzuhalten, bemüht er sich sogleich um einen Fiaker, von dem er sich zur Hofburg bringen läßt. Er verschweigt uns, welche Empfindungen in ihm vorgingen, doch man darf annehmen, daß es keine sehr angenehmen waren, aber er erfüllte die ungute Pflicht, die ihm auferlegt war, so gut es ging, wenn auch vielleicht in gewisser Panik befindlich, die ihn gar nicht zu einem geordneten Denken kommen ließ. Beim Schweizerhof angelangt, stand die Burguhr, wie er feststellte, auf genau 10 Uhr und 11 Minuten – der Tag war noch jung, aber trotz der geruhsamen Vormittagsstunde näherte sich die Schreckensbotschaft. Der erste, der sie erfährt, ist der Obersthofmeister des Kronprinzen, Graf Bombelles, den Hoyos in dessen Wohnung antrifft. Die Herren gingen darauf sofort zum Obersthofmeister Elisabeths, Franz Freiherr von Nopcsa, und nun zu dritt zum Generaladjutanten des Kaisers, Graf Eduard Paar. Man bespricht sich in höchster Bestürzung; anstatt dem Kaiser unverzüglich vorschriftsmäßigen Bericht zu erstatten, scheuen dies alle drei. Endlich einigen sie sich auf die Vorleserin der Kaiserin, Frau Ida von Ferenczy. Conte Corti zufolge soll diese zuerst der Kaiserin und danach dem Monarchen das Unglück berichten:

»Die Vorleserin Elisabeths, Frau Ida von Ferenczy, erklärt, als die Herren die Kaiserin sprechen wollen, diese
habe soeben Griechisch-Lektion. Ida Ferenczy, die über
das Geschehene unterrichtet wird, geht in Elisabeths Salon und meldet, daß Baron Nopcsa bitte, vorgelassen zu
werden. Die Kaiserin wird wegen der Störung und
Nopcsas Zudringlichkeit ungeduldig. Frau von Ferenczy
sieht sich gezwungen, darauf zu bestehen, daß der Baron
eintreten dürfe, denn er bringe wichtige, schlechte Nachrichten vom Kronprinzen. Elisabeth entläßt darauf ihren
Griechisch-Lehrer, und Ida schiebt den Obersthofmeister
zur Türe herein.
Als die Vorleserin wieder in den Salon der Kaiserin zurückkehrt, findet sie ihre Herrin schluchzend« auf.
Wenige Minuten später erschien der Kaiser im Vorzimmer, dem der Zutritt zu Elisabeth verwehrt wurde. Zuerst
trocknet die Kaiserin ihre Tränen; sie empfängt Franz Joseph darauf ziemlich gefaßt. Ida von Ferenczy verließ den
Salon, das Kaiserpaar blieb eine halbe Stunde lang darin
allein zurück.
Von da an überstürzt sich alles. Mittlerweile kommt auch
die Schratt, zu der der Kaiser zunächst geführt wird, während Elisabeth ihre Tochter Marie Valerie benachrichtigt:
»Hat er sich selbst umgebracht?« soll diese sogleich aus-
gerufen haben. Ihre Mutter beruhigt sie jedoch: Nein, das
Mädel habe ihm Gift gegeben, sie wolle jetzt Stephanie
verständigen.
Die allgemeine Verwirrung steigert sich noch, als plötzlich
die Baronin Helene Vetsera in der Hofburg erscheint, mit
der Ida von Ferenczy zusammenstößt.
»Was wollen Sie da? Ich kann Sie jetzt nicht sehen, gehen
Sie fort!« soll diese laut Conte Corti zur Baronin gesagt
haben.
»Ich muß die Kaiserin sprechen!« verlangt die Baronin
erregt, die noch nichts vom Tod Marys weiß. »Ich muß,
ich muß, ich habe mein Kind verloren, nur sie kann es
mir wiedergeben.«

Die Ferenczy lehnt ab, geht aber dann doch zu Elisabeth, die wissen will, ob die Baronin schon unterrichtet worden sei. Frau von Ferenczy verneint dies und schlägt vor, zunächst Baron Nopcsa mit Helene Vetsera sprechen zu lassen, was auch geschieht. Dem Obersthofmeister erklärt die Baronin hierauf, daß sie definitiv erfahren habe, daß Mary sich in Mayerling aufhalte und Graf Taaffe ihr angeraten hätte, sich direkt an die Kaiserin zu wenden, weil nur diese allein etwas tun könne.

Als Elisabeth mit der Baronin Vetsera allein ist, erklärt sie ihr unverblümt, daß Mary tot sei.

»Mein Kind! Mein schönes Kind!« klagt darauf angeblich die Baronin schwer schockiert.

Die Monarchin erhebt sofort ihre Stimme: »Aber wissen Sie, daß auch Rudolf tot ist?«

Auch hier gibt es nun zwei verschiedene Versionen. Nach der einen war die Baronin über den Tod ihrer Tochter und des Kronprinzen so völlig betroffen, daß sie, ohne sich nach den näheren Umständen zu erkundigen, sofort die Burg verließ, nach der anderen taumelte sie nach dieser Nachricht vor Elisabeth auf die Knie und umklammerte diese: »Mein unglückliches Kind, was hat sie getan, *das* hat sie getan!« Auch sie soll geglaubt haben, Mary habe den Kronprinzen vergiftet.

Ehe die Kaiserin die weinende Baronin entläßt, hätte sie ihr zuvor noch ziemlich kaltschnäuzig gesagt: »Und jetzt merken Sie sich, daß Rudolf an Herzschlag gestorben ist.«

Stephanie war gerade beim Gesangsunterricht gesessen, als die Obersthofmeisterin ihr die Unglücksnachricht aus Mayerling überbrachte. »Er ist tot«, ruft sie aus, und die Obersthofmeisterin bejaht es. Erst danach wurde sie zum Kaiserpaar gerufen. Verärgert stellte sie fest, daß man sie als Witwe ganz zuletzt verständigt hatte: »Endlich entschloß sich die Kaiserin, mir alles zu sagen. Es war das Ärgste geschehen, was eine Frau in ihrer Ehe treffen kann: Am Morgen hatte man in Mayerling den Kronprinzen *erschossen* in seinem Bett vorgefunden, neben ihm die Leiche einer gleichfalls erschossenen Frau – es war Mary Vetsera ... Inzwischen hatte man, um klarer zu sehen, die Mutter des Mädchens, Baronin Vetsera, kommen lassen. Gleichzeitig mit mehreren Mitgliedern des Kaiserhauses erschien die kleine, zigeunerhaft aussehende Armenierin. Sie war völlig aufgelöst ... für mich überstieg die Gegenwart der Baronin Vetsera das Maß des Erträglichen.«

Wie wir sahen, war die Baronin Vetsera aber von allein in die Hofburg gekommen und aus eigenem Antrieb. Stephanie zog sich dann rasch mit dem Abschiedsbrief Rudolfs, den man ihr übergeben hatte, in ihre Gemächer zurück, wo ihre Schwester Louise sie nachmittags weinend antraf. Anderen Feststellungen zufolge aber erhielt Stephanie diesen Abschiedsbrief erst am darauffolgenden Tag, dem 31. Januar. Hier mag jedoch eine Verwechslung vorliegen.

»Mittwoch, den 30. Jänner 1889«: mit dieser Überschrift setzt der Polizeipräsident Baron Krauß sein Dossier fort, der alles zu spät erfahren haben will. So habe ihm der Oberinspektor Jurka erst an diesem Morgen »mit Bestimmtheit« erklärt, daß der Kronprinz seit Montag mittag abwesend sei, was auch die »Burgagenten« bestätigt hätten. Rudolf wäre auch zum Hofdiner nicht erschienen, sondern als »unwohl« gemeldet: »Man erwarte ihn aber zuverlässig heute Nachmittag 5 Uhr, denn er müsse von der Kaiserin Abschied nehmen, welche morgen früh nach Budapest abreisen werde.«

Baron Krauß vermerkt in einem eigenen Zusatz weiter, daß er den schon von uns erwähnten Brief der Gräfin Larisch aus Pardubitz erhalten habe, in welchem sie von einem Brief spräche, den sie nebst dem Zettel der Vetsera im Fiaker gefunden hätte, und fügt seine eigene Vermutung hinzu: »Ein Brief des Kronprinzen war es also!« Für 11 Uhr hat Taaffe den Polizeipräsidenten zu sich ins Her-

renhaus beschieden. Der Ministerpräsident teilt Krauß
das mit, was dieser ihm schon am Vortag gesagt hatte: es
habe ein Familiendiner in der Hofburg stattgefunden,
aber Rudolf sei nicht erschienen. Auch das weiß der Baron Krauß zu diesem Zeitpunkt längst schon. Noch jetzt,
während die Hofburg längst verständigt ist und in Wien
schon die Nachricht von Rudolfs Tod kursiert, vermutet
der Ministerpräsident, »es wäre nicht unmöglich, daß die
junge Vetsera im Hotel Sacher im Helenenthal einquartiert« sei, und verlangt, der Baron Krauß solle Polizeiagenten zu Erhebungen dorthin beordern, was auch irgendwie merkwürdig ist.
Der Polizeipräsident bemüht sich also ins Polizeigebäude
zurück und führt dort eine Unterredung mit seinem Konfidenten Dr. Meissner. Erst fast zwei Stunden später
platzte die Bombe:
»Nach 1 Uhr kam Wyslouzil (Oberkoar.) ganz athemlos
zu mir und theilte mir mit, ein entsetzliches Unglück sei
geschehen, er habe in der Burg gehört, der Kronprinz sei
todt. Ich sollte sofort ins Ministerium des Äußeren kommen, wo der Ministerpräsident auf mich wartet.«
Gemeinsam mit seinem Oberkommissär fährt der ge-
plagte Polizeipräsident sofort auf den Ballhausplatz hinüber.
»Der Kronprinz«, sagt der Ministerpräsident zu ihm, »ist
heute früh mit der Vetsera im Bette todt gefunden worden, sie haben sich vergiftet. Der Prinz von Coburg halte
die Thüre verschlossen und wache darüber damit niemand hineingehe in's Zimmer. Graf Bombelles sei hinaus-
gefahren mit dem Sarg und werde die Leiche des Kronprinzen in der Nacht nach Wien bringen. Nun handle es
sich darum, daß die andere Leiche aus dem Wege und aus
dem Schloße in Meierling ohne Aufsehen woanders hin-
gebracht werde und daß von den sonstigen Förmlichkei-
ten abgesehen werde. Ich solle zum Bezirkshauptmann in
Baden schicken und ihn informiren lassen.
Ich verfügte sofort, daß Obercommissär Wyslouzil mit

144

10 Agenten nach Baden fährt, sich dort mit dem Bezirkshauptmann Oser in's Einvernehmen setzt, damit den Hofbehörden bei Wegschaffung der Leiche der Vetsera die nöthige Assistenz geleistet werde.«

Nicht Rudolfs Tod ist es, welcher dem Ministerpräsidenten Kopfzerbrechen macht, sondern die unliebsame Nebenerscheinung, daß in Mayerling eine zweite Leiche, die der kleinen Vetsera, liegt, welche man diskret beseitigen möchte.

»Agent Insp. Beier«, so fügt der Polizeipräsident mit dem Anflug unfreiwilliger Komik hinzu, »kam von Meierling zurück, hat aber erst in Mödling von dem Tode des Kronprinzen gehört. Sein Bericht über seine Wahrnehmungen liegt bei.«

Bereits mit dem Zug um 11 Uhr 30 reiste der Obersthofmeister Graf Bombelles vom Südbahnhof aus mit einem einzigen Begleiter nach Baden hinaus und nahm von dort einen Fiaker nach Mayerling. Nach dem Eintreffen des Dr. Widerhofer etwa eine Stunde zuvor war dies eine der wenigen Beobachtungen, die der Agent Beier berichten konnte. In Mayerling ist außerdem der Badener Bezirkshauptmann Oser, der überdies eine Gendarmerieabteilung in Marsch gesetzt hatte, die das umliegende Gebiet abriegelte, sowie der Vorstand des Telegrafenamtes, das sofort seinen Dienst wiederaufnahm.

Nach den Gegebenheiten des Hofstatutes hatte im Ablebensfall eines jeden Mitglieds der kaiserlichen Familie eine dafür bestimmte Kommission sich mit dem Zweck, sofort das Testament sicherzustellen, am Todesort einzufinden. Es war zwar bekannt, daß Rudolfs Testament im Obersthofmeisteramt auflag, nicht aber, ob er nicht neuerlich in Mayerling testiert habe.

Sofort nachdem sich die Todesnachricht in der Hofburg verbreitete, ging nun diese Kommission, bestehend aus den Herren Kubasek, Poliakovits, Schultes, Slatin, Burgpfarrer Mayer, Kirschner und Klaudy ab. Einer der wichtigsten Zeugen ist der Hofsekretär Dr. Heinrich Freiherr von Slatin, der, als Schriftführer der Hofkommission zugeteilt, mit nach Mayerling reiste. Der Burghauptmann Kirschner hatte am Südbahnhof schon den kupfernen Sarg verladen lassen, der in der Hofburg ständig bereitstehen mußte, um einen toten Angehörigen des Erzhauses damit heimholen zu können. Die Kommission, die um 14 Uhr von Wien abgereist war, erreichte das Schloß erst in der Dunkelheit. Prinz Coburg, Dr. Widerhofer und Graf Bombelles erwarteten die Herren.

Slatin schreibt: »Wir begaben uns ins Schlafzimmer des Kronprinzen und fanden daselbst zwei Leichname vor, jenen des Kronprinzen, das Antlitz kaum entstellt, jedoch die Schädeldecke abgesprengt, Blut- und Gehirnteile herausquellend, wie mir schien durch einen Schuß aus nächster Nähe und einen schönen weiblichen Leichnam. Es war jener der Mary Vetsera. Auf einem Sessel oder kleinen Tischchen daneben lagen Briefe. Einer an Johann Loschek, zu dem der Kronprinz absolutes Vertrauen hatte, ferner ein Telegramm und fünf weitere Briefe. Ich erinnere mich mit voller Bestimmtheit, daß der Kronprinz im Bett links, die Baronesse rechts lag. Mit fast voller Bestimmtheit kann ich sagen, daß links vom Bett des Kronprinzen auf einem Sessel oder kleinen Tischchen ein Handspiegel und ein Revolver lag. Diese beiden Umstände, die mir besonders wichtig erschienen, hat mir Hofrat Kubasek nach der am 4. Februar stattgehabten Commission bestätigt.«

Anders über die Arbeit dieser Hofkommission äußerte sich der schon erwähnte Telegrafenbeamte von Mayerling, Schuldes:

»Diese Kommission arbeitete förmlich wie mit Scheuklappen. Sie sah und hörte nichts, ob Etwas und was um sie herum vorging, und glaubte, nachdem sich der Leichenzug in Bewegung gesetzt hatte, ihre Mission sei glatt beendet. Auch Prinz Philipp und Graf Bombelles hatten eine würdige Gelegenheit, aus Mayerling zu verschwinden, daß Schwierigkeiten aber auftauchen könnten, hielt

man für undenkbar, also waren keine vorhanden! Was mit dem zweiten, im Schlössel zurückgebliebenen Leichnam der Baronesse Vetsera zu geschehen habe, machte den Exzellenzen in den Hofämtern keinen Augenblick Sorgen. (–) Der Allerhöchste Hof durfte mit dem Fall in keine wie immer geartete Verbindung gebracht werden ... wo ein Mitglied des Kaiserhauses eine seiner Liebesgeschichten bedauerlich ernst genommen hatte und plebeisch gestorben war, wie ein Schneidergesell mit seiner Geliebten stirbt. [Hier spielte Schuldes auf ein Zitat Franz Josephs über seinen Sohn an, das später gefallen ist.] Man muß sich aber die ganz besondere, damals noch vorherrschende, auf verknöcherten Standesvorurteilen und Rücksichten auf das moralische Prestige beruhende Einstellung der maßgebenden Hofbehörden vor Augen halten, um verständnisvoll beurteilen zu können, wieso die leitenden Stellen in aller Harmlosigkeit sich selbst aus aller Verantwortlichkeit ziehen zu dürfen glaubten und die schreckliche Begebenheit ohne Rücksichten auf die Wirklichkeit und gesetzlichen Bestimmungen so von obenher bagatellmäßig behandelt haben.«
Man könnte sich nach diesem Wortschwall fragen, was Schuldes eigentlich will oder sich erwartet hatte, und ich würde meinen, die notwendige Korrektheit war es, die er vermißte. Er glaubte weniger an Irrtümer der Hofkommission, es waren die vielen »wenn« und »aber«, die ihn irritierten, das absichtsvolle Andeuten, daß es so, aber vielleicht auch anders gewesen sein könnte. So korrigierte er den Hofsekretär und Schriftführer Slatin folgendermaßen:
»Der Beschauer schildert offenbar *von seinem Standpunkt* aus, welcher sich mitten im Sterbezimmer beim *Fußende* des mit den beiden Langseiten freistehenden Bettes befand. Er kann also nur *vom Beschauer* rechts und links gemeint haben. So löst sich dieses fatale Rätsel von den zweifelhaften ungenauen Bestimmtheiten. Ähnlich erging es auch dem nach Mayerling später entsandten Polizei-

Commissär Baron Gorup. Derselbe behauptete (Wiener Montagsblatt vom 19. September 1928) vom Zimmerwärter Zwerger, ›der Alte habe ihn stumm und zitternd durch die Gemächer in das Sterbezimmer geführt‹ – und doch war Zwerger ein stattlicher, schwarzhaariger Garde-Unteroffizier!« Es scheint, Schuldes ist ein Schalk gewesen, und das nicht zu knapp und nicht ohne tiefere Ironie. Als kleiner Beamter, der er war, muß er sich damit äußerst schwer getan haben.

Es klingt wie ein Hintertreppenwitz der Weltgeschichte, daß sich in die Affäre um Mayerling, die doch eine der mysteriösesten in der Geschichte der Monarchie war, den Hofbehörden völlig ungelegen, ausgerechnet das Badener Bezirksgericht einschalten und noch dazu ohne Auftrag der zuständigen Staatsanwaltschaft von Wiener Neustadt amtshandeln wollte, was ein übereifriger Adjunkt aus Baden veranlaßte. Dieser, ein Dr. Robert Edler von Siebenrock, hatte auf der verschneiten Straße von zwei Fuhrleuten gehört, der »Kronprinz soll erschossen worden sein«, worauf er sich sofort zum Leiter des Bezirksgerichtes begab, mit dem hin und her beratschlagt wurde, was zu tun sei, obwohl für das Schloß Mayerling sowieso das Oberst-hofmarschallamt in der Hofburg zuständig war und nicht das gänzlich unwesentliche Bezirksgericht. Man entschied sich schließlich, den übereifrigen Adjunkten, angeblich weil er selber ein Bagatelladliger war und man sich »keine Blöße« geben wollte, nach Mayerling hinaus zu senden. Als dieser Dr. Siebenrock im Wagen beim Schlößchen erschien, war dieses schon von Gendarmen umzingelt. Ein Gendarmerieoffizier führte den Adjunkten in ein rot tapeziertes Zimmer, wo soeben die Hofkommission tagte. Graf Bombelles erklärte dem vorstellig werdenden Juristen, daß das Gericht in Mayerling nichts verloren hätte; Dr. Siebenrock bat, ihm das schriftlich zu geben, er wollte auf Nummer Sicher gehen oder, was wahrscheinlicher ist, eines Beweises über seinen Besuch habhaft werden.

Auf eine Visitenkarte Siebenrocks schrieb Bombelles ungeduldig: »Es besteht kein Grund zur gerichtlichen Intervention.« Diese Visitenkarte wurde der Staatsanwaltschaft Wiener Neustadt ausgehändigt.

Wir sehen hier das von Karl Kraus herbeizitierte »österreichische Antlitz« vor dem zwar ebensolchen, aber höhergestellten, zurückweichen.

Ehe man Rudolfs Leiche aus Mayerling entfernte, wurden noch verschiedene Vorsichtsmaßnahmen getroffen. Wie schon gesagt, war aus der Hofburg ein Metallsarg mitgenommen worden, den man aber – eine weitere Vorsichtsmaßnahme der Hofkommission – von Schloßbediensteten und nicht von den beamteten Trägern ins Sterbezimmer bringen läßt, die abseits warten müssen, bis der Sarg mit Rudolf wieder an sie übergeben wird. Der Dekkel saß nicht fest und verursachte Schwierigkeiten. Als man ihn neuerlich abheben will, greift Graf Bombelles ein und untersagt dies.

Marys Leiche war in einen Nebenraum geschafft worden, dessen Tür die Hofkommission versiegelte.

»Am 30. 1. 1889, $\frac{1}{2}$2 Uhr wurde ich beauftragt, mich unter Mitnahme von zehn Polizei-Agenten unverzüglich nach Baden zu begeben und mich mit dem dortigen Bezirkshauptmann behufs Absperrung des Zuganges zum Schloße Meyerling für Unbefugte und behufs Wegschaffung der Leiche einer Frauensperson aus Meyerling ins Einvernehmen zu setzen«, steht im Bericht des Polizeioberkommissärs Wyslouzil in der Krauß-Akte. »Ich fuhr mit dem um 3 Uhr nachm. von Wien abgehenden Zug ab und begab mich direkt zum Herrn Bezirkshauptmann Oser. Der theilte mir mit, daß er seine Dienste der vor einer Stunde hier angekommenen Hofcommission anbot, diese dankte, nach Meyerling weiterfuhr und ihn nur beauftragte, zu sorgen, daß sie im Schlosse ungestört arbeiten könnten und er für die anstandslose Überführung der Leiche des Kronprinzen, welche abends stattfinden wird, zu sorgen. (–) Daß in Meyerling auch die Leiche einer Frauensperson gefunden worden sei, davon wurde dem Bezirkshauptmann nichts gesagt, und wurde derselbe erst durch mich in Kenntniß gesetzt.«

Wyslouzil stellte sogleich einen Polizeiagenten »zur Beobachtung« des Reisepublikums am Badener Bahnhof ab, auf dem schon die allerersten Journalisten der führenden Wiener Zeitungen eintrafen, und ordnete gleichzeitig eine rigorose Überwachung der dortigen Postämter an, um damit den Telegrammverkehr nach Wien kontrollieren zu können, das heißt, alle dem Hofe unerwünschten Nachrichten zu unterbinden.

Als die Baronin Vetsera wie betäubt die Hofburg verlassen hatte, kam ihr Schwager, Graf Georg Stockau, zu ihr, der ihr sagte, daß der Graf Bombelles mit ihm gesprochen habe. Stockau solle, so wolle es der Kaiser, nach Mayerling fahren, um der Baronin alles zu berichten. Der wirkliche Grund war aber die Wegschaffung von Marys Leiche aus dem Jagdschloß, mit der Stockau beauftragt worden war. Nach kurzer Zeit, so erinnerte die Baronin sich, traf auch noch der Generaladjutant des Kaisers, Graf Eduard Paar, im Palais Vetsera ein, der zunächst unter vier Augen ein Gespräch mit Stockau und erst dann mit der Baronin führte. Graf Paar war noch mit der Giftversion unterwegs; die Baronin erfuhr von ihm, daß Mary den »ahnungslosen« Kronprinzen vergiftet habe und sich selbst danach, angeblich weil Mary um 8 Uhr aus Mayerling hätte abfahren sollen. Sie hätte dem Kronprinzen während des gemeinsamen Frühstücks das Gift in ein Getränk geträufelt. Die Direktiven des Hofes, so Graf Paar, lauteten nunmehr, daß die Baronin Vetsera sofort aus Wien verreisen müsse. Dies verlangte der Kaiser selbst. Die Baronin fügte sich selbstverständlich diesem nachdrücklichen Wunsch.

Während Stockau am Nachmittag nach Baden reiste, um mit der Hofkommission in Mayerling die Beerdigung seiner Nichte abzuklären, fuhr die Baronin noch am selben Abend trotz, wie sie ausführte, »größter Verzweiflung« nach Venedig ab. Stockau erfuhr in Mayerling, daß sowohl Mary wie Rudolf durch eine Schußwaffe ums Leben gekommen waren, was er sofort nach seiner Rückkehr von dort, die ebenfalls noch an diesem Abend erfolgte, seinem Schwager Alexander von Baltazzi mitteilte, weil er nun wußte, daß Mary gar nicht Rudolfs Mörderin sein konnte. Baltazzi seinerseits schickte ein Telegramm an die Baronin nach Venedig, indem er sie aufforderte, heimzukehren. Er, so scheint es, war der einzige aus Marys Umgebung, dessen cholerisches Temperament offen gegen das Hofdekret aufbegehrte und der schon zuvor gegen den Kronprinzen gewütet hatte, wenn auch vergeblich.

Gegen 19 Uhr setzte sich Rudolfs Leichentransport von Mayerling aus in Richtung Baden in Bewegung, wahrscheinlich hatte man aus guten Gründen dafür die Dunkelheit ausgewählt. Die ganze Szenerie mit Pferden und Totenkutsche unter dem winterlich bedeckten Himmel mutet gespenstisch an, die Straßen waren schneeverweht und eisig, die Stimmung eine gedrückte. Wahrscheinlich empfand jeder der Anwesenden das Makabre der ganzen Situation mit gewisser Beunruhigung, war doch auch die Tragweite von Rudolfs Tod noch gar nicht absehbar. Während der zweistündigen Fahrt waren schon eilige Journalisten zur Stelle, die gleich in mehreren Wagen dem Fourgon bis Baden hinein nachfuhren, wo schon ein schwarz drapierter Sonderzug am Bahnhof bereitstand und sich trotz der Kälte eine neugierige Menschenmasse angesammelt hatte, die erregt murmelnd alle Vorgänge beobachtete. Man äußerte die verschiedensten Gerüchte, Journalisten, die auch versuchten, sich durch die Absperrung zu drängen, schnappten diese auf, um sie an ihre Redaktionen weiterzugeben.

Der Sarg wurde endlich in den dafür bestimmten Waggon geschoben, ebenso nahm man mehrere größere Bündel mit Wäsche und Effekten auf den Transport mit. Wie

Wyslouzil festhielt, warteten bis zur Abfahrt des Sonderzuges um Mitternacht neben den schon erwähnten Mitgliedern der Hofkommission im dem Bahnhof gegenüberliegenden Hotel Stadt Wien auch noch der Flügeladjutant des Kronprinzen, Graf Maximilian Orsini-Rosenberg, der Ordonnanzoffizier Hauptmann Giesl von Gießlingen, Hofrat Klaudy, Bezirkshauptmann Oser und er selbst. Bis auf die beiden letzten fuhren alle mit Rudolfs Sonderzug mit.

Aber schon zuvor, am Nachmittag, war die »Neue Freie Presse« mit dem Aufmacher erschienen, »daß der Kronprinz im Jagdschloß in Meierling heut Früh todt in seinem Bette mit einer Schußwunde im Körper aufgefunden worden ist. Auf welche Weise er verwundet worden, ist nicht bekannt.«

Die noch druckfeuchte Ausgabe wurde darauf sofort von den Polizeibehörden beschlagnahmt, aber einige Exemplare gelangten doch noch in fremde Hände. Die ganze Giftversion zerbröckelte allmählich und löste sich zusehends in Luft auf, zumal in der Öffentlichkeit schon längst die Schußversion gehandelt wurde, noch zusätzlich von einer Anzahl anderer Gerüchte gespeist, die ebenso die Runde machten, um bis zum heutigen Tage nicht mehr gänzlich zu verstummen.

Bemerkenswert ist noch, daß die Baronin Vetsera nicht in Venedig ankam; in Reifling erlitt sie einen Schwächeanfall und verließ den Zug, sich dem kaiserlichen Befehl widersetzend, um wieder nach Wien zurückzufahren, was ganz im Sinne Alexander Baltazzis war.

# Die Leiche in der Rumpelkammer

Schon im Zug, den er selbst benutzt hatte, waren von Oberkommissär Wyslouzil »vier bis fünf« ihm persönlich »bekannte Reporters von Wiener Journalen« entdeckt worden, die offenbar mit der Absicht in Baden ankamen, sofort nach Mayerling weiterzufahren:

»Es wurden demnach sieben Agenten, darunter zwei, welche erklärten, viele Reporters zu kennen, unter Führung des Herrn Concepts-Praktikanten Grafen Cappy mit der Instruktion nach Mayerling abgeschickt, einen Cordon um das Schloß zu ziehen und alle Unbefugten, die es versuchen sollten, ins Schloß zu gehen, zurückzuweisen.«

Die »Reporters« hatten nicht allzuviel Berufsglück gehabt. Außer sogenannten Stimmungsbildern von der nächtlichen Überführung der Leiche Rudolfs bringen sie kaum etwas in die Redaktionen. Daß die Baronesse Vetsera tot im Jagdschloß versteckt ist, ahnt noch keiner, obwohl sie den verschiedensten Gerüchten nachgehen. Erst langsam kam der Stein ins Rollen.

So berichteten am 1. Februar 1889 noch die »Münchener Neuesten Nachrichten« als »Privattelegramm: Der Tod der Baronesse Vetsera ist bisher noch nicht festzustellen gewesen.«

Aber schon am 3. Februar 1889 hieß es in der Abendausgabe desselben Blattes andeutungsvoll: »Überraschend kommt heute die Mittheilung, daß eine Dame aus der Wiener Aristokratie, eine Freiin von Vetsera, ein junges und schönes Mädchen, ihrem Leben ein plötzliches Ende gemacht hat und zwar an der Stelle, wo auch das Leben des Kronprinzen verglimmte.«

In Mailand schrieb die Zeitung »La capitale« am 4. Februar 1889: »Die Versionen über den tragischen Tod des Erzherzogs Rudolf multiplizieren sich. In Wien ist man der allgemeinen Überzeugung, daß Rudolf infolge irgendeiner Liebesintrige, die schlecht ausgegangen ist, gestorben sei.«

Um den 5. Februar 1889 herum begannen sich aber allerorts diese Mutmaßungen zu verdichten. In der in Berlin erscheinenden »Freisinnigen Zeitung« stand unter diesem Datum zu lesen: »Die verschiedenen Gerüchte über den plötzlichen Tod des Kronprinzen Rudolf von Österreich wollen nicht verstummen. So wird beispielsweise jetzt der am Freitag [hier irrte das Blatt] ebenfalls in Meierling erfolgte Selbstmord einer Freiin von Vetsera mit dem Tod des Kronprinzen Rudolf in Verbindung gebracht. (–) Die obige Meldung über den angeblichen Selbstmord der Baronesse Vetsera hatte zur Folge, daß das Münchner Blatt, welches die Meldung zuerst brachte, am Montag in Wien confiscirt wurde.«

Die Schweizer Zeitung »Der Bund« vom selben Tag führte unter anderem aus: »Der Kronprinz soll eine heftige Leidenschaft für eine junge, unverehelichte, den höchsten Kreisen der Wiener Aristokratie angehörige Dame empfunden haben, welche nicht ohne Erwiderung und schließlich auch nicht ohne Folgen geblieben [ist] ... schließlich soll der Prinz nach seinen Begriffen von Ehre den Tod als einzigen Ausweg aus einem furchtbaren Dilemma gesucht haben.«

Auf dieses Statement werden wir hinterher zurückkommen, weil es einen ersten Hinweis auf die Lösung des Rätsels von Mayerling enthält, der für unsere Beweisführung unerläßlich ist.

Weitaus zugeknöpfter gab sich der »Pester Lloyd« vom 5. Februar, und zwar naheliegender politischer Gründe wegen. Trotzdem wurde die Zeitung des Absatzes wegen konfisziert: »Die *unmittelbare* Veranlassung der entsetzlichen That liegt heute allerdings ziemlich klar zu Tage; uns selbst sind hierüber bereits vor zwei Tagen Mittheilungen zugekommen, deren Glaubwürdigkeit in Anbetracht der Quelle aus welcher sie stammen, für uns außer Zweifel steht. Wir werden diese Mittheilungen, die sehr *delikater,* aber auch rein *privater* Natur sind, *nicht* veröffentlichen.«

Das »Berliner Tagblatt« äußerte noch am selben Abend: »Baronin Vetsera, deren plötzlicher Tod aus Wien gemeldet und *nicht* dementiert wurde, soll am letzten Donnerstag im Kloster Heiligenkreuz, eine Stunde von Meierling entfernt, bestattet worden sein. Die erst neunzehnjährige Tochter des Freiherrn von Vetsera wäre also gleichzeitig mit dem Kronprinzen aus dem Leben geschieden.«

Im offiziellen Hof-Ceremoniell-Protokoll dagegen heißt es nur lapidar: »Mittwoch, den 30ten Jänner 1889. Im Laufe des heutigen Vormittags traf seine Exzellenz Graf Josef Hoyos aus Meyerling mit der Meldung hier ein, daß seine K. u. K Hoheit der Durchlauchtigste Kronprinz Erzherzog Rudolf plötzlich verschieden ist. Der Durchlauchtigste Kronprinz ist um acht Uhr morgens todt in seinem Bette gefunden worden.«

Gleichzeitig erschien ein schwarzgerändertes Extrablatt der »Wiener Zeitung«, das, vom Ministerpräsidenten Graf Taaffe und dem Außenminister Graf Kálnoky gemeinschaftlich verfaßt, einem amtlichen Kommuniqué gleichkam. Darin hieß es: »Ein erschütternder Schicksalsschlag hat das Allerhöchste Kaiserhaus, hat alle Völker der österr.-ungarischen Monarchie, hat jeden Österreicher und jeden Ungarn getroffen! Der allgeliebte Kronprinz Rudolf ist todt! Seine Jagdgäste wurden durch die entsetzliche Nachricht vom Schmerz überwältigt, daß der Durchlauchtigste Kronprinz in Folge eines Schlaganfalles seine edle Seele ausgehaucht habe.«

Auf dem Südbahnhof wurde ein sogenannter Hofwartesalon eröffnet, in dem der Erste Obersthofmeister mit acht Leiblakaien den Sarg Rudolfs erwartete. Dieser wurde vor dem Bahnhofstor auf einen schwarz gestrichenen, zweispännigen Fourgon geladen, welchen ein Offizier und acht Leibgardereiter zu Pferde mit gezogenen Säbeln bis in die Hofburg geleiteten. Dort wurde der Sarg über die Botschafterstiege, den Theatergang und die Säulenstiege in die Wohnung des Kronprinzen getragen. Im Schlafzimmer hob man die Leiche aus dem Transportsarg heraus, wusch sie abermals und legte sie sodann auf das Bett. Rudolfs Adjutanten und seine Leiblakaien hielten dort abwechselnd die Ehrenwache.

Die Gräfin Larisch hat später behauptet, daß sie die Obduktionsbefunde von Rudolf und Mary angeblich gelesen habe, die in Mayerling von einem Polizeiarzt erstellt worden seien, aber in Mayerling war überhaupt nicht obduziert worden, und ein Polizeiarzt wäre dazu wohl auch kaum in Frage gekommen. Der Kronprinz wurde erst am 31. Januar, und zwar von 21 Uhr bis um 2 Uhr morgens, im Billardzimmer der Hofburg obduziert. Anwesend waren Hofrat Professor Dr. E. Hofmann als Vorstand des Gerichtsmedizinischen Institutes der Universität Wien und Professor Dr. H. Kundrat als Vorstand des Pathologisch-Anatomischen Institutes der Universität Wien. Als Zeuge fungierte der Leibarzt des Kaisers, Hofrat Professor Dr. Widerhofer, der schon die erste Untersuchung an den Leichen vorgenommen hatte, als Schriftführer Regierungsrat N. Poliakovits von der Hofkommission, der ebenfalls mit in Mayerling gewesen war, weiters waren noch der Burghauptmann F. Kirschner und der Direktor der Hofapotheke, Kaiserlicher Rat Steinebach, anwesend, der nachher die Einbalsamierung von Rudolfs Leiche vornahm. Aus diesem Original-Sektionsbefund wurde nur ein karges Gutachten, und zwar auch wieder nur den Schädel und dessen Verletzungen betreffend, veröffentlicht. Der äußerst zurückhaltende Befund spricht davon, daß »Se. K. Hoheit der Durchlauchtigste Kronprinz zunächst an einer Zertrümmerung des Schädels und der vorderen Hirnpartien gestorben« wäre. »Die Zertrümmerung ist durch einen aus unmittelbarer Nähe gegen die rechte

156

vordere Schläfengegend abgefeuerten Schuß veranlaßt worden.«

Es ist schon geschildert worden, daß die Schädeldecke Rudolfs teilweise abgesprengt worden war und Blut und Gehirnpartikel wie bei einer Explosion aus dem zertrümmerten Kopf herausgespritzt waren, die noch hinter dem Bett an der Wand klebten. Diese Tatsache, die überall die Runde machte, führte mit dem Verschweigen des Obduktionsbefundes sehr bald zu den abenteuerlichsten Gerüchten und veranlaßte die lächerlichsten Spekulationen. Man wollte nicht glauben, daß ein einziger Schuß aus einem Revolver eine solche katastrophale Wirkung haben könne, doch die seinerzeitigen Bleikugeln erzeugten tatsächlich derart verheerende Verletzungen, indem sie die Knochen sozusagen absprengen konnten. Obwohl in Rudolfs Fall offiziell nur von einem Revolver »mittleren Kalibers« gesprochen wurde, dürfte es sich dabei höchstwahrscheinlich entweder um den in der österreichischen Armee damals gebräuchlichen Kavallerie-Offiziers-Trommelrevolver, System Gasser, Kaliber 11 Millimeter, oder um den Infanterie-Offiziers-Trommelrevolver, System Gasser-Kropatschek, Kaliber 9 Millimeter, gehandelt haben. Der für Privatpersonen seinerzeit im Handel gewesene kleine, ebenfalls sechsschüssige Bulldog-Revolver, Kaliber 7 Millimeter, scheidet wohl eher aus, weil ja von Zeugen ausdrücklich mehrmals ein Armeerevolver in Rudolfs schlaffer Hand erwähnt wurde, der aber, wie schon gesagt, fast sogleich auf mysteriöse Art und Weise verschwand.

Seinerzeit gab es noch keine Stahlmantelgeschosse mit einem Bleikern wie heute, sondern nur Bleikugeln. Erste durchschlagen Weichteile und Knochen ohne jede Deformation, während Bleikugeln sich beim Aufprall verformen und damit eine eminente Sprengwirkung erzeugen, die sich, bei geringer Schußdistanz, selbstverständlich vergrößert. Die Wirkung ist dann ähnlich, als ob im Körperinneren eine Dynamitladung explodiert sei.

Es ist unbekannt geblieben, ob nun der ganze Körper Rudolfs obduziert worden ist oder nur sein Schädel. Angeblich haben die obduzierenden Ärzte sogar mit ihrem Rücktritt von den Lehrkanzeln gedroht, nachdem Graf Bombelles von ihnen verlangt hatte, daß sie bei der Version eines »Herzversagens« bleiben sollten.

Es ist sogar behauptet worden, daß Professor Hofmann den Obduktionsbefund Rudolfs, den gesetzlichen Bestimmungen entsprechend, im Gerichtsmedizinischen Institut abgelegt haben soll, von wo er aber, 1938, verschwand. Fest steht jedoch, daß wegen der Besonderheit des Falles eine Eintragung in das sonst verwendete Protokollbuch nicht erfolgt war. Geheimhaltung also auch hier.

Während in Wien also die vom Kaiserhaus gewollte Darstellung durch die Presse geht, glaubt niemand an sie. Als ein zudringlicher Zeitungsreporter den Feldzeugmeister Freiherrn von Kuhn nach der Wahrheit über Mayerling ausfragen will, soll dieser geantwortet haben: »Lassen S' mi aus, ich weiß nichts von dieser Hur in Mayerling!«

Erst am Morgen des Donnerstag, um 6 Uhr früh, empfängt der Kaiser den Leibarzt Dr. Widerhofer. Franz Joseph ist bis dahin noch immer der Meinung, Rudolf wäre von Mary Vetsera vergiftet worden. Als Widerhofer den Monarchen aufklärt, gerät dieser fast in Zorn, weil der Kaiser nicht einmal den Verdacht eines Selbstmordes aufkommen lassen möchte – auch im Hinblick auf ein kirchliches Begräbnis, das dem Sohn des Nachfolgers des heiligen Stephans und des Königs von Jerusalem dann verweigert werden müßte. Laut Conte Corti soll Widerhofer energisch gesagt haben: »Majestät, die Kugel, wir haben sie ja gefunden. Die Kugel, mit der er sich erschossen hat.« Da brach der Kaiser zusammen und weinte; sein einziger Sohn war ein Mörder und Selbstmörder geworden.

Als der ungarische Ministerpräsident Graf Koloman Tisza, bei ihm eintritt, sagt der Kaiser zu ihm: »Was hat mir mein Sohn angetan!« Dann verbessert er sich: »Rudolf ist auf der Jagd verunglückt.«

»Ein Kaiser muß seinen Völkern die Wahrheit sagen«, rät Tisza sanft. »Das in aller Ehrfurcht, Majestät, ist meine Meinung.«

Darauf Franz Joseph: »In einem Anfall von Trübsinn hat mein Sohn Hand an sich gelegt.«

Gegenüber seinem Vertrauten, dem Grafen Paar, soll der Kaiser kopfschüttelnd gemeint haben: »Wie konnte das geschehen? Nicht einmal einen Abschiedsbrief hat er mir hinterlassen ... Liebe macht würdelos! Eigentlich ist mein Sohn wie ein Schneidergeselle gestorben.«

Die Kurie in Rom machte sich die Auffassung zu eigen, daß es sich bei Rudolf von Österreich um einen »durch Selbstmord Geendeten« handelte, was Franz Josephs Bestürzung naturgemäß vergrößerte, zumal der Kardinal-Staatssekretär Mariano Rampolla gegen ein »kirchlich-katholisches Begräbnis« im Namen des Heiligen Stuhls Protest erhob. Gegen diese Entschließung aus Rom legten auf Betreiben des Kaisers aber nun die Erzbischöfe von Wien und Salzburg Verwahrung ein, worauf Papst Leo XIII. nachgab und das kirchliche Begräbnis gestattete.

Franz Joseph vergab Rampolla dieses Veto niemals. Mit Genugtuung hat er der Schratt später berichtet, wie er die Wahl des Kardinal-Staatssekretärs zum Nachfolger des verstorbenen Papstes Leo XIII. erfolgreich beim Konklave verhinderte, indem er, als Apostolischer König von Ungarn und als Nachfolger des heiligen Stephan, auf den ihm rechtlich zustehenden Einspruch gestützt, sich durch den Fürstbischof von Krakau, Kardinal Puzyna, Kniaz von Kozielsko, gegen die Wahl Rampollas zum Papst verwahrte, so daß ein anderer, nämlich Kardinal Giuseppe Sarto, als Pius X. auf den Thron Petri gelangte.

An diesem, dem Drama von Mayerling folgenden Morgen des Donnerstags führt auch der Polizeipräsident Krauß sein Dossier weiter:

»Der Ministerpräsident ließ mich um 9 Uhr morgens kommen und sagte mir, ich solle mich zum Obersthofmeister Graf Bombelles begeben und mit ihm besprechen, in welcher Weise die Entfernung der Leiche der Vetsera und deren Beerdigung in Heiligenkreuz stattzufinden hat. Es sei nämlich nicht eine Vergiftung erfolgt, sondern es habe wahrscheinlich der Kronprinz zuerst die Vetsera dann sich erschossen. Das Gesicht der Vetsera, welche eine unmerkliche Schußwunde in der Schläfe hat, sei fast unverändert – dagegen sei der Kronprinz durch den Schuß fürchterlich zugerichtet, es sei die Hirnschale zerschmettert und das Hirn herausgespritzt.«

Er schließt daran eine kurze Schilderung des tragischen Morgens von Mayerling und fährt fort:

»Es sollen 5 Briefe vorgelegen sein, welche dem Kaiser übergeben wurden. Der Kaiser habe der Mutter der Vetsera den Wunsch aussprechen lassen, daß sie von Wien abreist...

Die Stellung, welche die Behörde in dem Fall einnehmen müsse, hat der Ministerpräsident in folgender Weise präzisirt: Der Tod der Vetsera ist in einem Hofgebäude erfolgt in welchem der politischen oder polizeilichen Behörde eine Jurisdiction nicht zusteht. Es müsse dann noch seitens der Hofbehörde durch einen Hofarzt der Tod constatirt werden und der Leichnam nachdem er durch den Grafen Stockau den Onkel der Vetsera bezüglich der Identität agnoscirt ist von der Hofbehörde nach Heiligenkreuz geschafft werden. Dort soll Graf Stockau die Beerdigung in Namen der Familie ersuchen und dort soll die politische Behörde die Beerdigung des übernommenen Leichnams in gesetzlicher Weise ermöglichen.«

Die Strategie war also von Taaffe vorgegeben worden; man sprach von Marys Leiche wie von einer beliebig zu spedidierenden, unangenehmen Sache. Der Graf Bombelles schickte ein Schreiben an den Abt des Stiftes Heiligenkreuz, Heinrich Grünbeck, worin dieser veranlaßt wurde, im Auftrag Seiner Majestät die Beerdigung im Laufe der folgenden Nacht zu erlauben, das der Polizeipräsident übernahm. Danach sprechen Bombelles, Fürst Hohenlohe und der Leibarzt Dr. Auchenthaler mit dem Grafen Stockau bezüglich der geplanten Vorgangsweise. Überdies sandte Krauß zwei seiner Polizeikommissäre, Habrda und Gorup, nach Heiligenkreuz hinaus, während Oberkommissär Wyslouzil wieder nach Baden zurückzukehren hatte.

Dort und in der Umgebung von Heiligenkreuz und Mayerling waren an diesem Morgen schon die bizzarsten Gerüchte aufgekommen. Über den Tod des Kronprinzen kursierten bereits die verschiedensten Versionen. Diese finden sich wörtlich im Polizeiakt wieder. Die Leute meinten, Rudolf wäre bei einem Jagdunfall ums Leben gekommen, dann wieder, daß ein Förster ihn aus Eifersucht erschossen hätte. Es fielen die Namen Weidinger und Karl, dessen Gehilfe, dann auch der des Försters Bauer. Kronprinz Rudolf sollte angeblich am Abend des 29. Januar bei dessen Frau gewesen und vom heimkehrenden Gatten überrascht worden sein; Rudolf sei durch das Fenster geflohen, der Förster wäre ihm nachgelaufen und habe auf ihn geschossen. Sterbend sei Rudolf auf einer Bahre zurück ins Schloß gebracht worden. Bauer erhängte sich nun, Mary, so behauptete man später, habe sich aus Gram deswegen erschossen. Auch ernsthaftere Mayerling-Forscher haben sich danach dieser Version angeschlossen und als Beweise dafür angegeben, daß in Mayerling nur *eine* Kugel gefunden worden wäre. Die Försterfrau war aber schon ein älteres Semester und rundlich, wie selbst die Patres von Heiligenkreuz wußten, die diese Gerüchte nur belustigten. Dennoch fanden die Versionen kein Ende, nachdem bekannt wurde, daß in Mayerling noch eine Leiche läge, die auf dem Friedhof in Heiligenkreuz begraben werden sollte. Außerdem war es ihnen nicht verborgen geblieben, daß schon nachmittags in der Stiftstischlerei ein Sarg gezimmert wurde.

Wegen der zunehmenden Aufregung der Bevölkerung

und wohl auch wegen der anreisenden Journalisten wurden die Zugänge zum Jagdschloß von Mayerling von Gendarmen und Polizeiagenten abgeriegelt. Neugierige begannen sich anzusammeln, es gab sogar zwei Verhaftungen aus Gründen angeblicher »Widersetzlichkeit«. Habrda und Gorup trafen um 13 Uhr ihrem Auftrag gemäß in Mayerling ein, von wo aus sie drei Agenten »zur eventuellen Dienstleistung« nach Heiligenkreuz kommandierten:

»Auch war der Sarg inzwischen fertig geworden und wurde so unauffällig, als es nur möglich war, auf den Ortsfriedhof verschafft«, schreibt Gorup in seinem Bericht an den Polizeipräsidenten.

Um 9 Uhr 50, so stellt die Polizei fest, war inzwischen auch die Baronin Vetsera wieder in Wien eingetroffen. Bald darauf kam der Graf Stockau, ihr Schwager, aus der Hofburg in das Palais in der Salesianergasse. Er führte eine vom Kronprinzen gezeichnete Mappe mit sich, die drei Abschiedsbriefe Marys enthielt, die uns aber nicht vorliegen und deshalb stets widersprüchlich zitiert werden:

»Liebe Mutter! Ich sterbe mit Rudolf. Wir lieben uns zu innig. Verzeih' uns und lebe wohl! Deine unglückliche Maria. PS: Bratfisch hat heute wundervoll gepfiffen.«
In ihrer eigenen Denkschrift führt die Baronin den Brief aber anders aus: »Liebe Mutter! Verzeiht mir, was ich gethan! Ich konnte der Liebe nicht wiederstehen. In Übereinstimmung mit Ihm will ich neben Ihm im Friedhof von Alland begraben sein. Ich bin glücklicher im Tod als im Leben. Deine Mary.«
Und an die Schwester soll Mary geschrieben haben: »Er hat mir heute endlich offen die Unmöglichkeit dargelegt, daß ich je die Seine werden könnte; er hat seinem Vater das Ehrenwort darauf gegeben, von mir zu laßen. Es ist aus! Ich gehe freudig in den Tod.«
Anders wieder die Baronin: »Wir gehen beide selig in das

ungewisse Jenseits. Denke hie und da an mich. Sei glücklich und heirate nur aus Liebe. Ich konnte es nicht thun und da ich der Liebe nicht widerstehen konnte, so gehe ich mit Ihm. Deine Mary. Weine nicht um mich, ich gehe fidel hinüber. Es ist wunderschön hier draußen, man denkt an Schwarzau. Denke an die Lebenslinie in meiner Hand. Jetzt nochmals Lebewohl!« Sie bat ihre Schwester dann noch, alle Jahre am 13. Januar und am 30. Januar, ihrem Todestag, eine Gardenie auf ihr Grab legen zu lassen, und fügte hinzu: »Als letzten Wunsch einer Sterbenden bitte ich die Mama für die Familie [es folgt der Name ihrer Kammerzofe] auch fernerhin zu sorgen, damit sie nicht durch meine Schuld leiden.«

An den Bruder schrieb Mary: »Leb' wohl. Ich werde über Dich wachen von der – anderen Welt, da ich Dich sehr liebe. Deine treue Schwester.«

Stockau teilte, wie sie selbst in trauernd pathetischem Tonfall schreibt, der Baronin mit, daß die Briefe sogleich wieder – und zwar versiegelt – an den Kaiser retourniert werden müßten, was dann auch geschah. Weiters gab er seiner Schwägerin eine Ansicht Mayerlings mit den Worten, es sei Rudolfs Anliegen gewesen, daß diese an sie weitergeleitet würde, um sie auf zwei verhängte Fenster hinzuweisen. Dann führt Stockau noch aus, daß ein allerhöchster Befehl bestimme, Mary Vetsera am Friedhof von Heiligenkreuz beizusetzen. Man könne der Baronin nicht zubilligen, die Leiche nach Wien bringen zu lassen, auch habe das Obersthofmeisteramt erklärt, daß sie keinen Sarg für ihre Tochter beistellen solle und zwischen Mayerling und Heiligenkreuz kein Leichenwagen fahren solle. Mary würde sitzend in einer Kutsche nach dem Friedhof gebracht werden.

Um die Mittagszeit dieses Donnerstags wird auch der schon erwähnte Dr. Slatin von der Hofkommission wieder tätig, der vom Obersthofmeister den Auftrag erhält, mit dem Leibarzt des Kronprinzen, Dr. Auchenthaler, nach Mayerling zu fahren, um, so hieß es wörtlich, »den weiblichen Leichnam wegzuschaffen«.

Ebenso fuhren wie vereinbart der Graf Stockau und dessen Schwager Alexander Baltazzi mit der Südbahn von Wien ab und trafen um etwa 19 Uhr beim Schloß ein. Slatin und Auchenthaler kamen erst nach ihnen an; erst dann ließ der Schloßwart Zwerger sie alle gemeinsam ein. Während die für 17 Uhr angesetzte Befragung aller Zeugen des Mayerling-Dramas im Obersthofmeisteramt in der Hofburg ohne Angabe irgendwelcher Gründe plötzlich abgesagt wird, bei der auch Hoyos und Coburg aussagen hätten sollen, man aber nach wie vor an der offiziellen Darstellung festhielt, daß es sich um zwei »zufällig« gleichzeitig geschehene Unglücksfälle in Mayerling handle und die Angelegenheit der weiblichen Leiche Privatsache der Familie Vetsera-Baltazzi sei, spielen sich in dem leerstehenden, winterlich kalten Schlößchen von Mayerling gespenstische Szenen ab, die Slatin folgendermaßen beschrieben hat:

»In tiefer Finsternis kamen wir in Mayerling an. Die Nacht war stürmisch, die Hunde heulten, als wir uns dem Schloß näherten. Das Schloß war streng bewacht. Der brave Zimmerwärter Zwerger öffnete, vor Aufregung konnte er kaum sprechen. Wir trafen den Grafen Stockau und Herrn Alexander von Baltazzi. (–) Unter dem Flakkern einer Laterne führte uns Zwerger in das Gemach, in das der Leichnam der armen schönen Baronesse am Vortag gelegt worden war. Hätte ich eine solche Szene in einem Schauerroman gelesen, ich hätte das für eine übertriebene Schilderung gehalten, was ich jetzt erlebte.«

Auch die Baronin Vetsera hat die Situation – und zwar wahrscheinlich so, wie sie diese von Alexander Baltazzi erfuhr – in ihren Aufzeichnungen dargestellt:

»Donnerstag den 31. Jänner abends um $\frac{1}{2}5$ Uhr [16 Uhr 30] fuhren Graf Stockau, und der Bruder der Baronin, Alexander Baltazzi, nach Mayerling; sie läuteten vergebens eine halbe Stunde beim Schloße an, bis endlich ein

164

Wagen mit einem Beamten des Obersthofmarschallamtes mit dem kaiserlichen Leibarzt Dr. Auchenthaler angefahren kam, worauf denn auch der Schloßwärter erschien, und sie in das Schloß hineinließ. Der Beamte brach die Siegel, und öffnete die Thür des Zimmers, wo man die Leiche blutbedeckt fand. Sie hatte eine Schußwunde an der linken Schläfe, die hinter dem rechten Ohr herauskam. Es waren, da die That am Tage vorher zwischen 6 und 8 Uhr früh geschehen war, etwa 38 Stunden seit dem Tode verflossen, ohne daß dem entseelten Leichnam sein Recht geworden war. Die Leiche befand sich noch in demselben Zustand in welchem sie Tags zuvor zugleich mit jener des Kronprinzen aufgefunden wurde; die Augen weit geöffnet und starr hervortretend, aus dem halb geöffneten Munde war ein gestockter Blutstrom hervorgequollen, der einen Theil des Körpers bedeckte; die Arme ruhten leicht gebogen im Schoß, die linke Hand umschloß krampfhaft ein Taschentuch, welches nur mit Anwendung großer Gewalt aus der erstarrten Hand entfernt werden konnte. Bei der ersten Auffindung wurde die Leiche im Zimmer des Kronprinzen am Rücken liegend vorgefunden, sie war jedoch von dort in ein anderes Zimmer übertragen, auf ein Bett gelegt, und mit Kleidern derart überdeckt worden, daß sie erst nach Entfernung der Kleider sichtbar wurde.

An der armen Leiche wurde vielfach gefrevelt... volle 38 Stunden, nachdem sie ihre Seele in die Hände ihres Schöpfers zurückgegeben hatte, wurde sie blutbedeckt, die Augen starr offen, in einem Zimmer versperrt gehalten und nach endlicher Öffnung des Zimmers ohne jegliches religiöses Abzeichen wie hingeworfen vorgefunden, den Kopf nach rückwärts gesunken...«

Dr. Auchenthaler untersuchte nun Marys nackte Leiche und stellte einen Selbstmord fest, genau wie es ihm die Hofbehörden geheißen hatten, da die tatsächliche Todesursache für Rudolf noch nachträglich die Exkommunikation bedeutet hätte, was strikt vermieden werden sollte:

»Protokoll
vom 31. Januar 1889
aufgenommen vom Obersthofmeistermarschallamte Seiner K. u. K Apostolischen Majestät im Schlosse weiland Seiner K. u. K. Hoheit des Durchlauchtigsten Herrn Kronprinzen Erzherzog Rudolf zu Mayerling.
Gegenwärtige:
Die Gefertigten.
Am 30. Januar 1889 morgens wurde im Gemeindegebiet Mayerling ein weiblicher Leichnam aufgefunden. Der H. Leibarzt Dr. Franz Auchenthaler constatirt zweifellos Selbstmord mittels Schußwaffe (Min. Vdg. vom 28. Jänner 1855, RGB 26:3). An dem linken Stirnwandbeine befindet sich ein 5 cm langer, 3 cm breiter lappiger Substanzverlust der Haut, in dessen Umgebung die Haare versengt sind; es ist dieß also die Eintrittsöffnung des Projektils. Der Schußkanal geht quer durch das Gehirn und endet 2 cm ober dem äußeren rechten Gehörgange, hier eine scharfkantige Ausschußöffnung bildend. Die Knochen am Ein- und Ausschuße sind ringsherum zersplittert, ebenso auch die Schädeldecke. Sonst ist keine Verletzung wahrzunehmen. Die Verletzung ist absolut tödtlich u. mußte der Tod augenblicklich eingetreten sein. Am Rükken und an den unteren Extremitäten befinden sich zahlreiche Todtenflecke.
Der mitgefertigte Herr Georg Graf Stockau sowie der gleichfalls mitgefertigte Herr Alexander Baltazzi agnosciren den Leichnam als jenen ihrer Nichte, der am 19. März 1871 in Wien geborenen Marie Alexandrine Freiin von Vetsera, Tochter des seither verstorbenen H. Albin Freiherr von Vetsera und der Frau Helene Freiin von Vetsera, geb. Baltazzi.
Sohin wird der Leichnam über Ansuchen des Vertreters der Familie, Grafen Stockau fortgeführt u. dieses Protokoll der politischen Behörde zur weiteren Amtshandlung übergeben.
Dr. Heinrich Slatin m. p.

Hofsekretär im Obersthof-
marschallamte Seiner
K. u. K Apost. Majestät        Georg Gf. Stockau m. p.
Dr. Franz Auchenthaler m. p.    Alexander Baltazzi m. p.
k. k. Leibarzt
In Abschrift genommen u. die Abschrift richtig befunden.
                                Habrda
                              k. k. Pol. Coär.«

Aber selbst dieser Obduktionsbefund, mit dem eindeutig
bewiesen wird, daß Mary an einer Kugel starb, straft den
Leibarzt Dr. Auchenthaler und das ganze Märchen von
der Selbstmörderin Vetsera Lügen. Denn daß das junge,
im Umgang mit Schußwaffen völlig ungeübte Mädchen
sich scheinbar völlig zielsicher, noch dazu mit der *linken*
Hand, in die linke Schläfe geschossen haben sollte, ist
eine Version, die wohl schon an diesem Abend in Mayerling keiner der Anwesenden ernsthaft in Erwägung gezogen hätte. Sie muß demnach von Rudolf erschossen worden sein.

Wäre sie jedoch an den Folgen einer akuten Uterusblutung gestorben, hätte das Gutachten sicherlich nicht auf
eine Schußverletzung hingewiesen, was auch einleuchtend
ist. Damit sind wohl alle diesbezüglichen Versionen und
Mutmaßungen hinreichend widerlegt, weil ja eine Verletzung anderer Natur den Hofbehörden um vieles willkom-
mener gewesen wäre. Die Version von der mißlungenen
Abtreibung wird damit unhaltbar und erweist sich als eine
weitere Legende.

# Ein Begräbnis letzter und eines
## allerhöchster Klasse

Die Larisch will von Stockau erfahren haben, daß man das volle Haar der Vetsera zu einem großen Knoten frisiert habe sowie daß der erste Verband, welchen Widerhofer ihr angelegt hatte, nachgab oder abriß und man Stockaus schwarze Halsbinde als Ersatz nahm, was die ganzen makabren Handlungen, die man an Mary vornahm, wohl noch unterstrichen haben mag. Nach beendeter Untersuchung hatte Dr. Auchenthaler ihre Leiche gereinigt, und Stockau und Baltazzi versuchten sie gemeinsam zu bekleiden, was ihnen der Starrheit der Toten wegen schwerfiel. Laut Larisch steckte man die Vetsera gewissenhaft in Unterwäsche und Korsett und bekleidete sie komplett mit Strümpfen und Schuhen sowie ihrem Kleid und dem Sealskinmantel, nach einer weiteren Version gelang es gar nicht, den schon steifen Körper anzuziehen, worauf man Mary nur notdürftig in ihren Mantel hüllte. Die Gräfin Larisch weist ausdrücklich darauf hin, daß man Mary aber den Filzhut mit den Straußenfedern aufgesetzt habe, und ebenso, daß Stockau ihr diesen, am Friedhof angekommen, wieder abnimmt und der Leiche als Kopfpolster gibt. Ihr goldenes Halskreuz legt Stockau in Marys gefaltete Hände hinein.

Währenddessen haben die Polizeikommissäre Gorup und Habrda, die unentwegt chiffrierte Telegramme absenden, nun auch das von Stockau verlangte Aviso-Telegramm erhalten, demzufolge er, die Fahrtstraße nach Sattelbach benützend, die Fahrt nach Heiligenkreuz antritt. Es langt gegen 10 Uhr abends ein und lautet: »Müller [die Leiche] kommt über S [Sattelbach].«

Vor dem Schloß, so Schuldes, waren zwei Wagen vorgefahren. Auchenthaler und Slatin kamen heraus, mit ihnen Graf Stockau und Alexander Baltazzi. Im Schein einer Laterne schleiften sie die mit Pelz und Hut bekleidete Leiche Marys, die sie beiderseits untergefaßt hielten, zum Fiaker, worin sie neben ihr Platz nahmen.

Dieses Unterfangen war äußerst umständlich, weil die Leiche natürlich immer wieder einknickte, sollte aber vortäuschen, daß eine lebendige Frauensperson aus dem Schloß abreise, war aber genaugenommen gruselig sinnlos, weil außer den Eingeweihten sowieso niemand zur Stelle war, ganz abgesehen davon, daß es in empörender Weise jeden Rest von Pietät verletzte. Man sieht, daß man Mary wirklich wie einen Fetzen behandelte und beinahe so, als ob sie die Schuld am Ableben des Kronprinzen trüge, nicht umgekehrt. Daß sich noch dazu ihre eigenen Verwandten für diesen scheußlichen Transport hergaben, wirft ein bezeichnendes Licht auf ihre Gesinnung und die ganze Einstellung des Hofes, dem es nur um die Wahrung von Äußerlichkeiten ging. Sicherlich handelte es sich hier um eine Ausnahmesituation, aber die moralische Prinzipienlosigkeit springt doch ins Auge. Anstatt, wie es die Vetsera sich erhofft hatte, neben Rudolf in Alland beerdigt zu werden, was ohnedies ein Ding der Unmöglichkeit gewesen wäre, wurde sie nun von ihren eigenen Onkeln wie ein Stück Vieh aus dem Schloß gezerrt, um schließlich lieblos im Fiaker verstaut zu werden. Eine gräßliche Komödie! Der Kopf hing ihr schief herab, der Hut verrutschte, ihr Körper sackte in der Kutsche immer wieder zusammen, wo die Leiche halb liegend zwischen Stockau und Baltazzi saß, die ihr, um sie aufrecht zu halten, schließlich einen Stock oder Schirm rückwärts in den Mantel steckten, ehe die beiden endlich, vielleich weil ihnen der ganze Vorgang doch zu makaber wurde, ausstiegen und zu Fuß neben dem Fiaker hergingen.

Dahinter folgte der Wagen mit Dr. Slatin und Dr. Auchenthaler sozusagen als Beobachter. Dieser zweite Wagen bog schon vor dem Friedhof zum Stift ab, während der andere seinen Weg fortsetzte. Polizeikommissär Gorup, selbst ein Baron, schrieb in seinem Bericht, daß er, ebenso zu Fuß, dem Fiaker mit Mary entgegenging und ihn auf offener Straße erwartete, »um die unauffällige Fahrt durch den Ort Heiligenkreuz bis zum Friedhofe, welcher circa ¼ Stunde außerhalb des Ortes abseits von der Fahrtstraße nach Mödling auf einer Anhöhe entfernt liegt«, zu überwachen. »Cirka 11 Uhr [23 Uhr] traf ich mit dem Grafen Stockau, der in Begleitung des Herrn Alexander Baltazzi den Leichnam der Selbstmörderin in einem Wagen mit sich führte, auf offener und menschenleerer Fahrtstraße zusammen und übernahm die Führung.« Der vereisten Bergstraße wegen mußte der Fiakerkutscher aber den Pferden die Hufstollen aufschrauben, und der Wagen kam erst punkt Mitternacht an der Friedhofspforte an, wo der Polizeikommissär Habrda und mehrere Agenten warteten. Habrda, Gorup, Stockau und Baltazzi hoben Mary laut Polizeiberichten aus dem Wagen und trugen sie in die Totenkammer hinüber, wo sie in den bereitgestellten Sarg gelegt wurde, den man sofort verschloß. Nun hätte eigentlich sogleich die Beerdigung stattfinden sollen, aber heftiger Sturm und Regen verhinderten die Aushebung des Grabes, so daß man Marys Bestattung verschob. Während Polizeidetektive die Überwachung der Totenkammer übernahmen, fuhren Stockau und Baltazzi ins Stift.

Slatin hatte dort bereits mehrere Dokumente zur Unterschrift vorbereitet, als er Stockau und Baltazzi nebst Vertretern der Bezirkshauptmannschaft in den Zimmern des Stiftskämmerers empfing. Wieder war es Alexander Baltazzi, der, so Slatin, bei der Unterzeichnung Schwierigkeiten machte. Er wandte ein, daß, wenn in den Dokumenten ausdrücklich »Selbstmord« als Todesursache stünde, Marys kirchliches Begräbnis unmöglich werden würde; man versicherte ihm, daß die Kirche in diesem Fall darüber hinwegsehen würde, was Baltazzi scheinbar nicht überzeugte. Ausdrücklich wurde ihm nun gesagt, daß das

Protokoll auf »Selbstmord« zu lauten habe, um eine gerichtliche Anzeige, Untersuchungen und Aufsehen zu umgehen. Unter den zunehmenden Druck der Hofbehörde und des Vertuschungsinteresses geratend, mußten Baltazzi und Stockau nun unterschreiben.

Bei diesem Aktenschluß waren Dr. Slatin und Dr. Auchenthaler als Vertreter der Hofbehörden, Bezirkshauptmann Oser und dessen Aktuar Dr. Managetta, beide aus Baden, die Polizeioffiziere Wyslouzil, Gorup und Habrda sowie Graf Stockau und Alexander Baltazzi anwesend gewesen. Wie der als Advocatus diaboli fungierende Slatin in seinen Aufzeichnungen nebstbei bemerkt hat, wuchs sich die Peinlichkeit dieser ganzen nächtlichen Situation noch mehr aus, als die Herren, sichtlich erleichtert, nach der Unterzeichnung große Mengen des Stiftweins getrunken hatten. Sie gerieten in eine weinselige Laune; erst der Stiftskämmerer mußte sie wieder an den Ernst der Zusammenkunft erinnern.

Kurz vor 7 Uhr früh verließen Dr. Slatin und Dr. Auchenthaler das Stift Heiligenkreuz wieder im Wagen. Sie konnten sich zufrieden nach Wien zur Berichterstattung begeben, ihre Aufgaben hatten sie vollinhaltlich erfüllt. Von Auchenthaler war ein Selbstmord konstruiert worden, den es nicht gab, und Slatin hatte den Verwandten der Vetsera die dazu notwendigen Unterschriften abgepreßt. Die Akte konnte auf gut österreichisch geschlossen werden.

Das Begräbnis Marys war nun für 8 Uhr angesetzt worden, aber das Grab war wegen des Schlechtwetters noch immer nicht vollständig ausgehoben. Polizeikommissär Habrda telegrafierte diese Verzögerung an den Polizeipräsidenten Krauß: »Dringend! Telegramm von Heiligenkreuz nach Polizeipräsidium Wien. Tel. No. 1 vom 1. 2. 1889, 08 Uhr 15, exped. Singer. Alles in Ordnung, Beerdigung gegen 9. Habrda.«

Danach begaben sich der Prior des Stiftes Heiligenkreuz, Pater Malachias Dedič, Stockau, Baltazzi und Habrda in einem Wagen wieder auf den Friedhof, weil die Verwandten eine kirchliche Einsegnung verlangt haben, die nun in möglichst unauffälliger Weise erfolgt. Der Pater Malachias hat später dem Abt gegenüber angegeben, daß er die tote Mary noch gesehen hätte, und führte ausdrücklich ihre Einschußverletzung am *linken* Stirnbein an, ebenso vermerkt Habrda in seiner Meldung, im Gegensatz zu einer vorhergegangenen seitens Gorups, daß »nun der Sarg geschlossen wurde«.

Der Sturm und der immer noch herrschende Regen machten das Begräbnis, wie Habrda berichtete, derart schwer, daß er, Gorup, Stockau und Baltazzi bei der Beerdigung mithelfen mußten. Gorup erwähnte ebenfalls, daß neben dem Totengräber und dessen Gehilfen keinerlei fremde Personen auf dem Friedhof anwesend waren, und fügte hinzu: »Während sich der Stiftsprior mit den anderen Herren in das Stift zurückbegab, verblieb ich bis zur vollständigen Verschüttung des Grabes und Herstellung des Grabhügels am Friedhof. Erst um ½ 11 Uhr vorm. kehrte ich in das Stift zurück. Während der ganzen Aktion in Heiligenkreuz habe ich keine auffällige Neugierde und kein Aufsehen bemerkt.«

Gorups Meldung trägt den Zusatz: »Bericht des k.k. Polizei Commiszärs Ferdinand Freiherrn Gorup von Besánez berichtet ergebenst über seine Intervention in Heiligenblut« – offenbar war der Polizeioffizier nach dem Weingenuß der vergangenen Nacht noch immer nicht ausgeschlafen. Baron Krauß hat das Wort »Heiligenblut« dann in »Heiligenkreuz« korrigiert.

Während Gorup vom Friedhof zurückkam, sandte Polizeikommissär Habrda um 10 Uhr 30 sein berühmt gewordenes, dermal völlig unchiffriertes Telegramm: »Alles abgethan. Hab.« an das Polizeipräsidium ab.

Mary Vetsera war stillschweigend unter die Erde gebracht worden, damit glaubten sowohl Polizei wie Hofbehörden, den Fall, den es offiziell in der Monarchie niemals gab, erfolgreich abgeschlossen zu haben.

Zusätzlich erhielt der Baron Krauß in Wien noch ein chiffriertes Telegramm des Badener Bezirkshauptmanns Oser, das ebenso in sein schon übervolles Dossier wanderte. Es trug den seltsamen Wortlaut: »6 der 2 vorgestern anstandslos in 7 übertragen.«

Am Rande des Telegrammblattes übertrug der Polizeipräsident die Ziffern in die dafürstehenden Worte. 6 heißt Leiche, 2 bedeutet Mary Vetsera, 7 Heiligenkreuz.

Noch am Vormittag erstatteten Dr. Slatin und Dr. Auchenthaler im Obersthofmeisteramt in der Wiener Hofburg vor dem Obersthofmeister des Kronprinzen, Graf Bombelles, dem Prinzen Constantin zu Hohenlohe und dem Oberstkämmerer Graf Antal Szécsen den gewünschten Bericht, in dem Slatin sich erneut als treuer Diener seiner Herren ausweist und von »eigener Gefahr und Verantwortung« spricht, um solcherart die Hofbehörden wie vereinbart zu entlasten:

»Bei diesem Bericht erwähnte ich bei allen dreien der Genannten, daß Auchenthaler und ich bei Mary Vetsera Selbstmord konstatieren mußten, weil sonst die sofortige stille Bestattung nach dem Gesetze nicht möglich gewesen wäre. Wir beide taten dies auf unsere eigene Gefahr und Verantwortung, was allgemein gebilligt wurde. Graf Bombelles teilte mir noch mit, daß ich mit Auchenthaler an einem der nächsten Tage werde nochmals nach Mayerling fahren müssen, um die Spuren zu vertilgen und die Effekten der Toten zu verbrennen.«

Kein Zweifel, daß man mit ihm zufrieden war.

Als Rudolf in seiner letzten Nacht in Mayerling ein Kodizill – seinen Zusatz zum Testament – aufgesetzt hatte und seine Abschiedsbriefe schrieb, wies er ausdrücklich darauf hin, daß sich in seinem Schreibtisch in der Hofburg Briefe befanden, die noch vernichtet werden müßten – sie waren von Mary und von der Larisch. Ihr Inhalt schien ihm so beunruhigend, daß er sie keineswegs der Nachwelt überantworten wollte. Warum Rudolf diese Briefe nicht schon vor seiner Abreise vernichtet hatte, bleibt unklar. Wir sehen nur, daß er seine letzten privaten und finanziellen Verfügungen in diesen Morgenstunden von Mayerling mit geradezu schlafwandlerischer Kälte und Sicherheit trifft. So bedachte er auch noch die Mizzi Caspar, deretwegen er einen Brief an den Bankier Hirsch richtete. Sein Schlußstrich unter das Leben war ebenso sorgfältig wie endgültig. Vollkommen bewußt hat Rudolf sein Ende vorbereitet und abgehandelt. Der Inhalt des Kodizills, dessen Adressat der Sektionschef Szögyény-Marich war, lautete folgendermaßen:

»Sekt. Chef von Szögyény-Marich soll die Güte haben, allein gleich meinen Schreibtisch im Türkischen Zimmer in Wien aufzumachen. Folgende Briefe wurden verschickt:

1. An Valerie
2. An meine Frau
3. An Baron Hirsch
4. An Mizzi Caspar

Was von Geld sich vorfindet, bitte ich alles Mizzi Caspar zu übergeben. Mein Kammerdiener Loschek weiß ihre Adresse genau. Alle Briefe der Gräfin Larisch-Wallersee und der kleinen Vetsera an mich sind allsogleich zu vernichten.

Mit den anderen Schriften kann Szögyény nach Gutdünken handeln, mit militärischen sich früher mit Oberstleutnant Mayer ins Einvernehmen setzen.

Rudolf.«

Die von Rudolf erwähnten vier Briefe dürften tatsächlich verfaßt worden sein, der mehrmals von verschiedenen Autoren erwähnte Abschiedsbrief an seine Mutter, worin er gebeten habe, neben dem reinen Engel, der ihn hinüberbegleitet hätte, in Heiligenkreuz begraben zu werden, ist dagegen nicht gesichert. An Stephanie, seine Frau, richtete er nur wenige Zeilen:

»Liebe Stephanie! Du bist von meiner Gegenwart und Plage befreit; werde glücklich auf Deine Art. Sei gut für die arme Kleine, die das einzige ist, was von mir übrigbleibt. Allen Bekannten, besonders Bombelles, Spindler, Latour, Nowo, Gisela, Leopold etc. etc. sage meine letzten Grüße. – Ich gehe ruhig in den Tod, der allein meinen guten Namen retten kann. – Dich herzlich umarmend, Dein Dich liebender Rudolph.«

Außerdem führt Conte Corti aus, daß ein weiterer, für Loschek bestimmter Zettel auf dem Nachtkästchen neben dem Bett aufgefunden wurde: »Lieber Loschek! Holen Sie einen Geistlichen und lassen Sie uns in einem gemeinsamen Grab in Heiligenkreuz beisetzen. Die Preziosen meiner treuen Mary nebst Brief von ihr überbringen Sie der Mutter Marys. Ich danke Ihnen für Ihre jederzeit treuen und aufopferungsvollen Dienste während der vielen Jahre, welche Sie bei mir dienten. Den Brief an meine Frau lassen Sie ihr auf kürzestem Wege zukommen. Rudolph.«

Doch seine letzte Bitte, daß Sektionschef von Szögyény-Marich als einziger seinen Schreibtisch öffnen solle, wird vom Kaiser verhindert, auf dessen Befehl als Vertreter des Obersthofmeisteramtes Hofrat Dr. Kubasek bei der Öffnung anwesend zu sein hat.

Slatin schrieb darüber: »Es wurden bei diesem Anlaß verschiedene Gegenstände, Photographien, etc. übernommen. Unter anderem fand man auch 30 000 Gulden in einem Kuvert, die für eine Dame zweifelhaften Rufes bestimmt waren und die über kaiserlichen Auftrag an die Betreffende ausgefolgt wurden. Über den eigentlichen Zweck dieser Untersuchung hüllte sich Hofrat Kubasek in Stillschweigen.«

Danach amtierte auch noch die Hofkommission für die, wie schon erwähnt, übliche Testamentaufsuchung in der Wohnung des Kronprinzen. Zwar wurde ein neues Testament nicht aufgefunden, aber man stellte zahlreiche Korrespondenzen und Schriftstücke sicher, die in vier großen Paketen verschnürt und versiegelt der Kabinettskanzlei zur Aufbewahrung übergeben wurden. Jahrzehnte später fand man, bereits in der Regierungszeit Kaiser Karls, in einem der Pakete ein Papiermesser mit der Aufschrift »pens pour moi«, sowie eine in Adlerklauen gefaßte Onyxschale, in die, wie es hieß, Mary mit violetter Tinte geschrieben haben soll: »Nicht Gift – Revolver ist besser, tödlicher.«

Unter dem Datum von Sonntag, dem 3. Februar 1889, erwähnt der Polizeipräsident in seiner Akte, daß er mit dem Ministerpräsidenten anläßlich einer weiteren Unterredung auch über Rudolfs Geldangelegenheiten konferierte, über die es widersprüchliche Aussagen gibt. Krauß bemerkte zu Taaffe, »es heiße, der Kronprinz hätte bei Baron Hirsch in Paris Schulden in der Höhe von 300 000 Gulden.« Taaffe sagte darauf, »daß das mit anderen Wahrnehmungen stimme. Thatsache sei, daß der Oberst Spindler dem Kronprinzen am letzten Tage, als er nach Meyerling abreiste, 250 fl. ausgefolgt hat. Nun wisse man bestimmt, daß der Kronprinz vor einigen Tagen in seiner Tasche 300 000 fl. gehabt habe. Jetzt seien aber nur mehr 150 000 fl. vorhanden gewesen. Der Graf Taaffe machte hierzu die Bemerkung, daß die Gräfin Larisch die Affaire mit der Bar. Vetsera offenbar vermittelt hat und man auf die Vermutung kommen müsse, daß die fehlenden 150 000 fl. in die Hände der Gräfin Larisch gekommen sind.«
Dieser Vermutung – Florin war die ältere Bezeichnung für Gulden –, daß die sich immer in Geldnöten befindliche Larisch diese erkleckliche Summe sozusagen »im Austausch« gegen Mary erhalten habe, kann man sich tatsächlich anschließen; dieses Geld würde auch ihre ganze Handlungsweise trotz ihrer Ahnung oder ihres Wissens um die bevorstehende Katastrophe erklären, auch wenn man damit unterstellt, daß sie Mary dafür verschachert hätte. Noch am Hofe selbst scheint man dieser Meinung gewesen zu sein, weil man mit der Larisch sofort nach der Tragödie von Mayerling alle Beziehungen abbrach.
»Als der Kronprinz starb«, schrieb die Witwe Stephanie

später, »hinterließ er nichts als Schulden, doch waren diese nicht entfernt in der Höhe, von der man schwätzte. Der Hof bezahlte sie nach seinem Tode.«

Gleich nach Rudolfs Ableben erwarb der Kaiser sämtliche Privatbriefe Rudolfs an den Korrespondenten des »Neuen Wiener Tagblattes« in Paris, Berthold Frischauer. Ebenso kaufte er für die Summe von 40 000 Gulden Rudolfs Briefe an Moriz Szeps zurück.

Damit hatten die Widrigkeiten um Rudolfs private Post aber auch kein Ende; so drohte noch Jahre später die Sängerin Pewny mit der Veröffentlichung einiger sehr vertraulicher Briefe von Rudolf, die dieser an ihren verstorbenen Mann, Julius Futtaki, gerichtet hatte. Die Originale waren von Futtaki, der als politischer Berater Rudolfs fungierte, wohl an das Kaiserhaus zurückgestellt worden, doch hatte die Sängerin Abschriften angefertigt, für die sie 250 000 Gulden verlangte.

Während sein eigener Leibarzt Dr. Auchenthaler sich mit Slatin und Marys Verwandten in Mayerling und Heiligenkreuz aufhielt, war um 2 Uhr nachts die Obduktion Rudolfs im Billardzimmer beendet worden. Nachdem man an der rechten Gesichtshälfte eine Wachsmoulage anfertigte, welche die entsetzlichen Spuren des Schusses verbarg, und Rudolf einbalsamiert war, wurde der Tote, so Corti-Sokol, in die Paradeuniform eines österreichischen Feldmarschalleutnants gekleidet und auf Wunsch seines Vaters auf dem Bett in seinem Schlafzimmer aufgebahrt, als ob er dort verstorben wäre. Seine Stirn bedeckte ein Tuch, zu seinen Füßen stand das von Kaiser Ferdinand II. stammende wundertätige Kruzifix der Hofburg. Ein Priester sprach leise Totengebete.

Noch während des Vormittags setzen die Kondolenzbesuche der Diplomatie, des höchsten Adels und der hohen Beamtenklasse ein, die Verwandten des Kaiserhauses treffen in Wien ein. Im Billardzimmer und um Rudolfs Paradebett, auf dem er, abgesehen von einer kleinen Wunde am rechten Schläfenbein und dem wie ein Verband die Stirne bedeckenden Tuch, fast unverletzt zu liegen schien, beginnen sich die Blumen zu häufen. Tausend Trauerkränze insgesamt wurden abgegeben; Mary hatte nicht eine einzige Blume gehabt.

Wien war schon seit den Nachmittagsstunden des Vortages, als die Nachricht von Rudolfs Tod sich hier schlagartig verbreitet hatte, voll von Gerüchten gewesen. Niemand wollte an die amtliche Version des Schlaganfalls glauben, den Taaffe und seine Behörden aufgetischt hatten, und das Publikum erging sich in den wildesten Spekulationen. Fast stündlich wechselten die verschiedensten Unglücksversionen einander ab, wobei man stets die gute physische Konstitution des Kronprinzen hervorhob. So mußten der Hof und Ministerpräsident Taaffe, wohl auf Drängen des ungarischen Ministerpräsidenten Koloman von Tisza, sich endlich entschließen, eine neuerliche Version über Rudolfs Tod zu bringen. Diese konnte selbstverständlich wiederum nur eine Halbwahrheit sein. So stand am 1. Februar 1889, also nur zwei Tage nach der Herzschlag-Version der »Wiener Zeitung«, im selben Blatt folgende amtliche Bekanntgabe:

»... KK. Hofrath Dr. Widerhofer constatirte bei der sofort vorgenommenen Untersuchung, daß am Kopfe des Verewigten eine beträchtliche Wunde mit Loslösung der Schädeldecke und des Schädelknochens vorhanden war, welche den sofortigen Tod zur Folge gehabt haben mußte. Dieselbe wurde als Schußwunde constatirt und an der Seite des Bettes, in unmittelbarer Nähe der rechten Hand, befand sich der entladene Revolver. Die Lage der Waffe ließ keinen Zweifel darüber, daß die Tötung mit eigener Hand erfolgt ist.«

Wie die Baronin Vetsera schreibt, erschien noch am selben Abend der Ministerpräsident Taaffe bei ihr im Palais. Auf allerhöchsten Wunsch, so erklärt er, würde der Baronin nahegelegt, noch vor Rudolfs Begräbnis aus Wien abzureisen, um nicht das Empfinden der Majestäten zu verletzen. Weiters dürfe sie am Friedhof in Heiligenkreuz zwischenzeitlich nichts verändern. Taaffe nennt ihr dafür sogar die Frist von acht Tagen. Danach bleibe ihr freigestellt, Marys Leiche auf Wunsch zu exhumieren, er, Taaffe, würde die Kosten tragen. Die Baronin, deren Gefühle zwischen Trauer und Empörung schwanken, lehnt ab.

Taaffe, so notiert Baron Krauß, beauftragt ihn schon am nächsten Tag, die Baronin von einem Agenten observieren zu lassen; man solle ihm mitteilen, wann diese tatsächlich Wien verlassen werde. Weiters, fügt der Ministerpräsident hinzu, kursiere in den Gesellschaftskreisen der Stadt ein Gerücht, das besage, daß die Baronesse Vetsera sich bei der Gräfin Larisch in Pardubitz das Leben genommen habe und gleich dort begraben worden sei.

In Wirklichkeit ergaben die polizeilichen Erhebungen, daß die Gräfin Larisch und deren Mann Georg schon zwei Tage nach diesem Gespräch – am 4. Februar – wieder in Wien eintrafen, um bei der Hoftrauerfeier für Rudolf anwesend zu sein. Die Polizei weiß genau, daß das Ehepaar Larisch wie üblich im Grand Hotel logiert, wo man ein Doppelappartement genommen hat.

Die Larisch, die auf diese Weise wohl gleichzeitig demonstrieren will, nichts mit den Vorgängen um Rudolf und Mayerling zu tun zu haben, erkennt aber bald, daß sie die anderen nicht täuschen kann. Aus den Hofkreisen kam ihr keinerlei Nachricht zu; außerdem will die Larisch, eigenen Worten zufolge, auf eine Botschaft der Baronin Vetsera oder zumindest Marys gewartet haben, was völlig unglaubwürdig ist und gänzlich verlogen scheinen muß, hatte sie doch selbst – wie wir sehen konnten – nur ein paar Tage zuvor die allergrößten Befürchtungen gehegt, daß etwas Unvorhergesehenes passieren könne, das auch Mary mit einschloß. Anstatt ihrer sie ansonsten bevorzugenden Tante, der Kaiserin, erscheint nur Dr. Widerhofer, um, wie die Larisch schreibt, in deren Auftrag zu erfahren, was sie über das Drama von Mayerling wisse, worauf sie beschwört, nichts zu wissen.

Die Geheimpolizei, so Widerhofer, habe entdeckt, daß die Larisch Rudolfs Vertraute war und Mary Vetsera in die Hofburg gebracht hätte. Der Kutscher, mit dem die Larisch hingefahren sei, habe alles gestanden. Widerhofer bat nun, ihm zu sagen, was die Kaiserin zu wissen wünsche: »War der Kronprinz ganz normal, als Sie ihn zuletzt sahen?« Die Larisch erwidert darauf: »Nein, das war er nicht!«

Widerhofer habe ihr darauf berichtet, was er selbst in Mayerling gesehen habe. Die Larisch scheint davon nicht besonders gerührt, womit auch ihre Mary betreffenden Gefühle hinreichend deklariert sind, sondern bittet ihn nur hartnäckig, sich bei der Kaiserin dafür einzusetzen, daß sie von dieser wieder empfangen werde. Noch ein paar Tage später versucht sie über Frau von Ferenczy eine Audienz zu erreichen, was sich aber ebenso als Fehlschlag erweist. Die Larisch blieb vom Hofe verbannt und eine geächtete Person; ihr späteres, aus Geldnot geschriebenes Buch ist eine einzige haßerfüllte Abrechnung mit der kaiserlichen Familie und daher ein zwar höchstpersönliches, aber kaum historisch zu nennendes Dokument geworden.

Behördlicherseits ist festgestellt worden, daß schon zu diesem Zeitpunkt in Wien und Umgebung Gerüchte kursierten, die auch besagten, daß sich in Mayerling noch eine zweite, weibliche Leiche befände. So war, noch ehe am Dienstag, dem 5. Februar 1889, die Trauerzeremonien für Rudolfs Begräbnis in der Kapuzinergruft begannen, gerüchteweise sogar die Rede davon, daß sich in Mayerling ein Förster namens Weidinger erhängt habe, weil Rudolf dessen Frau oder Tochter geschändet haben sollte; es kam zu polizeilichen Anfragen und zur Beschlagnahme eines diesbezüglichen Telegramms an die Redaktion des »Pester Lloyd«. Alle diese Interventionen und Maßnahmen nährten verständlicherweise noch die verschiedenen Gerüchte und Versionen, die immer lauter wurden.

Während Wien also von Gerüchten geradezu schwirrte, begannen dessenungeachtet die Trauerfeierlichkeiten für Rudolf. Wie Conte Corti schrieb, wurde der Sarg »mit dem ganzen finsteren Ernst und Pomp der spanischen Etikette zu den Kapuzinern übergeführt«. Der ganze Zeremonienablauf liegt in tabellarischer Form der Krauß-Akte bei. Mit einem großen Requiem begann die Trauerfeier, bei der das gesamte Erzhaus, viele fremde Souveräne und Fürstlichkeiten, der Hofstaat, die Generalität und das diplomatische Korps anwesend waren. Es ist 16 Uhr an diesem fast schon dunklen Wintertag.

»Während Kardinalerzbischof Dr. Ganglbauer die Trauermesse zelebriert, sind die Blicke des Kaisers starr auf den vor ihm stehenden Sarg seines Sohnes gerichtet«, berichtet Conte Corti. »Beim Miserere beugt sich der Monarch mit krampfhaft gefalteten Händen tief zu seinem Betstuhl nieder.«

Auffallend ist, daß an seiner Seite ebenso die Kaiserin Elisabeth wie die Erzherzogin Marie Valerie fehlen. Das Straßenpublikum will hinterher wissen, daß Elisabeth durch den Tod Rudolfs bereits übergeschnappt sei, in Wahrheit betete sie mit ihrer Lieblingstochter in der Josefikapelle still für den Toten.

»Der Erzbischof stimmt mit zitterndem Munde das ›Requiem aeternam dona ei Domine...‹ an und der Chor antwortet leise ›Et lux perpetua...‹ Mit einem dumpfen ›Requiescat in pace, Amen!‹ schließt die Einsegnung«, schreibt Conte Corti.

Rudolf war der 113. Habsburger, der in der Kapuzinergruft bestattet wurde. Anstatt dem Obersthofmeister Prinz Hohenlohe und entgegen dem ganzen Zeremoniell geleitet der Kaiser den Sarg selbst in die Gruft hinunter, die von den brennenden Fackeln der Kapuzinermönche gespenstisch beleuchtet wird. Nach der neuerlichen Einsegnung kniet der Kaiser plötzlich wie in einem Schwächeanfall nieder und küßt bewegt Rudolfs Sarg. Danach kehrt er mit Erzherzogin Gisela in die Hofburg heim.

Die Kronprinzessin Stephanie ist der Trauerfeier gänzlich ferngeblieben.

Am darauffolgenden Tag erfährt Polizeipräsident Baron Krauß durch seine Zuträger, daß auch der Vater der Gräfin Larisch, Prinz Ludwig in Bayern, der Bruder der Kaiserin, zum Begräbnis nach Wien gekommen sei und seine Tochter im Grand Hotel aufgesucht hat. Diese Nachricht meldet Krauß an Ministerpräsident Taaffe weiter.

Am 7. Februar notiert Krauß diesbezüglich in seiner Akte:

»Der Ministerpräsident, welchem ich die mir gestern in Betreff der Gräfin Larisch gemachten Mittheilungen machte, sagte, er wisse nicht, daß Prinz Ludwig in Bayern in Wien gewesen sei, er habe ihn beim Leichenbegängnis in der Kapuzinerkirche nicht gesehen. Ich ließ sohin durch das Agenteninstitut mir eine Relation machen aus welcher hervorgeht, daß Herzog Ludwig in Bayern hier war, daß er ohnmächtig wurde und wegen Unwohlseins nicht in die Kapuzinerkirche gehen konnte. Dies berichtete ich dem Ministerpräsidenten.«

Aber Taaffe weiß es bereits besser:

»Der Ministerpräsident sagte, er habe erfahren, dem Herzog Ludwig in Bayern sei der Wink von höchster Seite zugekommen, nicht in die Kirche zu kommen, daher das Unwohlsein.«

Man erkennt, daß die Verfemung nicht nur die Gräfin Larisch allein, sondern ihre ganze Familie betraf. Die blonde Lieblingsnichte der Kaiserin und ihr Anhang waren unwiderruflich geächtet, verstoßen, vom Hofe ausgeschlossen. Noch am Abend der Trauerfeier reiste das Ehepar Larisch nach Venedig ab, ohne an der Zeremonie teilgenommen zu haben. Die Larisch war wütend und enttäuscht.

Äußerlich bot Wien zwar durchaus das Bild einer trauernden Stadt, der man die tiefe, kummervolle Erschütterung beinahe glauben wollte, aber Hoftrauer und Aufbahrung, Leichenzug und Beisetzung in der Kapuzinergruft, der ganze düstere Pomp und die vordergründig ausgespielte Trauer waren doch nur der kalte Höhepunkt einer Tragödie gewesen, der die wirkliche menschliche Anteilnahme in Wahrheit fast völlig abging. Die Öffentlichkeit hatte nunmehr erfahren, daß der Thronerbe durch eigene Hand umgekommen war, und sie hatte sogar gehört, daß er die »kleine Vetsera«, wie der Diminutiv nun einmal lautete, mitgenommen habe, aber das alles genügte der Grimasse der Sensationslust nicht. Aus dem Getuschel in den noblen Salons werden »Wahrheiten«, die man sich noch in den Wirtshäusern der Vorstädte erzählt, aus Andeutungen und Gerüchten »Lösungen« des blutigen Rätsels und neuerliche Versionen – dies kann nicht einmal die Polizei verbieten oder verhindern, die in Konfidentenmeldungen diesen ordinären Meinungsschutt aufsammelt und ihrerseits selbst vom Klatsch angesteckt wird, der alle infiziert.

# Das amerikanische Duell

Einer dieser Konfidentenberichte sprach in seltsamer Parallelität mit gewissen Pressemeldungen die Vermutung aus, der Selbstmord Rudolfs sei die Folge eines amerikanischen Duells gewesen, bei dem der Kronprinz die schwarze Kugel gezogen habe.

Corti-Sokol, und mit ihnen viele namhafte Mayerling-Autoren, haben diese Möglichkeit »als höchst unglaubwürdig« verworfen und angeführt, daß das sogenannte amerikanische Duell in der k.u.k. Armee als unehrenhaft galt und es außerdem auch verboten war, Mitglieder des Kaiserhauses zum Duell zu fordern.

Ebenso hat man für die Unwahrscheinlichkeit eines amerikanischen Duells auch die tagebuchartigen Aufzeichnungen der Erzherzogin Marie Valerie herangezogen, die in ihrer »Wahrheitstreue« angeblich ein »ungeschminktes Bild« des kaiserlichen Familienlebens geben und in denen nichts Derartiges erwähnt würde.

Nun, die Eventualität des amerikanischen Duells mußte zwangsläufig zuerst den legitimistischen Tendenzen nahestehenden Personenkreis bestürzen, der sich bis in unsere Zeit hinein fortsetzt und hinter dieser Version Unehrenhaftigkeit des Handelns und blanken Zynismus vermutet, mithin Beweggründe, die man einem österreichischen Kronprinzen nicht zuschreiben möchte. Dazu kam seinerzeit der nur äußerlich beigelegte Nationalitätenstreit innerhalb der Monarchie. Rudolf wurden darum politische Motive unterstellt, für die es überhaupt keinen Beweis gibt. Im Gegenteil, Rudolf war dem Kaiserhaus loyal ergeben, an dieser Haltung ändern selbst seine liberalen Presseartikel nichts.

Man erkennt aus dem Vorstehenden bereits die Tatsache, daß Rudolfs Tod den Bedürfnissen der verschiedensten Kreise zufolge adaptiert worden ist, die seinem Sterben individuell den ihnen wichtigen Zweck unterschoben haben, um diesen politisch nutzbar zu machen. Für sie alle *mußte* ein amerikanisches Duell als die verwerflichste, weil zugleich unbrauchbarste Motivation von Rudolfs Selbstmord daher schon a priori ausscheiden, das heißt, als solche Möglichkeit weitestgehend negiert werden.

Denn machen wir uns nichts vor: Die Auffassung, daß es kein amerikanisches Duell gegeben haben könne, wenn dieses verboten war, ist doch von merkwürdiger Naivität – und ganz besonders in Hinblick auf Rudolfs Person, der doch genaugenommen sämtliche Verbote in den Wind schlug und dessen Ende eine einzige Verächtlichmachung dieser Verbote war.

Auch die Meinung, daß uns die angebliche »Wahrheitstreue« der Erzherzogin Marie Valerie ein solches amerikanisches Duell nicht verschwiegen hätte, kann nie und nimmer ein Gegenbeweis desselben sein, wie denn ja auch nirgendwo geschrieben steht, daß Rudolf sich Marie Valerie hätte anvertrauen müssen.

Also verblieben nur noch die Sensationsschriftsteller, die sich aufmachten, das Rätsel von Mayerling zu lüften, aber schon nach ein paar Schritten im Gefühlssumpf versanken. Jedes Jahr brachten sie neuerliche Lösungen und damit neuerliche Auflagen. Entweder man rettete Rudolfs Ehre als Kavalier, oder man stieß sie in den Kot des Boulevards, das alles frei nach Belieben.

Weder die eine noch die andere Seite hat Mayerling bis dato aufklären können, weil, wie man sieht, die Wesensart beider Seiten eine vernünftige Aufklärung vereitelte.

Im Wort Mayerling leben die Emotionen weiter, an ihm scheiden sich die Geister, die es nicht freigeben.

Ich habe mich als Autor völlig unvoreingenommen dem Thema genähert, ohne politische Brille, ja zugegebenermaßen sogar mit gewisser Sympathie für die Monarchie und ihre Belange. Es war nicht meine Absicht, mir klammheimlich aus der Überfülle des Materials eine mir gemäße Version herauszuklauben und sodann deren Beweisführung anzutreten – und ich habe vielleicht deshalb plötzlich die Lösung des Rätsels aus den verschiedenen Meldungen, Aussagen und den Polizeiberichten herausgelesen, gerade weil mich deren Widersprüchlichkeit stutzig machen mußte, die arabeskenartig den Tatbestand zu verdecken und umzumünzen sucht. Und das ist jener des amerikanischen Duells.

Seine Ursache und seinen Hergang erläutern zu wollen ist nicht schwer. Aus verschiedenen Aussprüchen wissen wir, daß das Drama von Mayerling gewissermaßen einen doppelten Boden hatte, das heißt, daß es hinter der blutigen Tragödie eine noch schrecklichere Geschichte gab, von der Rudolfs Selbstmord sozusagen abzulenken hatte. Das war nicht allein die Tötung der Vetsera, welche diese freiwillig auf sich genommen hat, sondern es gab andere Umstände. So schrieb schon am 2. Februar 1889 Rudolfs Schwiegervater, König Leopold II. von Belgien, an seinen Bruder, den Grafen von Flandern:
»Es ist absolut wichtig, die Selbstmordversion zu bestätigen und aufrecht zu erhalten. Es mag in den Augen unseres katholischen Volkes schwierig erscheinen, ein Haus mit den Ansichten des Hauses Habsburg die Selbstmordversion bekräftigen zu sehen. Aber Selbstmord und Sinnesverwirrung waren die einzigen Mittel, um einen unerhörten *Skandal* zu vermeiden, dessen Einzelheiten ich meinem Brief gar nicht anvertrauen kann ...«
Kaiser Franz Joseph selbst sagte zu Leopold, daß »alles besser sei als die Wahrheit«, um an anderer Stelle gleichfalls zu betonen, »daß die Wahrheit viel ärger sei als alle anderen Versionen ...« Laut Joachim von Kürenberg äußerte er der Schratt gegenüber einmal: »Die Leute sollen sich um ihre Sache kümmern; da wird im Zusammenhang mit dem Tode meines armen Sohnes immer von

186

Liebe geredet, als wenn Liebe bei ihm so etwas Entscheidendes gewesen wäre. Das sind eingebildete Sachen!«
Der Erzherzog Karl Ludwig schrieb an die Mutter der Kaiserin, Herzogin Ludovika, nach Bayern: »Die Wahrheit ist so schrecklich, daß man sie nie gestehen kann.«
Die beiden Augenzeugen von Mayerling, Prinz Philipp von Coburg und Graf Josef Hoyos, blieben aus Gründen, die wir sogleich näher betrachten werden, eher zurückhaltend. Coburg sagte zu seiner Frau: »Frag mich nicht. Es ist furchtbar, furchtbar. Ich kann dir nichts darüber sagen.« Hoyos seinerseits bemerkte zu Erzherzog Johann Salvator: »Seine Hoheit ist todt! Das ist alles, was ich sagen kann. Fragen Sie mich nicht um Details. Es ist zu schrecklich. Ich gab dem Kaiser mein Wort, daß ich über das, was ich sah, nicht ein Wort sagen werde.«
Aber Hoyos äußerte auch: »Die offizielle Lesart ist Mumpitz – in Wahrheit war es ganz anders!« Sein Neffe blieb überzeugt, daß der Onkel das Geheimnis von Mayerling mit ins Grab genommen habe.
Heinrich Pollak schrieb in seinem 1901 in Wien erschienenen Buch »Erzherzog Johann«, daß dieser zu dem Drama von Mayerling gesagt haben soll: »Allein viele andere Umstände deuten doch wieder darauf hin, daß der Selbstmord vielleicht durch einen zufälligen, inzwischen eingetretenen Vorfall aufregendster Art veranlaßt wurde.«
Arthur Skedl weist in seinem Werk »Der politische Nachlaß des Grafen Eduard Taaffe« ausdrücklich auf dessen Aussage hin, daß »die Umstände des Falles von Mayerling viel grauenhafter seien, als man sich dies vorstellen kann«.
Auch Erzherzog Albrecht berührte in einem Schreiben vom 18. Oktober 1889 an den späteren Thronfolger Erzherzog Franz Ferdinand nochmals die unerhörte Tragödie, die sich in Mayerling mit »...dem entsetzlichen Selbstmorde Rudolphs, dreifach entsetzlich durch alle Nebenumstände und was vorausgegangen« ereignete.

»Dreifach entsetzlich?« Was bedeutet dieser ominöse Ausdruck wenn nicht die Verwicklung gleich dreier Personen in die Mayerling-Tragödie? Selbstmord und Sinnesverwirrung als das »einzige Mittel«, um einen unerhörten *Skandal* zu vermeiden, sprich zu vertuschen? Gewiß, schon in seiner Abendausgabe vom 1. Februar 1889, die sofort konfisziert worden war, hatte das »Neue Wiener Tagblatt« in einem Leitartikel mit der Überschrift »Der letzte Schuß« unverblümt auf die Art dieses Skandals hingewiesen:

»Worin lag die Nothwendigkeit zum Selbstmord begründet? Die Thatsache der Sühne ist officiell constatirt!« Sühne – aber wofür?

Vergegenwärtigen wir uns nochmals den schon vorstehend zitierten Bericht aus der am 5. Februar 1889 in der Schweiz erschienenen Zeitung »Der Bund«: »Der Kronprinz soll eine heftige Leidenschaft für eine junge, unverehelichte, den höchsten Kreisen der Wiener Aristokratie angehörige Dame empfunden haben, welche nicht ohne Erwiderung und schließlich auch nicht ohne Folgen geblieben [ist] . . . schließlich soll der Prinz nach seinen Begriffen von Ehre den Tod als einzigen Ausweg aus einem furchtbaren Dilemma gesucht haben.«

Bei oberflächlicher Lesart möchte man nun meinen, der Inhalt dieses Artikels ziele auf die Vetsera ab, aber dem ist nicht so. Die Vetsera gehörte nicht zu den höchsten Kreisen der Wiener Aristokratie, sondern entsproß dem eher minderen Beamtenadel, sie war zweite, wenn nicht gar dritte Kategorie.

Rudolf, dieser junge, flotte Lebemann und Erbe eines der reichsten Monarchen der Welt, spielt mit den Frauen; so ist auch einer später gemachten Aussage des Grafen Hoyos zufolge sein Verhältnis zu Mary Vetsera schon vor Mayerling erkaltet gewesen – nur der gemeinsame Tod läßt es letztendlich im Licht eines großen Liebesrausches erscheinen, den es, zumindest für Rudolf, gar nicht gab.

Da er in seinen zahlreichen Affären nicht gerade immer

diskret vorging, was auch von ihm gemachte, eher peinliche Äußerungen über die Vetsera zu Hoyos bestätigen, wußten die eingeweihten aristokratischen Kreise praktisch jedesmal, welcher Tänzerin, Soubrette, Zirkusreiterin oder aber welchem »süßen Mädel« aus der Gesellschaft sonst der Kronprinz soeben seine Gunst bezeugte. Rudolf war solcherart Anlaß ständiger Tratschgeschichten, mit welchen man sich in den Salons unterhielt. Als man – neben Mary Vetsera und der Soubrette Mizzi Caspar – bald auch über die jugendliche Prinzessin Aglaja Auersperg zu tuscheln anfing, soll darauf folgendes Echospiel bei diversen Landpartien vergnügliche Mode gemacht haben, welches man nach Übereinkunft voller Übermut in den Wald hineinrief:

»Liebt der Rudolf die Vetsera?«

»A! A!« schallte es wie im Wiener Dialekt zurück, was soviel als »auch« heißt.

»Liebt er auch die Stephanie?«

Prompt echote es sogleich: »Nie, nie!«

»Liebt er vielleicht Aglaja?«

»Ja!« ertönte das Echo. »Ja!«

Einer der wichtigsten, anonym gebliebenen Konfidenten des Baron Krauß, der seine Meldungen auf losen Briefblättern, die mit fahrigen Schriftzügen bedeckt sind, unter dem Signum »X. Y.« an das Polizeipräsidium weitergibt, meldete in einem Rohrpostbrief vom 1. Februar 1889, 15 Uhr:

»Die vox populi [Volksmeinung, Volksstimme] hält zähe daran fest, daß schon am Dienstag im Walde von Mayerling auf den Kronprinzen geschossen worden sei. Die Leute sagen: ebenso gut als man zuerst die Wahrheit verleugnet hat, kann dies auch jetzt der Fall sein. Der Revolver ist ›halt‹ nachträglich hingelegt worden. – In freimaurerischen Kreisen, in denen ich mich bis heute Mitternacht bewegt hatte, erzählt man nachstehende, in einigen Punkten etwas romantisch klingende Geschichte:

Fürst Adolph Auersperg nahm im August 1888 Audienz bei S. Majestät, um ... Aglaja, die ... schwänge ...«
Seltsamerweise ist sogar der Rest in der Faksimilia der Dokumente des offiziellen Aktes des K. K. Polizeipräsidiums, der sich unter der Signatarnummer 891.614-B im Eigentum der Österreichischen Nationalbibliothek befindet, zensuriert worden!

Das Werk selbst steht unter ausdrücklichem Sperrvermerk, wurde mir aber trotzdem auf mein Drängen vom zuständigen Abteilungsleiter, Oberrat Dr. Frodl, kurzzeitig zur Verfügung gestellt. Über Anfrage teilte mir Dr. Frodl mündlich mit, daß Sperrvermerke ansonsten nur bei aktuellen Dissertationen oder sonstigen wissenschaftlichen Arbeiten, und auch dann nur vorübergehend, gebräuchlich seien, es aber ansonsten keine Sperren und Leseverbote gäbe. Auch über die Gründe der Zensur vermochte er keine Auskunft zu geben.

Der Konfident »X. Y.« teilt nun mit, daß Adolph Auersperg den Kaiser davon unterrichtet habe, die siebzehnjährige Prinzessin Aglaja sei von Rudolf geschwängert worden. Er verlange, daß die Ehre seiner Familie wiederhergestellt würde:

»Es gab eine furchtbare Szene, der Kaiser ließ seinen Sohn kommen und erklärte ihm, es sei seine Pflicht als erster Kavalier des Reiches, sich mit dem Prinzen Auersperg nach den Regeln der Ehre auseinanderzusetzen.«

Angeblich hatte Auersperg als Bruder beharrlich auf Satisfaktion und »ritterliche Austragung« der Beleidigung gedrängt, aber ein reguläres Duell mit dem Thronfolger war natürlich unmöglich. Die Kontrahenten kamen daher angeblich überein, die Affäre diskreter zu regeln: durch das »amerikanische Duell«. Die Duellanten wechseln dabei nicht Pistolenkugeln, sondern ziehen Kugeln. Der die weiße zieht, hat gewonnen, der die schwarze zieht, muß sich binnen sechs Monaten töten:

»In dieser schrecklichen Situation liegt auch der Grund, warum der Kaiser, abgesehen von den Rücksichten für die Ungarn, alle Ovationen zu seinem Jubiläum ablehnte.«

Das Schicksal spielt sozusagen den moralischen Rächer. Fürst Auersperg zieht die weiße Kugel, dem Kronprinzen bleibt nur noch die schwarze.

Zunächst setzt der Todeskandidat Rudolf noch sein Leben fort, als ob nichts geschehen sei, aber umso näher der Tag rückt, an dem seine Lebensfrist ablaufen soll, desto nervöser und unsteter wird er. Die Nächte werden immer hektischer. Darauf führt ihm die Gräfin Larisch-Wallersee die »kleine Vetsera« zu, eine exotische Schönheit, die zunächst nur als erotischer Leckerbissen gedacht ist, sich ihrerseits aber in Rudolf gänzlich verliebt. Und ihm hörig wird.

In Rudolf reift ein schlimmer Entschluß. Zwar ist er bereits bereit, den Urteilsspruch der schwarzen Kugel an sich zu erfüllen und seine Ehrenpflicht zu vollstrecken, aber er will nicht allein sterben. Dies wird bei Rudolf zur fixen Idee, die ihn nicht mehr verläßt. Er macht verschiedenen Frauen – wie Mizzi Caspar – den Vorschlag, mit ihm abzutreten, aber diese lachen ihn aus, sie alle halten sein wahnwitziges Ansinnen für einen in der Champagnerlaune gemachten Scherz. Einzig Mary ist dazu bereit.

Währenddessen kursiert in Wien laut dem Konfidenten »X. Y.« das Gesellschaftsgerücht: »Ihr werdet sehen, daß die Sache für Rudolf ein schlechtes Ende nimmt. Der Fürst Auersperg schießt ihn nieder, wenn er keine Satisfaktion bekommt.«

Dies alles erkläre auch die immer wiederkehrende Äußerung des Kronprinzen, »seine Ehre erheische den Tod«, deren Häufigkeit deutlich auf eine solche Ehrenaffäre hinweise:

»Am 30. Jänner erschoß sich Rudolf und hatte seine Zeugen Coburg und Hoyos nach Mayerling mitgenommen – – – Relata refero.«

Als schon die ersten Gerüchte über diesen Ehrenhandel durch die Stadt laufen und ausländische Blätter den Namen Auersperg schon deutlich mit Rudolfs Tod in Verbindung bringen und vom amerikanischen Duell zu wissen glauben, versuchen die Auersperg – und das ist auffällig genug – sich davon öffentlich zu distanzieren. So zeigt der Fürst Adolph Auersperg sich demonstrativ auf dem Ringstraßenkorso, um sein Gesicht zu wahren.

Seine Schwester, die Prinzessin Aglaja Auersperg, die unter einem Vorwand sofort mit unbekanntem Ziel ins Ausland geschickt wird, ist zu dieser Zeit eines der schönsten Mädchen der Hocharistokratie Wiens. Seit ihrer Kindheit schon dem Hofe verbunden, gehörte sie, als Freundin der Erzherzogin Marie Valerie, so weit es die engen Grenzen des Zeremoniells erlaubten, fast zur kaiserlichen Familie. Mit Sicherheit mußte Aglaja die Aufmerksamkeit des passionierten Schürzenjägers und Frauenverehrers Rudolf auf sich ziehen; aber als sie sich mit ihm einläßt, geschieht das »Malheur«, das zur Katastrophe führt.

Bis auf die Spekulation, daß der Kaiser selbst Mitwisser des vereinbarten amerikanischen Duells gewesen wäre, was angesichts seiner Gesamtpersönlichkeit, aber auch in Hinblick auf seinen leiblichen Sohn und Thronerben völlig absurd ist, ist diese Darstellung vermutlich insgesamt *wahr*. Wir können sogar annehmen, daß sie absichtlich mit kleinen Schönheitsfehlern versehen wurde, damit ihr Wahrheitsgehalt zurücksteht. Der Baron Krauß hat seine Protokolle doppeldeutig geschrieben – schon mit einem Auge auf die Nachwelt schielend. Wie die Kaiserfamilie und die Regierung hatte auch die Polizei nur eine einzige Sorge, nämlich die Wahrheit zu vertuschen. Der Polizeipräsident wollte nichts gewußt haben; so haben wir vorhin schon gesehen, daß er längst wußte, daß Rudolf in Mayerling war, aber immer noch diesbezügliche Recherchen befahl. Ebenso hat Taaffe durch sein Zögern die ganze Katastrophe zugelassen, will man ihm nicht unterstellen, daß er sie aus der Ferne sogar mit Gelassenheit beobachtete, da Rudolf der von ihm eingeschlagenen Politik sowieso im Weg stand.

Erst als schon alle Welt weiß, daß Rudolf Selbstmord begangen hat, wird von Taaffe das auch offiziell einbekannt – aber mehr nicht. Daß der Kronprinz vorher noch eine Frau getötet hat, bleibt, ebenso wie die Hintergründe dafür, solange die Monarchie existierte, ein »Staatsgeheimnis«, das alle kennen.

Am 7. Februar 1889 erschien unter dem Titel »Das Drama in Meyerling« in den »Münchener Neuesten Nachrichten« folgender ausführlicher Artikel, der ebenfalls von einem amerikanischen Duell wissen will und deshalb sehr interessant ist, weil der Informant dafür höchstwahrscheinlich entweder in Hofkreisen oder unter den Polizeibehörden zu suchen war, was einige fundierte Details zu beweisen scheinen:
»Das öffentliche Interesse und die schuldige Rücksicht gegen unsere Leser zwingen uns, heute mit einer Reihe von Nachrichten hervorzutreten, die zwar noch nicht amtlich bestätigt, indessen – wenigstens insoweit es sich um *unsere* Original-Informationen handelt – vollkommen zuverlässig sind.
Schon am Tage nach dem Eintreffen der ersten erschütternden Nachricht, als allgemein noch von einem ›Schlaganfall‹ die Rede war, erhielten wir die Mittheilung vom gemeinsamen Tode des Kronprinzen und der Baronesse Vecsera; und zwar nicht von einem unserer regelmäßigen Korrespondenten, im Gegentheil, diese waren bestürzt, als ihnen am Samstag, den 2. Februar Morgens in Wien unser Blatt zu Gesicht kam, das auch in der Hofburg lebhaft verlangt wurde. Einem unserer Korrespondenten mußten wir auf sein dringendes Ersuchen sogar telegraphisch bestätigen, daß die Nachricht nicht von ihm stamme!! Und doch hatten wir in jener Nummer nur den ›Selbstmord‹ der Vecsera und die Thatsache, daß derselbe in Meyerling erfolgt sei, gebracht, aber aus nahe liegenden Gründen noch von dem Zusammenhang mit dem tragischen Ende des Kronprinzen geschwiegen.

Als sich die Details über die Wahrheit in unserem Redaktionsportefeuille mehrten, ohne daß von Wien aus irgend eine amtliche Richtigstellung erfolgte, wandten wir uns am Dienstag, 5. Februar, morgens telegraphisch direkt an das k.k. Polizeipräsidium in Wien mit der Bitte um Auskunft. Am Nachmittag desselben Tages erhielten wir von dieser Behörde die gleichfalls telegraphische Antwort, daß uns Aufschlüsse durch die Münchner Polizei werden würden.

Da aber bis zur Stunde, Donnerstag Mittag, keinerlei Aufschluß erfolgt ist, so halten wir, wie bemerkt, längeres Schweigen mit der Rücksicht auf unsere Leser für unvereinbar.

Ein Wiener Gewährsmann schrieb uns darüber:

Baronesse Mary Vecsera fuhr am Montag Vormittag mit ihrer Freundin Gräfin Larisch angeblich auf Kommissionen-Besorgung. Am Kohlmarkte veranlaßte sie die Gräfin, allein auszusteigen und in einen Laden einzutreten, worauf sie selbst auf der entgegengesetzten Seite den Wagen verließ und einer andern Stelle zueilte, wo, wie sie wußte, der Fiaker Bratfisch auf sie wartete. Mit ihm verließ sie Wien und fuhr nach Meyerling. Unterwegs jedoch bereits gesellte sich Kronprinz Rudolf zu ihr. Das Paar legte die weitere Wegstrecke ohne jede Heimlichkeit der Außenwelt gegenüber zurück. In Meyerling brachten Rudolf und Mary den Montag und Dienstag heiter zu, und zwar in Gesellschaft des Grafen Hoyos und des Prinzen Coburg. Mittwoch Früh fand man die Beiden todt im Bette nebeneinander. Wer zuerst die Entdeckung machte, steht noch nicht fest, wahrscheinlich Kammerdiener Loschek. Die Kerzen waren ganz herabgebrannt, offenbar hatte das Paar die Nacht durchwacht. Es ist *unbedingt* ausgeschlossen, daß sie ihn und dann erst sich erschossen habe. Rudolf tödtete zuerst Mary und dann sich, ganz dem Wiener Romanstil entsprechend. Die Kugel trat bei ihm gegen das linke Ohr an der oberen Schädeldecke heraus, wodurch in Verbindung mit den verwachsenen Näthen eine Sprengung der Schädelknochen erfolgte. Auch die Vecsera ist in den Kopf geschossen. Ihre Leiche wurde zu den Cisterziensern nach Heiligenkreuz geschafft und dort in aller Stille beerdigt. Daß seitdem eine Exhumirung stattgefunden habe, ist falsch, ebenso daß Rudolf die Leiche, ehe er den Selbstmord beging, noch mit Blumen geschmückt habe. Sie wurde beide schmucklos, todt nebeneinander liegend gefunden und – von allen Kutschern, Lakaien, Dienern u.s.w., was nur in Meyerling war, eine Zeitlang begafft. So groß war die Kopflosigkeit! Von den Briefen, die Rudolf während der Nacht in Gegenwart der Vecsera schrieb, ist der längste der an die Kaiserin gerichtete. Über den Inhalt verlautet nichts...

So weit unser Korrespondent, der außerdem seine gestrige Nachricht von den Folgen des Verhältnisses bestätigt. Dasgleiche wird übrigens, wie er hinzufügt, von der Prinzessin Aglaja Auersperg erzählt, der Tochter des ehemaligen Ministerpräsidenten und einer guten Freundin der Erzherzogin Valerie. Die über das Verhältniß dieser Dame mit dem Kronprinzen im Umlauf befindlichen Gerüchte sind zwar nicht beglaubigt, aber auch noch nicht im Geringsten dementiert. Wir finden in einem Hamburger Blatte die folgende Darstellung:

›Im Spätherbste, wie gesagt, sprach man zuerst davon, daß der Kronprinz an eine Lösung seiner Ehe mit der belgischen Königstochter denke, und daß Kaiser Franz Joseph vergeblich bemüht sei, zwischen den beiden Ehegatten zu vermitteln. Zu gleicher Zeit erfuhr man von einem innigen Verhältnisse, das sich zwischen dem Kronprinzen Rudolf und der Jugendgespielin der Erzherzogin Marie Valerie, dem liebreizenden Sproß eines der ersten österreichischen Adelsgeschlechter herausgebildet hatte. Es war dies die Prinzeß Aglaja Auersperg, ein Liebling der gesamten kaiserlichen Familie, die bei Hofe aufgewachsen und mit welcher der Kronprinz daher fast täglich zusammen war. Die Prinzessin hatte eine wahrhaft schwärmerische Zuneigung für den ritterlichen Thronerben und gab sich diesem Gefühle schrankenlos hin. Erst spät, leider zu spät, gelangte sie zu der Erkenntniß, daß ihrer Liebe durch das eheliche Band und die hohe Stellung des Kronprinzen unübersteigliche Hindernisse gezogen seien. Die Prinzessin hatte dem Geliebten Alles geopfert und sie sah einem Ereigniß entgegen, welches in Bälde ihre Verirrung aller Welt offenbaren mußte. In dieser schrecklichen Lage entdeckte sie sich ihrer Familie. Sie wurde zu Verwandten nach London geschickt und ihr Vetter, der junge Graf Waldstein übernahm es, der verletzten Familie ihre Genugtuung zu schaffen. Er forderte den Kronprinzen Rudolf zum Zweikampf. Der Kronprinz gewährte seinem kaiserlichen Vater mit allem Freimuth Einblick in seine Situation und der Monarch entschied, daß der Thronfolger der an ihm ergangenen Herausforderung keine Folge leisten dürfe. Man erzählt sich von einer Reihe stürmischer Szenen, deren Schauplatz die kaiserliche Hofburg in der vorigen Woche gewesen sein soll.

Es knüpfen sich an diese Darstellung mannigfache Gerüchte; nach dem einen soll es zu einem amerikanischen Duell gekommen sei, bei dem der Kronprinz die schwarze Kugel gezogen; und das ist eine Darstellung, wie sie ein offiziöses ungarisches Blatt gleich in den ersten Tagen reproduziert hat...‹«

Der Autor Ernst von der Planitz, der bereits unmittelbar nach der Tragödie in Mayerling seine Recherchen begann, bemerkte über die Einvernahme von Bratfisch:
»In der Angabe von Bratfisch wird deutlich, Coburg und Hoyos von der allerdings ziemlich verantwortungsvollen Zeugenschaft der Katastrophe möglichst zu entfernen und ihr späteres Hinzukommen als ganz zufällig erscheinen zu lassen.«
Wir haben schon angedeutet, daß vor allem die Rolle Coburgs an jenem schicksalsschweren Tag eine äußerst merkwürdige gewesen ist. Als Schwager Rudolfs und Angehöriger des Erzhauses hätte eigentlich er die gesamte

Verantwortung für die geeigneten Schritte nach der Auffindung der Leichen zu übernehmen gehabt, aber Hoyos schrieb, daß Philipp angeblich »von Schmerz gebrochen, selbst kaum mehr actionsfähig war«.

Coburg blieb denn auch von geradezu auffallender Passivität und war nicht einmal in der Lage, die Giftversion, mit der Hoyos nach Wien geeilt war, hinterher richtigzustellen, obschon er sich an der Seite Loscheks von Rudolfs Schußverletzung im Laufe des Vormittags überzeugt hatte.

Er beantwortete nur eine einzige Depesche mit der Anfrage Erzherzog Karl Ludwigs, ob Rudolf am Abend bei einem von ihm gegebenen Familiendiner erscheinen würde, mit einem ausweichenden Telegramm des Inhalts, der Thronfolger sei krankheitshalber verhindert, weitere Meldungen würden noch folgen.

Seine eigenen Wahrnehmungen äußerte Prinz Coburg nicht, der sich noch bis in den späten Abend zum Donnerstag im Jagdschloß aufhielt, ohne daß zu ersehen wäre, was er dort eigentlich tat. Er hat auch später, soweit bekannt ist, keinerlei schriftliche Aufzeichnungen hinterlassen, sondern soll nur einmal völlig ominös geäußert haben, Rudolf habe ganz bestimmt Selbstmord begangen: »Er hat sich mit seinem Jagdgewehr erschossen.«

Entweder war Coburg, überspitzt ausgedrückt, tatsächlich der »Trottel« gewesen, als den Elisabeth ihn hinterrücks titulierte – oder er hat in Mayerling eine andere Aufgabe zu erfüllen gehabt. Die Gräfin Larisch behauptete ihrerseits, Dr. Widerhofer habe ihr mitgeteilt, daß Prinz Philipp von Coburg die Anwesenheit Mary Vetseras in Mayerling von allem Anfang an bekannt gewesen wäre.

Der Hoftelegraph Schuldes schildert:

»Namentlich Prinz Coburg hatte ganz versagt. Derselbe, ein behäbiger Herr, befand sich in völliger Fassungslosigkeit. Erst als er merkte, daß die Anwesenden von ihm einen Entschluß erwarteten, raffte er sich auf und traf verkehrte Anordnungen ...«

Nun ja, Coburg befahl die Räumung und Absperrung sämtlicher Räumlichkeiten und die Entfernung von Marys Leiche aus dem gemeinsamen Bett, die über den Hausflur ins Speisezimmer getragen und auf den dortigen Billardtisch gelegt wurde, was in nicht gerade pietätvoller Weise geschehen sein soll, aber in Erwartung der Hofkommission Coburg offenbar notwendig schien. Grundsätzlich falsch war seine Handlungsweise nicht zu nennen. Schuldes spricht seine Verwunderung darüber aus, daß Coburg schließlich überhaupt vom Schauplatz verschwand, also die Dinge offensichtlich sich selbst überließ. Trotzdem muß er irgendwo in der Nähe im Schloß gewesen sein.

Rekapitulieren wir kurz, daß Hoyos wie Loschek an diesem Morgen mit dem Aufbrechen von Rudolfs Zimmer solange zugewartet hatten, bis Coburg wie vereinbart eintreffen *mußte,* ja daß Loschek wahrscheinlich deshalb auf Rudolfs Geheiß schon zuvor abwartete, bis fast über eine Stunde vergangen war, ehe er seinerseits erst Hoyos verständigte.

Das kann nichts anderes bedeuten, als daß sowohl Hoyos wie Coburg die Rolle »passiver« Sekundanten gespielt haben, deren Zeugenschaft Rudolfs Tod bestätigen sollte, wie es den Duellregeln entspricht.

Hätte Rudolf seinen Selbstmord nicht schon – ebenso wie die Tötung Marys – vorgeplant gehabt, hätte ja auch keine Notwendigkeit bestanden, sich in sein Liebesnest zwei Jagdgäste einzuladen, die ihn doch nur stören mußten.

Die Zeugen des vollzogenen Ehrenhandels mußten der Stellung Rudolfs gemäß aus der Hocharistokratie sein. Josef Hoyos war überdies ein enger Freund Rudolfs gewesen, Prinz Coburg ihm ebenso nicht nur als Schwager verbunden. Nachdem er – vielleicht innerlich widerstrebend und betroffen – seine Rolle als »Sekundant« erfüllt hatte, sah er für sich keine weitere Veranlassung irgendwelchen Handelns mehr. Man erinnere sich, daß er am Vorabend sogar eigens nach Wien gefahren war, um Rudolf noch persönlich in der Hofburg zu entschuldigen. Dadurch hatte er Rudolf eigentlich Vorschub geleistet. Am Morgen darauf nahm er gemeinsam mit Hoyos wie vereinbart das Ableben Rudolfs zur Kenntnis. Punktum.

Es gibt keine politischen Gründe für Rudolfs Tat, die, im Gegenteil, bis zum bitteren Ende in Mayerling genaugenommen ein Sexualdrama gewesen ist, wenn auch eines der ungeheuerlichsten und aufsehenerregendsten, die sich jemals zugetragen haben.

Die eng ausgelegten Ehrbegriffe des vorigen Jahrhunderts, denen Rudolf anheimfiel, ließen ihm keine Wahl, als die Konsequenzen zu ziehen; mußte doch selbst der kleinste k.u.k. Offizier sich seiner Ehrenrettung wegen erschießen, weil es dem Gesellschaftskodex so entsprach, auch wenn es sich für uns Menschen der Gegenwart dabei oft um Bagatellen gehandelt haben mag. Als hochrangiger Offizier und Gentleman war Rudolf selbst in diese Ehrbegriffe eingebunden, es gab kein Zurück, ohne daß er dabei sein Gesicht verloren hätte. Die Ehre galt höher als das Leben, das war ebenso völlig normal wie ein Duell, mit dem man seine sexuelle Schuld bezahlen zu können glaubte.

Er war durchaus kein Feigling, es mangelte ihm auch nicht an Courage – warum tötete er dann zusätzlich noch Mary? Es mag eine bestimmte Regel geben, die verlangt, daß der Mann zuerst die Frau tötet, bevor er sich selbst umbringt, aber diese verlangt auch zwei Menschen, die sich unauflöslich aneinander gebunden fühlen, was hier nicht der Fall war. Erinnern wir uns daran, daß Rudolf noch die letzte Nacht vor Mayerling mit Mizzi Caspar zugebracht hat. Mary bedeutete ihm durchaus nicht alles, aber es kann sein, daß er mit ihrer Opferung die eigene Angst vor der Selbsttötung zu überwinden suchte. Wenn er sie tötete, versperrte er sich außerdem damit jeden anderen Ausweg. Der Begleitmord war eine Zwangsidee von ihm, ein fixer Wahn geworden, wenn nicht überhaupt ein Aufflammen bestimmter sadistischer Triebkräfte, ein allerletzter Racheakt an den Frauen insgesamt, deretwegen er aus dem Leben hinaus mußte, während sie dableiben durften.

# Geheimheirat und weitere Versionen

Die Mayerling-Tragödie ist durchaus einer russischen Puppe vergleichbar; kaum rührt man an ihr, kommt schon eine andere Variante zum Vorschein. Schauen wir uns einmal das Dutzend der verbreitetsten Versionen an:

1. Der Kronprinz hat seine Geliebte und sich in einem Wahnsinnsanfall erschossen.

2. Kaiser Franz Joseph hat ihn ermorden lassen, weil Rudolf sich angeblich zum König von Ungarn krönen lassen wollte.

3. Rudolf ist bei einem Jagdunfall tödlich verletzt worden.

4. Mary Vetsera hat ihn mit Zyankali oder Laudanum vergiftet.

5. Der Kronprinz ist an einem Herzschlag gestorben.

6. Er ist von den Brüdern Baltazzi, die ihre Nichte Mary aus dem Jagdschloß von Mayerling abholen wollten, im Streit mit einer Champagnerflasche erschlagen worden; alle Beteiligten sind stark betrunken gewesen.

7. Die Vetsera ist bei einem Abtreibungsversuch verblutet, worauf der Ehrenmann Rudolf sich die Kugel gab.

8. Der Kronprinz und seine Mary haben gemeinsam Selbstmord aus unglücklicher Liebe begangen.

9. Ein vor Eifersucht rasender Förster oder Waldhüter hat Rudolf erschossen.

10. Ausländische Agenten haben Rudolf nach dem Scheitern umstürzlerischer Pläne getötet.

11. Die Abweisung seiner Scheidungsbitte sowie eine unheilbare Geschlechtskrankheit haben den Kronprinzen zum Selbstmord getrieben.

12. Mary Vetsera ist von ihm über eigenes Verlangen getötet worden, worauf er sich selbst erschießen mußte.

Zu diesen Versionen, die man als »Volksausgaben« bezeichnen kann, kommen sogleich die speziellen hinzu, deren Tendenzen sich jeweils klar an ihre Urheber anlehnen.

Die offizielle k.u.k. Version: »Kronprinz Rudolf hatte sich verlobt mit der liebreizenden Tochter des belgischen Königshauses, Prinzessin Stephanie. Der Wiener Männergesangsverein, unstreitig der vorzüglichste Sängerchor der Monarchie, begab sich nach Belgien, um der Braut im Schlosse zu Laeken Huldigung in Lied und Sang darzubringen. Am 5. Mai 1881 traf die Prinzessin in Begleitung ihrer Eltern in Schönbrunn ein; die Trauung wurde am 10. Mai mit dem herkömmlichen Gepränge vollzogen. Von der Reichshauptstadt Wien war nicht versäumt worden, den freudigen Gefühlen der Bevölkerung durch herrliche Feste und glänzenden Schmuck Ausdruck zu geben. Die Elisabethbrücke wurde in einen Blumengarten verwandelt, die Kärntnerstraße glich einem Flaggenwald. Tags zuvor hatte im Prater ein großes Volksfest stattgefunden, auf dem sich auch die kaiserliche Familie zeigte.
Die Verehrung und Zuneigung für das kronprinzliche Paar wuchs seither von Jahr zu Jahr und war im wahrsten Wortsinne volksthümlich. Die Vorliebe für Wissenschaft und Künste, seine eifrige Theilnahme an allen fortschrittlichen Betätigungen, die freundliche Leutseligkeit im Verkehr, erwarben Kronprinz Rudolf die herzlichsten Sympathien aller Kreise.
Selbst schriftstellerisch thätig, gab er auch die Anregung zu dem groß angelegten Werke ›Die österreichisch-ungarische Monarchie in Wort und Bild‹, für welches alle hervorragenden Männer der Wissenschaften und Künste als Mitarbeiter zugezogen wurden, und leitete persönlich die Arbeiten des Redactions-Ausschusses.
Als am 2. September 1883 dem Kronprinzenpaar eine Tochter, nämlich Prinzessin Erzsebeth, geboren wurde, nahm Österreich, und vor allem Wien, warmen Antheil

an diesem frohen Ereignisse. Unbeschreiblich war aber die Bestürzung und die tiefe Trauer, als am 30. Januar 1889 der Erbe des Thrones frühzeitig aus dem Leben schied.«

Die Version der Ex-Kaiserin Zita: »Kronprinz Rudolf hat nicht Mary Vetsera und sich erschossen, sondern ist einem politisch motivierten Mordanschlag zum Opfer gefallen. Kaiser Karl unternahm alles, um Beweise zu bekommen. Er versuchte sogar, von unserem Schweizer Exil aus eine Kopie jenes Telegramms der 2 000 Worte zu bekommen, das Kaiser Franz Joseph nach dem Drama von Mayerling an den Papst gesandt hatte. Mit dem Telegramm in der Hand hätte Karl beweisen können, daß Rudolf keinen Selbstmord verübt hatte, sondern das Opfer eines Mordanschlages geworden ist. Denn nach Eintreffen von Kaiser Franz Josephs Depesche stimmte der Papst zu, daß Erzherzog Rudolf trotz der kolportierten Selbstmordversion ein kirchliches Begräbnis gewährt bekomme. Das Telegramm ist aber, wie fast alle wichtigen Unterlagen in Wien, aus dem Vatikanarchiv verschwunden.« (Zitiert aus: »Neue Kronen Zeitung«, 13. März 1983.)

Die »amerikanische« Version: Umschwebt vom Hautgout des Verbotenen und ausgestattet mit unerschöpflichen Geldmitteln, gilt Rudolf, von einer ganzen Ära der Perversion beneidet, als das lebemännische Ideal seiner dekadenten Epoche. Bekannt ist seine Vorliebe für das Halbwelt- und Fiakermilieu, der Leibkutscher Bratfisch fast sein Freund, die stadtbekannte Wiener Kokotte Mizzi Caspar sein intimer Umgang.
Obwohl eine berufsmäßige Kupplerin ihn laufend mit Neuerwerbungen versorgt, erweist er auch höchstrangigen Damen seine Gunst. Der Bruder der jungen Prinzessin Aglaja von Auersperg, Adolph, fordert deshalb beim Kaiser Satisfaktion, dieser willigt prinzipiell ein. Ein reguläres

Duell mit der Person des Thronfolgers ist natürlich so gut wie unmöglich; so einigt man sich auf das »amerikanische Duell«: Wer die weiße Kugel zieht, gewinnt, wer die schwarze hat, muß sich binnen sechs Monaten umbringen. Der Kronprinz verliert.

Zunächst verändert sich für ihn noch nichts, aber je näher der Tag rückt, an dem sein Leben ablaufen soll, desto desperater und verzweifelter wird er. Er bittet den Papst brieflich, seine Ehe zu annullieren, erhält aber keine Antwort. Die Gräfin Larisch stellt ihm die junge Baronesse Vetsera vor, die nicht mehr unerfahren ist, ein Mädchen von in Schwierigkeiten befindlichem Adel, aber mit großen exotischen Reizen, die Mutter kommt aus Smyrna. Obwohl Rudolf die Vetsera genießt, nehmen seine Depressionen immer mehr zu. Aber er ist schon bereit, den Urteilsspruch des Duells an sich zu vollstrecken – wenn nur eine Frau seinen Tod teilen will, allein kann er nicht aus dem Leben gehen. Freilich ist dazu keine bereit. Keine, außer der kleinen Vetsera, die wirklich auf dieses wahnwitzige Ansinnen eingeht, vielleicht weil sie Rudolf sogar liebt – für ihn, der sie und sich erschießt, bleibt sie nur eine von vielen. Noch seine vorletzte Nacht hat er mit seiner Freundin Mizzi Caspar verbracht.

Die alkoholische Version: Oswald Bratfisch, der Sohn des Leibfiakers und später bei einem Verkehrsunfall verunglückt, war Oberkellner in einem Restaurant in der Praterstraße. Wie ein Kenner der Szene, Erich Lang, mir glaubhaft versicherte, hat Oswald Bratfisch ihm seinerzeit vertraulich mitgeteilt, daß sein Vater das Geheimnis von Mayerling letztendlich zwar mit ins Grab nahm, weil er dem Kaiser gegenüber dazu ehrenwörtlich verpflichtet war, aber andererseits durchblicken ließ, die angeblich von *höchsten* Kreisen angestifteten *Mörder* des Kronprinzen und der Vetsera gekannt zu haben. Der alte Bratfisch erhielt vom Kaiser eine Reihe wertvoller Geschenke, die wohl direkt aus Rudolfs Nachlaß stammten.

Zur Wahrheitsfindung besuchten Erich Lang und der Schriftsteller Popensohn zu Allerheiligen 1969 um 23 Uhr nachts, einen Doppelliter mitbringend und französische Friedhofslieder singend, das Grab der Vetsera in Heiligenkreuz, können sich aber an nichts weiter erinnern.

Die verbotenste Version: In Föderls Lied »So war's amol in Wean« lautet zwar eine Zeile bezeichnenderweise: »Da hat der Bratfisch, Hungerl und der Schuster Franz, gedudelt harbe Tanz...« Trotzdem besaß mein Großpapa mütterlicherseits, Jahrgang 1889, und aus bankrott gewordener Fiakerfamilie abstammend, keinerlei Herzensbeziehung zum Hause Habsburg. Vielleicht typisch für die rabiate Ausdrucksweise der Fiaker, aber sicherlich nicht für meine Kinderohren geeignet, lautete seine Mayerling betreffende Interpretation stets: »Sexualunfall, Sexualunfall! Es blieb dem Saukerl nachher gar nichts anderes übrig, als sie und sich zu erschießen!«
Die Großmama, erzkatholisch, erstarrte dann sofort, die Augen in Richtung ihres Madonnenbildes erhoben, vor dem sie oft für uns alle betete.

Die bekannteste Version: Als am Morgen des 30. Januar 1889 die Tür zu Rudolfs Schlafzimmer im Jagdschloß Mayerling aufgebrochen wird, findet man den 30jährigen österreichischen Thronfolger, der gleichzeitig der einzige Sohn des Kaisers ist, mit zerschmettertem Schädel im Bett auf und neben ihm, ebenfalls tot, die kaum 17jährige Baronesse Mary Vetsera, seine allerletzte Geliebte. Offenbar hat der Kronprinz zuerst sie und dann sich selbst erschossen. Daß ein solcher unwürdiger Abgang dem Volk wie der Weltöffentlichkeit aus moralischen und politischen Rücksichtnahmen verschwiegen werden soll, steht sofort fest. Die Polizei muß den Vorfall vertuschen.
So kleidet man die Leiche der jungen Vetsera an, setzt sie wie zu einer Reise in die Kutsche, läßt sie nachts von Polizeiagenten auf den benachbarten Dorffriedhof Heiligen-

kreuz fahren und dort in aller Stille und Heimlichkeit beisetzen. Damit scheint die »Schande« für die Monarchie
zunächst einmal beseitigt.

Nun muß nur noch für den überraschenden Tod des
Kronprinzen eine plausible Erklärung gefunden werden:
zuerst heißt es, er sei einem Herzschlag erlegen, dann
einem Jagdunfall. Erst als die verschiedensten Gerüchte
laut werden, bekennt man Rudolfs Selbstmord ein – aber
sonst nichts. Obwohl jeder Wiener von der kleinen Vetsera weiß, bleibt, was weiter geschehen ist, offiziell Staatsgeheimnis bis zum Ende der Monarchie.

Als stille Buße läßt Kaiser Franz Joseph das Jagdschloß
Mayerling teilweise abreißen und statt dessen ein Karme-
litinnenkloster errichten. Der Tatort ist ausgelöscht, an
Stelle des Mordzimmers kommt eine Kapelle, in der
heute noch regelmäßig für Rudolfs Seelenheil gebetet
wird.

Die »paralytische« Version: Schon Joachim von Kürenberg hat in seiner romanhaften Biographie über die
Schratt geschrieben, die Kaiserin habe dieser erzählt, daß
Rudolf laut Obduktionsbefund an Gehirnparalyse gelit-
ten habe. Das behauptet in seinen Memoiren auch der
langjährige Adjutant des Grafen Paar, Freiherr von Margutti, der dies als absolut verbürgte Tatsache vom kaiserlichen Leibarzt Dr. Kerzl mitgeteilt bekommen habe;
Dr. Kerzl soll es seinerseits von seinem Amtsvorgänger
Dr. Widerhofer, der an der Obduktion teilgenommen
hatte, erfahren haben.

Nur mit großem Bangen hätte Widerhofer dem Kaiser
darüber Bericht erstattet. Aber Franz Joseph soll aus dem
Bericht vielmehr Trost geschöpft und geäußert haben,
daß Gott ihn mit dieser schrecklichen Prüfung womöglich
vor einer noch ärgeren bewahrt habe.

Damit wird auch die Bemerkung der Kaiserin erklärt, sie
habe den Wahnsinn in die Familie gebracht. Auch das
schließliche Verschwinden des Obduktionsbefundes und

die reine Verlegenheitslösung der Veröffentlichung eines bloßen ärztlichen »Gutachtens« fände solcherart einen Hintergrund.

Diese etwas unsichere Hypothese wird auch gerüchteweise mit dem Ausspruch, alle Versionen seien besser als die Wahrheit, in Verbindung gebracht.

Die Schwangerschaftsversion: Sie steht sowohl in der Neuauflage der Biographie von Oskar von Mitis wie im Buch Gerd Hollers, der eine Lösung des Rätels von Mayerling verspricht, auf schwankenden Beinen. Ebenso hat Wandruszka angenommen, daß Mary Vetsera von Rudolf ein Kind erwartet habe und daß für ihn dieses Motiv zum Selbstmord geführt hätte, was aber nicht völlig schlüssig scheinen will. Wandruszka hat dafür die Aussage der Gräfin Zoë Wassilko-Serecki zitiert, die 1919 auf Taaffes Schloß Ellischau in Böhmen die Geheimpapiere des Ministerpräsidenten gelesen haben will. Sie behauptet, daß ein Polizeiarzt (!) einen diesbezüglichen Obduktionsbefund ausgestellt hatte, aus dem hervorging, daß die Baronesse im dritten oder fünften Monat schwanger gewesen wäre.

Diese vielzitierten Taaffe-Papiere sollen aber bei einem Brand vernichtet worden sein.

Wandruszka – und auch Gerd Holler – beziehen ihrerseits Rudolfs Äußerungen, er müsse sterben, um seinen guten Namen zu retten, darauf, daß er Mary geschwängert habe und sie nicht heiraten konnte. Holler versucht sogar einen mißlungenen Abtreibungsversuch nachzuweisen, an dem Mary verblutet sei und dessenthalben Rudolf sich erschießen mußte.

Von verschiedenen Seiten, so selbst von Wandruszka, ist aber auch eine Scheinschwangerschaft Marys für möglich gehalten worden, wobei sich die Frage erhebt, ob der Lebemann Rudolf diese als Tatsache angenommen hätte beziehungsweise sich deswegen sogleich erschießen mußte.

Die Sühneversion: Sie besagt, daß Rudolf die Baronesse
Vetsera mit seiner venerischen Krankheit angesteckt habe,
was bei ihm einen »Sühnekomplex« auslöste, der, sich
verstärkend, letztendlich zur Ausführung der schrecklichen Tat geführt hatte. Diese Variante haben als »Eventu-
aldeutung« sowohl Emil Franzel wie nach ihm Adam
Wandruszka übernommen, aber sie ist unbewiesen geblieben und hat ihre Wurzel wohl mehr im Gerücht.

Die Totschlagsversion: Sie ist ebenso widerlegt worden
wie das angebliche Telegramm Kaiser Franz Josephs an
Papst Leo XIII. Es hat dieses sogenannte »2 000-Worte-
Telegramm« nie gegeben, das genauso eine journalisierte
Lüge wie das Schreiben Rudolfs an den Papst mit der
Bitte um Eheauflösung ist, welches Leo XIII. an den Kaiser weitergereicht haben will. Man kolportierte die Tot-
schlagsvariante mit der Behauptung, der Großherzog von
Toscana habe am 30. Januar noch Rudolfs Leichnam gesehen und in der zertrümmerten Schädeldecke Glassplit-
ter bemerkt – woraus die Folgerung entstand, Rudolf
wäre mittels einer Champagnerflasche erschlagen worden.
Judtmann hat aber nachweisen können, daß der Großherzog von Toscana, den Hofnachrichten zufolge, erst am
Nachmittag des darauffolgenden Tages nach Wien kam,
als der Kopf Rudolfs längst eingebunden worden war.

Die Versprechensversion: Weil Rudolf auf der Jagd einen
weißen Hirsch getötet haben soll, hatte er angeblich immer angenommen, selber ein gewaltsames Ende finden zu
müssen. Als es aber ein paar Tage vor der Tragödie von
Mayerling zwischen ihm und dem Vater zu einer erregten
Aussprache gekommen war, an deren Ende Rudolf ehrenwörtlich versprechen mußte, seinen bisherigen Lebenswandel und die Vetsera aufzugeben, der er vielleicht die
Ehe, ganz sicher aber den gemeinsamen Tod – man denke
an die Gravur »In Liebe vereint bis in den Tod« – ver-

sprochen hatte, habe sein ihr gegebenes Wort gegen jenes dem Vater gegebene gestanden. Aus diesem Dilemma konnte ihn nur noch der Selbstmord retten. Die Wendung, er sei nicht würdig, des Kaisers Sohn zu sein, die er in seinem Abschiedsbrief an Elisabeth schrieb, deute in diese Richtung.

Der Selbstmord als zynischer Vorwand: Verschiedentlich ist schon seinerzeit die Möglichkeit erwogen worden, daß Rudolf mit Mizzi Caspar ein Kind gehabt haben soll, und sogar, daß er sie insgeheim geheiratet hätte. Zumindest letzteres ist purer Unsinn, ersteres immerhin im Bereich des Wahrscheinlichen. Die letzte Nacht in Wien hat Rudolf nachgewiesenermaßen bei Mizzi Caspar verbracht – und ihr zum Abschied noch ein Kreuzzeichen auf die Stirn gemacht. Er hinterließ ihr neben einer größeren Geldsumme noch einen – wie behauptet wurde – von Liebe erfüllten Abschiedsbrief. Außerdem hatte Rudolf auch gemeinsam mit der Caspar sterben wollen.
Wenn es aber Mord und Selbstmord als zynischen Vorwand gegeben hat, dann doch viel eher im Zusammenhang mit dem amerikanischen Duell und der Schwangerschaft der jungen Auersperg, von der das Ende mit der Baronesse Vetsera an Rudolfs Seite ablenken sollte.
Dazu wäre auch nochmals anzumerken, daß Rudolf und Mary sich in der Nacht zum 30. Januar noch von Bratfisch Wienerlieder vortragen ließen, wie Mary in dem Abschiedsbrief an ihre Mutter als Postskriptum ausdrücklich bemerkt hatte: »Bratfisch hat heute wundervoll gepfiffen.« Sie feierten sozusagen schon Abschied.
Bratfisch selbst merkte oder wußte offenbar sehr wohl, was das Paar vorhatte; dies geht sowohl aus seinen Äußerungen wie aber auch aus seinem Verhalten noch vor der Auffindung der Leichen ziemlich deutlich hervor.
»Lieber Revolver, nicht Gift! Revolver ist sicherer!« schrieb Mary, wie schon berichtet wurde, mit violetter Tinte in dieser Nacht auf den Aschenbecher aus Onyx,

der erst 28 Jahre später in einer verschlossenen Leder-
mappe aufgefunden wurde.

Conte Corti hat extra darauf hingewiesen, daß Rudolf
den Schuß auf sich selbst zur größeren Sicherheit vor
einem auf dem Nachtkästchen angebrachten Spiegel ab-
gefeuert haben soll.

Ein paar Jahre vor ihrem Tod erwarb sich Mizzi Caspar
eine Gruft auf dem Mödlinger Friedhof, wo sie, nachdem
sie am 29. Januar 1907, also fast genau am achtzehnten
Jahrestag der Mayerling-Tragödie, gestorben war, auch
beigesetzt wurde. Vom Standort der Gruft sieht man die
Hänge des Wienerwaldes hinauf zum Husarentempel –
wo Rudolf seinerzeit mit ihr gemeinsam hatte sterben wollen.

Das Blutschandemotiv: Schon seitdem Mary Vetsera unter den weiter vorne geschilderten, obskuren Umständen
in einem roh gezimmerten Sarg in der Selbstmörderecke
des Friedhofs von Heiligenkreuz beerdigt worden war,
haben Klatsch und Kolportage, die an Niedrigkeit und
Gemeinheit nichts ausließen, wissen wollen, die junge Baronesse sei in Wahrheit die illegitime Tochter Kaiser
Franz Josephs gewesen – mithin also die eigene Halb-
schwester Rudolfs.

Die Rudolf-lebt-Version: Nur wenige Wochen nach Rudolfs Tod veröffentlichte ein Italiener Zeitungsartikel, in
denen es hieß, der Kronprinz lebe unter falschem Namen
in Florenz weiter. Man habe in Wien an seiner Stelle nur
einen anonymen Toten mit einer Wachsmaske, die Rudolfs Züge trug, zu Grabe getragen.

Zu dieser Legendenbildung mag auch viel die Tatsache
beigetragen haben, daß Erzherzog Johann Salvator aus
der Linie Toskana noch im selben Jahr seinen Rang gegen den bürgerlichen Namen Johann Orth vertauschte
und mit seiner Frau, der Schauspielerin Milly Stubel, ein
Schiff charterte, mit dem er spurlos in Südamerika ver-

schwand. Immer wieder wollten irgendwelche Schwindler und Abenteurer den Erzherzog irgendwo auf der Welt gesehen haben.

Ähnlich wurde auch von Rudolf behauptet, er sei nicht tot, sondern die Jesuiten hielten ihn irgendwo gefangen, dann wieder, die Jesuiten hätten ihn, wie angeblich schon den der Freimaurerei nahestehenden Volkskaiser Joseph II., ermordet, weil Rudolf ihnen als Freidenker im Wege stand.

Eine der seltsamsten Anekdoten, die sich um Rudolfs Tod ranken, ist diejenige des Vicomte de Montreine, der als Passagier des britischen Hochseedampfers »Paramatta« dem Benediktinerpater Don Gregorio de Groote angeblich zwischen 29. Jänner und 1. Februar 1889, noch während der Überfahrt von Port Said nach Brindisi, erzählt haben soll, daß Rudolf Selbstmord begangen habe. Hier handelt es sich entweder um ein parapsychologisches Phänomen oder um einen aufgelegten Schwindel – ermittelt konnte der Vicomte de Montreine nie werden.

Die »ungarische« Version: 1914/15, beim Aufmarsch der österreichisch-ungarischen Armee an der Donau und der Save, erzählten ungarische Viehhirten allen Ernstes, sie hätten Rudolf als Generalfeldmarschall gesehen – ihren »Rudol«, den großen Freund des magyarischen Volkes, der endlich zurückgekehrt sei. Volksfeinde hätten ihn so lange Zeit eingesperrt gehalten. Man nimmt an, daß sie den die deutschen Truppen anführenden Totenkopfhusaren von Mackensen für Rudolf gehalten haben, den ein besonders martialisches Aussehen – dichte Augenbrauen und ein wilder Schnauzbart – auszeichneten.

Die deutsch-böhmische Version lautete ähnlich: Hindenburg sei in Wahrheit der Kronprinz Rudolf. Sein Freund, Kaiser Wilhelm II., habe ihn Jahrzehnte über vor seinen Feinden versteckt gehabt, nun nehme er Rache. Rudolf sei in Wahrheit nie gestorben. Diese Version vertraten sogar deutsch-böhmische Biertischpolitiker.

Eine weitere Version lautete, daß Bismarck und der Erzherzog Franz Ferdinand gemeinsam Rudolf von gedungenen Mördern erschießen ließen, just natürlich im selben Moment, als Rudolf sich bereits sowieso zugunsten seiner Liebe entschieden hat und mit Mary Vetsera ins Ausland gehen will. Waren hier noch der »eiserne Kanzler« Bismarck und der unbeliebte, hochfahrende Erzherzog Franz Ferdinand die Bösewichte, so führt die Ermordungsvariante mit häufig wechselndem Personal doch bis in die Gegenwart hinein. So ist seitens der Ex-Kaiserin Zita erst vor einigen Jahren wieder behauptet worden, der französische Staatsmann Clemenceau habe Rudolf töten lassen, weil dieser nicht gegen seinen Vater (!) putschen wollte. Derartige Versionen werden bis heute in diversen Zeitungen eifrig nachgedruckt. Der Urgrund letzteren Gerüchts liegt wahrscheinlich in Rudolfs Verbindung zu Moriz Szeps, dessen Schwager Georges Clemenceau später wurde, beziehungsweise in Rudolfs Sympathien für den Liberalismus.

Angeblich soll selbst noch Kaiser Karl an diese Version geglaubt haben, zumindest will es Zita so wissen. Hier ist nachzutragen, daß die Liberalen Rudolf zeitweilig vergötterten. Wenn er ihnen zuliebe gegen die Regierung redete, zitierten sie ihn stets als Kronzeugen des Liberalismus.

»Ein Meer von Licht soll von dieser Stadt ausstrahlen«, hatte Rudolf, der ein glänzender Redner war, angesichts der ersten Elektrizitätsausstellung in Wien verkündet. Diese Metapher war die Kampfparole der Liberalen geworden – und erweckte, wie man sieht, noch Jahrzehnte später das Unbehagen seiner Familie. Rudolf als Rebell – das ist genau die Rolle, in der er sich am liebsten sah.

Eine der bizarrsten, vermutlich erst in der NS-Ära hochgespielten Versionen über Rudolfs Tod besagt, der Kronprinz habe unter dem Haaransatz der Stirne als Freimaurersymbol ein Schlangenzeichen eintätowiert gehabt und sich auf Geheiß der Großloge und ihr nahestehender jüdischer Kreise erschießen müssen, in deren weitreichende Umsturzpläne er verwickelt gewesen sei.

Rudolf als sogenannter »Judenknecht« und als Freimaurerfigur ist eine ins Politisch-Ideologische umgemünzte Spielart der Mayerling-Gerüchte, die ihren Nährboden in seinem Geldgeber Baron Hirsch wie in angeblich allgemeinen monetären Abhängigkeiten des Hauses Habsburg von jüdischen Großbankiers wie Rothschild sucht. Diese Facette der nationalsozialistischen Propaganda wurde, besonders nach dem Anschluß Österreichs, zuerst sachte und unterschwellig, danach schon als »historische Wahrheit« entgegen den legitimistischen Tendenzen verbreitet.

Die Bigamieversion: Sie ist eine der merkwürdigsten und nahezu wirklich abenteuerlichsten Varianten und kaum bekannt geworden. Rudolf, so heißt es hier, wäre in geheimer Ehe schon der Erzherzogin Maria Antonia von Toskana angetraut gewesen, womöglich habe er mit ihr sogar einen Sohn gehabt. Dazu sind sogar verschiedene Details erfunden worden. So soll diese Geheimtrauung in den frühen Morgenstunden des 1. Januar 1880 in Wien, und zwar durch den Burgkaplan Dr. Marschall, in der Landstraßer Gardekirche vorgenommen worden sein. Rudolf und seine geheime Gattin Erzherzogin Maria Antonia sollen darauf in einer auf den Namen des Arcieren-Leibgarderittmeisters Julius Karnauer gemieteten Wohnung in der Breite Gasse, also auf der Rückseite der kaiserlichen Hofstallungen, ihr Brautquartier genommen haben, worin sie zeitweilig sogar zusammenlebten.

Dieses Idyll habe erst der Kammerdiener Loschek beendet, der Rudolf angeblich eines Morgens mit den Worten weckte:

»Kaiserliche Hoheit, eine Katastrophe ist passiert! Kaiserliche Hoheit müssen Prinzessin Stephanie von Belgien heiraten!«

Loschek soll, so will es die Legende, diese Tatsache nämlich schon vor Rudolf, und zwar direkt vom Kammerdiener der Kaiserin, erfahren haben. Dieser Kammerdiener
namens Johann Werth war Loschek freundschaftlich verbunden.

Weil Rudolfs Frau, Maria Antonia von Toskana, die Äb-
tissin des adligen Damenstifts in Prag, gerade von Wien
abwesend war, habe er sich seiner Mutter, der Kaiserin
Elisabeth, anvertraut und ihr seine Ehe gebeichtet. Rudolf
soll dabei sogar gedroht haben, daß die Heiratspläne des
Hofes für ihn eine Katastrophe heraufbeschwören würden, Elisabeth aber hätte ihm nicht helfen können, sie
mußte auf jeden Fall einen Skandal vermeiden, außerdem
durfte sie dem Kaiser um keinen Preis die Wahrheit sagen. Infolgedessen griff sie zu Ersatzeinwänden, die
Franz Joseph alle nicht ernstnahm; Rudolf mußte im Salonzug nach Belgien reisen, wo schon die offizielle Braut-
werbung angesetzt war.

Um das ungeliebte Heiratsprojekt aber doch noch zu verhindern, habe er in seinem Schlafwagen eine jüdische
Schauspielerin mitgenommen, die extra dafür bezahlt
worden wäre, in aller Öffentlichkeit seine Geliebte zu
spielen, was beide angeblich schon ausgiebig unterwegs
taten.

Hier verbinden sich Dichtung und Wahrheit. Diese
Schauspielerin mit Namen Böhm, die durch den Konfidenten »X. Y.« auch in der Akte des Polizeipräsidenten
Baron Krauß Eingang fand, war tatsächlich eine von Rudolfs Freundinnen gewesen; höchstwahrscheinlich beglei-
tete sie ihn wirklich zu Stephanie nach Brüssel. Jedenfalls
heiratete sie später einen Grafen Leiningen, der in Wien
und Mayerling verschiedene Häuser und Grundstücke besaß. Der Konfident behauptet, daß sie es war, die Rudolf
darauf veranlaßte, Mayerling zu einem »guten« Preis für
sich zu erwerben.

Aber kehren wir noch in den Salonzug zurück. Obersthofmeister Prinz Hohenlohe-Schillingsfürst, Ministerpräsi-

dent Auersperg und der Kabinettsdirektor Adolph Freiherr von Braun waren bestürzt über Rudolfs offenen Af-
front, eine Schauspielerin, und noch dazu eine Jüdin, mit
an den erzkatholischen belgischen Königshof zu bringen.
Die hohen Herren bangten angeblich nicht umsonst. Rudolf soll zum großen Entsetzen des belgischen Empfangs-
komitees die Böhm in aller Öffentlichkeit abgetätschelt
und geküßt haben, als wäre er wirklich in sie verliebt. Dieses skandalöse Verhalten führte zu einer schweren Ver-
stimmung der Brauteltern und des belgischen Hofes, wo
man sich noch dazu über die Konfession von Rudolfs Be-
gleiterin äußerst beleidigt alteriert habe.
Diesen Krach soll der Graf Bohuslav Chotek vom Brüs-
seler Hofmeisteramt – Vater der Sophie Chotek, die später den Thronfolger Franz Ferdinand heiratete – auf diplomatische Art und Weise wieder beigelegt haben. Rudolf mußte als Verlobter wider Willen heimkehren, wo
Franz Joseph dem ungeratenen Sohn sofort die Leviten
lesen wollte.
Zu dessen großem Erstaunen wäre aber nun Rudolf gegen den Vater aufgetreten und habe diesem erklärt, daß er
Stephanie niemals heiraten würde, man möge ihm diese
aussichtslose Ehe allergnädigst erlassen. Dem folgte ein
wilder Auftritt zwischen Vater und Sohn; der Kaiser soll
dabei so laut geschrien haben, daß man es noch bis hinaus in das Antichambre hören konnte. Äußerst erregt
schrie Rudolf angeblich zurück.
Der damalige Propst von Maria Taferl, der auf Audienz
bei Seiner Majestät wartete, soll mit angehört haben, daß
sich eine Art Kampf zwischen Rudolf und Franz Joseph
entwickelte, bei dem der Vater den Sohn angeblich nie-
derwarf; Rudolf habe deutlich hörbare Schläge empfangen und schrie schließlich deutlich vernehmbar: »Nein –
nie, nie, nie!«
Danach sei der Kronprinz mit roten Schlagspuren im Gesicht sowie zerrissener Uniform und ohne Säbel (!) aus
dem Audienzzimmer gelaufen. Franz Joseph, so behaup-

tet das Gerücht weiter, habe mit der flachen Klinge auf den Sohn eingedroschen gehabt, bis die Klinge in Stücke brach; Rudolf wäre solcherart buchstäblich in seine Ehe mit Stephanie »hineingeprügelt« worden.

# Ein rosarotes Giftfläschchen und Konfidentenberichte

Über den Kammerdiener Johann Loschek, der erst am 13. Februar 1932 verstarb, erschien in der »Berliner Illustrirten Zeitung« Nr. 16 desselben Jahres ein journalistisches Lebensbild, welches dem Gerücht, Loschek habe eine große Summe Schweigegeldes erhalten und dafür schon seinerzeit den Unwissenden gemimt, neuerlichen Auftrieb gab, so augenfällig nichtssagend waren seine Auskünfte gewesen.

Die Tatsache, daß Loschek weitaus mehr gewußt haben muß, beleuchtet eine seiner eigenen Äußerungen, die er gegenüber einem Reporter des »Neuen Wiener Journals« in fast zynischer Weise abgab: »Ich muß oft lachen über alle diese Berichte in den Zeitungen... was da über das Ende meines seligen Herren, des Kronprinzen Rudolf, bis jetzt gedruckt wurde, ist alles zusammen eine Lüge!«

Neben Loschek war höchstwahrscheinlich nur noch der Fiaker Bratfisch in die wirklichen Hintergründe der Tragödie eingeweiht gewesen, was man schon aus seinem ganzen merkwürdigen Verhalten in der Früh des 30. Januar schließen kann, als er, wie wir gesehen haben, *bereits* um 7 Uhr, also eine gute Stunde vor Auffindung der Leichen, zumindest über Rudolfs Tod Bescheid gewußt hat. Man kann sogar unterstellen, daß er, auf der danach erfolgten eiligen Fahrt mit Hoyos nach Baden, dem Grafen gegenüber nur noch zum Schein die Überzeugung aufrechterhielt, Mary Vetsera um 8 Uhr nach Wien zurückbringen zu müssen – war es doch bereits 8 Uhr 37 geworden, als er mit dem Fiaker von Mayerling abfuhr, und *beide* Leichen waren schon entdeckt. Solcherart hätte, was völlig absurd ist, gerade Bratfisch als einziger der Anwesenden, die dem Aufbrechen von Rudolfs Schlafzimmer zumindest aus nächster Nähe beiwohnten – man erinnere sich, daß Bratfisch ja im Wirtshaus gesessen sein soll und erst um 8 Uhr aktiv wurde – von Marys Tod nichts gewußt. Zieht man in Betracht, daß selbst die Dienstboten Augenzeugen dieses Vorgangs geworden waren, der sich sofort wie ein Lauffeuer herumsprach, so ist diese Möglichkeit komplett ausgeschlossen, weil Bratfisch Marys Tod zumindest zu diesem Zeitpunkt erfahren haben mußte. Erinnern wir uns, daß er sogar noch einen Schritt weiterging und beim Grafen Hoyos insistierte, *was* er nun eigentlich zu sagen hätte.

An diesem Punkt haben sich die meisten, wenn nicht alle Mayerling-Kommentatoren geirrt, die von der Annahme ausgingen, Bratfisch hätte noch auf der Fahrt nach Baden geglaubt, daß Mary auf seine »Fuhre« wartete. Bratfisch muß Hoyos hier zweifellos eine Fangfrage gestellt haben; oder Hoyos Verwirrung war derart groß, daß er den Leibfiaker einfach falsch verstanden hatte.

Bratfisch hat zumindest von Loschek gewußt, daß mit der offiziellen Bekanntgabe von Rudolfs Tod noch eine Stunde oder, besser, bis zum Eintreffen Coburgs zugewartet werden mußte. Ihre zeitliche Absprache ist offensichtlich.

Bratfisch starb am 16. Dezember 1892, nur 45 Jahre alt, in Wien 17, Annagasse 8, an Kehlkopfkrebs – und nicht, wie seine Stieftochter später behauptete, an Leberschwellung und gebrochenem Herzen über Rudolfs Tod, wie dies noch heute bestimmte Zeitungen gerne kolportieren.

Die Rudolf und Mayerling betreffende Fama ist an grotesken Gerüchten, unglaubwürdigen Behauptungen und unappetitlichsten Details geradezu überreich, verbinden sich hier doch deutlich die schmutzigsten Phantasien mit den obskursten Ausdeutungen und den lächerlichsten Legendenbildungen. Es gibt denn auch kaum eine Niedrigkeit, kaum eine Gemeinheit, die das Publikum und der

Journalismus nicht ausgelassen hätte, um sie den Toten ins Grab nachzurufen. Auch rund um Mayerling erfand man die bizarrsten Details hinzu, so etwa, daß der etwas kleingewachsene Kronprinz an der Seite der hochwüchsigen Stephanie zur Aufnahme des offiziellen Hochzeitsfotos Holzklötze unter die Schuhsohlen geschoben bekommen habe, um dieses offensichtliche Mißverhältnis zu korrigieren. Ebenso wurde nicht nur behauptet, daß Rudolf sich in der Hochzeitsnacht »sinnlos« betrank, sondern daß er danach ausfallend wurde und seine Ehe gar nicht konsumierte. So will man wissen, daß der belgische Botschafter deshalb im Dezember 1882 – rund 19 Monate nach der Vermählung – bei Kaiser Franz Joseph vorstellig geworden sein soll und nichts weniger verlangte als den ehelichen Vollzug – vor Zeugen.

Angeblich mußten zwei Frauen Zeugenschaft über dieses Ereignis ablegen, die erst gegen Morgen ihr Versteck in den hoheitlichen Gemächern verlassen durften, weil es so unendlich lange gedauert haben soll, bis das erzherzogliche Paar beruhigt war, so daß Rudolf nun seine ehelichen Pflichten erfüllen konnte.

Demgegenüber sei die schon zuvor als Rudolfs Geheimbraut zitierte Erzherzogin Maria Antonia von Toskana, eine schwer lungenkranke Frau, von ihm im August 1882 schwanger geworden, worauf sie in einem – freilich verklausulierten – Testament, das gar nichts beweist, sofort ein Legat in der Höhe von 120 000 Gulden für das zu erwartende Kind ausgesetzt habe.

Dieses sei später einer Familie Pachmann in Wien-Fünfhaus, Haidmannsgasse 4, übergeben worden. Im selben Haus habe auch der Kammerdiener der Kaiserin Elisabeth, Johann Werth, gewohnt, von dem dieses Gerücht wohl herrührt.

Fest steht nur, daß Maria Antonia von Toskana am 13. April 1883 in Cannes an Lungentuberkulose verstorben ist. Sie wurde im Sarg Nr. 110 in der Kapuzinergruft bestattet.

Eine weitere, zumindest teilweise Mitwisserin des Mayerling-Dramas, ist wohl die Gräfin Larisch gewesen. So erhebt ein im Krauß-Akt abgelegter Polizeibericht des Polizeirats Friedrich Heide, welcher der Leiter des Stadtkommissariates war, erst am 7. Februar 1889 – zwei Tage nach Rudolfs Begräbnis – folgenden Sachverhalt:

»Sonntags, 27. Jänner Vormittags 11 Uhr, erhielt der Dienstmann No. 198 vom Hotel Imperial von der Gräfin Larisch ein Paket mit einem Brief, um beides in der k.k. Hofburg an seine kais. Hoheit den durchl. Kronprinzen persönlich abzugeben. Kronprinz Rudolf, der eben mit dem Oberstlieutnant Mayer Dienststücke bearbeitete, entfernte sich auf die Meldung des Kammerdieners von diesem und schickte durch den Dienstmann einen Brief zurück.

An diesem Nachmittage um ½2 Uhr erschien der Kronprinz in Rittmeister-Uniform vor dem Grand-Hotel, vergriff sich in der Thürklinke und öffnete die Thüre, welche in die sogenannte Schwemme führt. Die daselbst anwesenden Fiaker sprangen auf, da sie den Kronprinzen erkannten u. höchstderselbe entfernte sich verlegen ...«

Das bedeutet nicht mehr und nicht weniger, als daß Rudolf bis zum Ende in Mayerling mit der Larisch in engem persönlichem Kontakt gestanden war und alle geeigneten Schritte zu Marys »Entführung« durch die Gräfin, die dann auch am darauffolgenden Tag stattfand, mit dieser im Grand Hotel in der Maximilianstraße nochmals mündlich besprach. Weswegen sonst wäre er stante pede zur Larisch geeilt und hätte sich dafür den Blicken der gaffenden Fiaker ausgesetzt? Die Angelegenheit mußte dringlich gewesen sein – und sie war es auch, zumindest für Rudolfs Planung, in der die Larisch, wie wir gesehen haben, eine wichtige Rolle spielte.

Die am 24. Februar 1858 in Augsburg geborene Elisabeth Marie Gräfin Larisch-Moennich war die Tocher der Baronin Henriette Wallersee, geb. Mendel, der späteren morganatischen Gemahlin des Herzogs Ludwig in Bayern gewesen. Sie selbst hat dagegen angegeben, diese seien nicht ihre richtigen Eltern, sondern sie wäre die illegitime Tochter der Königin Maria von Neapel, die ihr Kind nur im Hause ihres Bruders habe aufziehen lassen.

Sie heiratete auf Empfehlung ihrer Lieblingstante, der Kaiserin Elisabeth, und entgegen Rudolfs Anraten, den Grafen Georg Larisch-Moennich am 20. Oktober 1877 im ungarischen Gödöllö, wohin auch der Kaiser kam, der ihr sogar die Brautausstattung gekauft hatte. Rudolf seinerseits schenkte der Kusine eine kostbare Brosche mit einer großen schwarzen Perle darin. Obwohl der Ehe insgesamt drei Kinder entsprossen, war sie der zu verschiedenen Charaktere der Gatten wegen keinesfalls glücklich zu nennen und wurde auch 1896 wieder geschieden.

Der Graf zog sich, so die Larisch, auf seine Güter in Schlesien zurück, um ein Dasein in Abgeschiedenheit zu führen. Sie selbst verheiratete sich in zweiter Ehe am 15. Mai 1897 bürgerlich – ihr Mann wurde der königlich-bayerische Kammersänger Otto Bruck, dessen künstlerische Karriere sie in der Folge protegieren wollte, was um so weniger gelang, weil man ihr zum Vorwurf machte, daß ausgerechnet am Tag der Eheschließung ihre Tante, die Herzogin von Alençon, in Paris, wo sie an einem Wohltätigkeitsbasar teilgenommen hatte, verbrannt war, worauf die Larisch hinausposaunte, von Adelskreisen sowieso nichts mehr wissen zu wollen.

Otto Bruck starb 1916, die Larisch wanderte 1924 nach Amerika aus, wo sie sich wieder »von Wallersee« nannte. Sie vermählte sich am 22. September 1924 neuerlich, und zwar mit dem Farmer William Meyers, im Bundesstaat Florida. Mehrere Jahre lebte sie dort in den ärmlichsten Verhältnissen, 1928 wurde sie wieder geschieden. 1929 kam sie nach Augsburg zurück; das letzte Jahr, bis zu ihrem am 4. Juli 1940 erfolgten Tod, war sie Pflegling des dortigen Servatiusstiftes.

Sie war eine schillernde Frauenfigur gewesen, deren Verhältnisse, beginnend mit dem Zerwürfnis bei Hof, immer kleiner geworden waren. Ein erhalten gebliebenes Jugendbildnis zeigt sie uns, die Taille entsprechend der Mode geschnürt, eine Mandoline in der Hand haltend, das durchaus schön zu nennende Gesicht dem Betrachter zugewandt. Trotz der vordergründig tändelnden Pose der Bajadere, die sie auf der Fotografie einnimmt und die ihre mit einem Haarkranz durchwirkte Frisur noch verstärkt, ahnt man aus ihrer ganzen Haltung doch bereits das ernste Wissen einer erfahrenen Frau, das auch Abgründe nicht ausnimmt.

Ihr 1886 geborener Sohn Heinrich erschoß sich 1909 – angeblich weil er seiner Mutter die Rolle, die sie um die Ereignisse von Mayerling gespielt hatte, nicht verzeihen konnte.

Späterhin bei Hof verfemt und aus dem Luxusleben des Adels buchstäblich in ein immerfort erbärmlicher werdendes Los hinabgestürzt, war mehr als die Hälfte des langen Lebens der Larisch eine einzige bittere Jagd nach Geld geworden, das tägliche Ringen einer ruinierten Frau um das Allernotwendigste, das man ihr, ihrer Meinung nach zu Unrecht, vorenthalten hatte.

Aus dieser Perspektive der Not heraus ist auch ihr – kürzlich neu aufgelegtes – Erinnerungsbuch zu betrachten, eine haßerfüllte, zwiespältige Abrechnung mit dem Haus Habsburg und seinen Angehörigen, deren Nesthäkchen sie einmal gewesen war. Es wimmelt nur so von persönlichen Ressentiments, von Angriffen übelster Art, die auch das Kaiserpaar nicht verschonen. So schreibt die Larisch, Franz Joseph habe ständig Uniform tragen müssen, weil Elisabeth meinte, daß er im Zivilanzug wie ein Schuster im Sonntagsgewand aussehe, während sie, Elisabeth, sich beim Reden immer ein Taschentuch vor den Mund gehalten hätte, um ihre Zahnlücken nicht vorzuzeigen. Dennoch habe die Kaiserin ihre eigene Schönheit angebetet wie ein Heide seinen Götzen und sei vor sich selbst auf den Knien gelegen. Nur der alleinige Anblick ihres Körpers habe Sisi einen ästhetischen Genuß bedeutet, alles andere, was diese Vollkommenheit störte, wäre ihr schon zuwider gewesen, usw.

Als allererste Autorin kann die Larisch es für sich in Anspruch nehmen, dem Mayerling-Drama eine politische Dimension unterstellt zu haben und damit zur Wegbereiterin unzähliger, einander stets ähnelnder Verschwörungstheorien geworden zu sein. Indem sie Rudolfs angeblich geheimnisumwitterter Verbindung zu Erzherzog Johann Salvator das Wort redete, aus der man später eine konstruierte Hochverratsaffäre ableitete, in die auch ein mysteriöser, von Erzherzog Johann geführter »Alpenbund« involviert gewesen sein soll, lenkte die Larisch die wirklichen Ereignisse in eine nicht nur ihr wünschenswert scheinende Richtung – eine politische Motivation von Rudolfs Tod war, wie schon ausgeführt, nahezu allen beteiligten Kreisen genehm, weil man sie entweder vereinnahmen oder gegen die weltanschaulichen Widersacher einsetzen konnte, wogegen private Gründe nicht in solche Konzeptionen zu passen vermochten.

Die Strategie der Larisch ist im vorhinein klar erkennbar – sie wollte den ihr anhaftenden Ruf der Kupplerin möglichst verwischen und vertuschen und ihre tatsächliche Verantwortung für das Geschehen so klein als möglich halten.

In einem offenbar fingierten »Abschiedsbrief« Marys, den sie drei Wochen nach deren Tod erhalten haben möchte, benutzt sie die Verstorbene, um alle Schuld von sich abzuwälzen:

»Liebe Marie! Vergib mir all das Leid, das ich über Dich gebracht habe. Ich danke Dir herzlich für alles was Du an mir getan hast. Wenn das Leben schwer für Dich werden sollte, und ich fürchte, das wird es werden, nach dem, was wir gethan haben, so folge uns. Es ist das Beste, was Du tun kannst. Deine Mary.«

Nach der Verschwörungsversion der Larisch, die jedes Mittel zur Selbstrettung und Selbstrechtfertigung ihres ruinierten Namens benutzte, richteten sich etliche der schon zitierten Varianten, die von dem geheimnisvollen »Alpenbund« bis hin zur »ungarischen Verschwörung« und der Ermordung durch Bismarck, Erzherzog Franz Ferdinand und Clemenceau reichen, von der Freimaurerei bis zum geplanten Putsch und der Revolution gegen den eigenen »verzopften« Vater und das angestammte Kaiserhaus. Fast nämlich mehr noch als vom Blut ist die Mayerling-Tragödie von den perversesten und aberwitzigsten Gerüchten besudelt worden, die nichts und niemanden ausgelassen haben. In diesem Gesellschaftsspiel finden sich dafür weitaus mehr Täter als Opfer und dermaßen viele angebliche »Motive«, daß diese für einen Massenmord ausreichten, würde man sie alle tatsächlich glauben. Hier hat sich das Obskurantentum wirklich ungehindert austoben können, um seine Hosen schon an der Garderobe abzugeben, soviel muß auch einmal festgestellt werden.

Noch der allerletzte Absud einer sogenannten, sich hinter vorgehaltener Hand »vertraulich äußernden Mitteilung« bestellte sich hier im Verein mit der größtmöglichsten journalistischen Schmockerei einen Nachruf, der, im Grunde genommen, nur der eigene war – und uns den wahren Charakter des Sensationsjournalismus wie das tiefststehende »Gemüt« des goldenen Wienerherzens jener Tage vollinhaltlich überliefert.

Die Sensationslust schaffte den letzten Rest Menschseins zugunsten des Tratsches, der alsbald in den Mantel der »unbestechlichen« Schlagzeilenwahrheit schlüpfte, zum Preis des Zeilenhonorars ab. So fällt denn auf Mayerling immer wieder der Schlagschatten der boulevardisierten Gosse und des Hintertreppenreporters, der sich gruselige Details hinzuerfindet, weil ihm die bloßen Tatsachen niemals genug sein können. Dieser Abschaum an Ausdeutungen und Mutmaßungen macht, in summa genommen, das wirkliche Unglück von Mayerling aus, dessen erotisierender Hautgout in der schon sowieso schwülen Zeit des Fin de siècle – eine Bezeichnung für die um 1890 allgemein aufkommende Geschmacksrichtung dekadenter Tendenz – für ausreichendes Prickeln allerorts sorgte.

So wollte eine schon seinerzeitige, sich an die offiziöse Version anlehnende Variante, die der nahezu sofort am Tatort in Mayerling auftauchende Journalist Planitz in die Welt gesetzt hatte, wissen, daß noch am Nachmittag des 29. Januars Baltazzi mit einem weiteren Herren im Schloß erschienen sei, der sich erfolglos um die Mitnahme seiner Nichte Mary Vetsera bemühte, wobei es, bezeichnend genug für den sogenannten Wahrheitsgehalt der Ausführungen, heißt: »Dieser Baltazzi ist der Onkel des Mädchens, der zwei Monate später vom Grafen Hoyos in einem Duell an der französischen Grenze erschossen wurde.«
Wir haben weiter vorne gesehen, daß das falsch ist und diese Behauptung aller Grundlagen entbehrt, aber Planitz geht in seiner Fabulierlust noch weiter, die Tatsachen negiert er völlig.
Die angeblich von Rudolf seit vier Monaten schwangere Mary Vetsera sei deshalb nach Mayerling gekommen, um den Kronprinzen für sich umzustimmen oder an seiner Seite zu sterben, darum habe sie eine rosarote Flasche Strychnin mitgebracht, die sie ihm aber verbirgt. Nach einer ernüchternden Auseinandersetzung mit dem Kronprinzen, als dieser längst eingeschlafen ist, zerbricht Mary nun den Flakon an der Nachttischecke – warum eigentlich, wo sie ihn doch öffnen könnte? – und trinkt das Gift aus. Als Rudolf am Morgen erwacht, findet er eine Tote neben sich im Bett vor. Sein Schuldgefühl übermannt ihn, die ganze Tragweite der Tragödie wird ihm endlich klar. Er ist Gentleman genug, um die Konsequenzen zu ziehen, er setzt seine Abschiedsbriefe auf, auch er muß nun sterben, er kann gar nicht mehr anders handeln – und er erschießt sich. Darum hört Loschek angeblich auch nur einen einzigen Schuß.
Hier wird wieder der Wunsch Vater des Gedankens, Ru-

dolf habe Mary gar nicht getötet, sie sei vielmehr durch eigene Hand ums Leben gekommen, mehr oder weniger durch eigenen Leichtsinn. Es ist die alte Version, die Rudolf als Ehrenmann zeigen soll.

Wieder eine andere Variante besagt, daß Rudolf durch seine unbedacht geführte Korrespondenz mit Moriz Szeps in dessen Händen gewesen wäre – und sich aus Gründen der Erpressung tötete.

Eine »böhmische« Version lautet dahingehend, die bösen Ungarn hätten den wortbrüchig gewordenen Rudolf getötet, der, anstatt sich wie versprochen an die Spitze einer national-magyarischen Erhebung zu stellen, nichts mehr davon wissen wollte; die »ungarische« Version lautet desgleichen – aber umgekehrt. Dabei wird auf Rudolfs angebliche Verbindungen aus seiner Prager Militärzeit beim k.k. 36. Infanterieregiment angespielt, in der böhmischen Variante wieder auf seine und Elisabeths Vorliebe für die Ungarn.

Eine andere Version behauptet, Loschek habe im nächtlichen Garten Eindringlinge gesehen, die den Kronprinzen, der Loscheks Wahrnehmungen belächelte, in der Folge töteten.

Eine fast ebenso obskure Version berichtet sogar, daß Rudolf Marys wegen mit dem Prinzen von Coburg (!) ein amerikanisches Duell ausgetragen habe, bei dem er verlor.

In einer anderen, mondäneren Version will man wissen, Rudolf sei gleichzeitig der Geliebte der Baronin Helene Vetseras, also von Marys Mutter, gewesen. Diese schuldhafte Verstrickung habe schließlich Mord und Selbstmord ausgelöst, weil der Kronprinz sich weder entscheiden wollte noch konnte.

Eine der schmutzigsten Versionen über Rudolfs Ende ist diejenige, daß der schwerst syphilitische Kaisersohn keine andere Möglichkeit mehr sah, als sich zu erschießen, und dabei eben die Vetsera »mitnahm«.

Noch ärger ist die Variante, daß Marys Tod eigentlich eine »Hinrichtung« sexueller Art gewesen sei, weshalb Rudolf sich danach an ihrer Seite umbringen mußte.

In ähnlicher Weise sagt eine weitere Version aus, daß Rudolf der Vetsera in sadistischer Rage derartige Verletzungen zufügte, daß er zuletzt sie und sich zu töten gezwungen war.

Umgekehrt gibt es die Version, daß Mary Rudolf an intimer Stelle eine Verletzung zugefügt haben soll, die ihn zum Verbluten gebracht hätte, worauf er als letzten Ausweg seine Geliebte und sich selber erschoß.

Wie man sieht, zielen viele dieser auch heutigentags noch kursierenden Versionen auf das psychopathologische Wesen ab, das Rudolf so oft zugeschrieben wurde, welches aber höchstwahrscheinlich nur partiell den Tatsachen entspricht. Dennoch wird hier – wenn auch in durchwegs pervertierter Form – die wahre Natur der Tragödie angesprochen, die, wie schon erwähnt, ein Sexualdrama bis zur bitteren Konsequenz gewesen ist – wenn auch unter völlig anderen Vorzeichen.

Späteren Nachforschungen und dem sogenannten Taaffe-Protokoll des österreichischen Innenministeriums zufolge wurden die authentischen Unterlagen über Mayerling, die den wahren Sachverhalt wohl aufgeklärt hätten, schon seinerzeit vom Kaiser persönlich an den Ministerpräsidenten Graf Eduard Taaffe übergeben. Dieser war für die allerstrengste Geheimhaltung verantwortlich. Franz Joseph hatte es abgelehnt, daß die Papiere im Staatsarchiv aufbewahrt würden, dazu war sein Mißtrauen zu groß – wahrscheinlich wollte er sie aber auf diese Weise auch vor den Nachforschungen späterer Zeiten bewahrt wissen. Im Einverständnis mit dem Kaiser täuschte Taaffe die Hinterlegung dieser Geheimpapiere im Innenministerium nur vor, indem er leere Kuverts aufbewahren ließ, während er die Originale in Wirklichkeit in seinem böhmischen Stammschloß Ellischau versteckte. Taaffe, der 1895 starb, hat die Kassetten mit den angeblichen Geheimpapieren jedoch später einem Wiener Notar übertragen, von dem sie sein Sohn, Graf Heinrich Taaffe, erst 1912 zurückforderte – worauf sich herausgestellt haben soll, daß es sich abermals um leere Umschläge handle.

Damit war das mysteriöse Ränkespiel um die Dokumente, die man 1919 in Ellischau wiedergesehen haben will, immer noch nicht beendet. Als 1926 – ein seltsamer Zufall – die dortige Bibliothek ausbrannte, behauptete anschließend Graf Taaffes Sohn, die Papiere seien mitverbrannt; später gab wieder dessen Sohn, Eduard Taaffe an, sein Vater habe sie selbst vernichtet. Im offenen Widerspruch dazu äußerte er nachträglich, die Dokumente befänden sich in den Archiven des Vatikans. Ihr letztendlicher Verbleib kann also nicht mehr verifiziert werden, sämtliche Versuche der Historiker, diese Originalunterlagen aufzufinden, schlugen bisher fehl. Es ist eher anzunehmen, daß sie nicht mehr existieren, auch wenn gegenteilige Gerüchte es besser zu wissen glauben.

Noch 1919 angeblich von der Gräfin Zoë Wassilko-Serecki in Ellischau durchgelesen, dürfte sie Heinrich Taaffe angesichts der veränderten politischen Verhältnisse nach dem Zusammenbruch der Monarchie sozusagen im Namen seines Vaters vernichtet haben. Abgezogen, daß Mary Vetsera laut diesen Papieren schwanger gewesen sein soll, ergibt sich aus dem verschwommenen, erst 1955 (!) gemachten Bericht der Gräfin keinerlei besondere Erkenntnis, so daß wir ihn nur der Vollständigkeit halber hier erwähnen.

Aber selbst über den Kauf des Jagdschlosses Mayerling durch Rudolf gibt es noch eine weitere Version, die sich, vom Konfidenten Milarow geliefert, ebenso im Krauß-Akt erhalten hat:

»Wenn ich das vielfach Gehörte zu richtiger Combination gebracht, dürften manche Broschüren die Liaison mit der Schauspielerin Pick (ehemals Badner Theater) bringen; erzählen, wie diese Mayerling zum Geschenk erhalten, nachdem sie sogar Kronprinzen auf Brautschau begleitet. Dann habe diese Dame einen Baron geheirathet. Als dieser gestorben, bekam sie Graf Leiningen zum Gatten. Beide hätten Kronprinzen gepreßt und behelligt, bis er Mayerling um 80 000 fl. abgekauft, dann wäre das Paar abgewiesen worden. –«

Ebenso krude wie der Stil dieser Mitteilung ist ihr Inhalt, welcher zweifellos zwei völlig verschiedene Affären Rudolfs, nämlich jene mit der jüdischen Schauspielerin Böhm und diejenige mit der Badener Demoiselle Pick unter einen Hut zu bringen sucht. Danach gleitet der Konfident vollends in die Kolportage ab, die, wie wir schon feststellten, auch die Polizeibehörden nicht ausnahm:

»Schon seit Jahren gab es sowohl in Mayerling wie in Laxenburg zahlreiche Klagen, daß R. kein Frauenzimmer in Ruhe lasse, und zwar nicht etwa bloß die besseren Standes, sondern auch Mägde, Taglöhnerinnen, Gärtnerinnen, Bauerndirnen. Selbst halbwüchsige Mädchen soll er attakirt haben. Es gab bereits mehrere Konflikte, die aber bis jetzt noch immer gütlich beigelegt wurden, doch setzte es Drohungen u. Warnungen, die aber R. stets in den Wind schlug.«

Nun kommt die Version des anonym gebliebenen Konfidenten:

»Die Katastrophe erfolgte am Dienstag Vormittag. Ein Bauer [andere Version: ein Forstmann] ertappte R. als er sich an seiner Tochter zu schaffen machte u. schlug ihn so heftig über den Kopf, daß der Schädel einen Bruch erlitt [andere Version: schoß ihn durch den Kopf]. Man fand ihn bewußtlos und war in grenzenloser Verwirrung. Hoyos blieb in Mayerling, Prinz Coburg fuhr nach Wien u. schickte zu Professor Billroth hinaus. Er selbst erschien bei Hof zum Diner u. meldete, R. sei unwohl. Billroth untersuchte R. und erklärte, er sei rettungslos. Mittwoch früh, circa 7 Uhr 30 verschied R., worauf Hoyos sofort nach Wien fuhr, um die Katastrophe zu melden. Coburg fuhr zur selben Zeit wieder nach Mayerling, wo er R. bereits todt traf. Hoyos u. Coburg kreuzten sich. Bei Hofe herrschte maßlose Bestürzung. Die Todesart war es insbesondere, welche tief verletzte, so daß von den Verwandten Niemand nach Mayerling hinausfuhr. – Die Frage war nun, wie man dem Publikum die Sache beibringen sollte. Zuerst wollte man ein Jagdunglück vorschützen; erst um 2 Uhr, in einer Konferenz bei Taaffe, entschied man sich definitiv für ›Herzschlag‹. –

So lautet eine der Versionen. Aber es gibt noch andere Versionen, so z. B. von einem eifersüchtigen Grafen, Attaché der niederländischen Gesandtschaft, der durch's Fenster geschossen haben soll usw.

Die jüdisch-journalistischen Sendlinge, welche sich von Mittwoch auf den Donnerstag insgeheim in Mayerlings Umgebung herumtrieben, wüßten zahlreiche Klagen der Landbevölkerung zu berichten.

Selbstverständlich ist, daß ich auf keinerlei Weise u. gegen Niemanden von Obigem Gebrauch mache, sondern, dritten Personen gegenüber, mein ganzes Wissen über die Katastrophe nur aus den hiesigen Zeitungen geschöpft habe –

Wien 1/2 – 89 – 3 Nachmittag.«

Aber dieser Spitzel – der vielleicht sogar eine Frau war – rastete und rostete auch in Hinkunft nicht. Es scheint, daß es zu seinem Ehrgeiz gehörte, sämtliche Versionen einzusammeln, was bei deren Vielzahl schwerfallen mußte, um sie sofort an den Polizeipräsidenten Baron Krauß weiterzugeben. So berichtete er schon am 4. Februar neuerdings:

»Die Fama schreitet noch immer unermüdlich auf riesigen Stelzen einher. –

Im Nachstehenden reproduziere ich, was ich im Laufe des gestrigen Tages aus verschiedenen Quellen vernommen habe. –

1.) Über den Tod S. kkH. Erz. R. erhalten sich fortwährend zwei verschiedene Versionen:

a) Die eine behauptet ein amerikanisches Duell aus Anlaß der Prinzessin Aglaja von Auersperg, wie ich bereits am 2.d.l.J.108 gemeldet. Diese Erzählung kursirt besonders in Hof- u. politischen Kreisen.
b) Das Volk aber beharrt auf einen Überfall des Prinzen u. zw. werden jetzt schon bestimmte Namen genannt.
Der Förster von Breitenfurth fand – so erzählt u. glaubt man – den Kronpr. bei seiner schönen jungen Frau u. im Zorn darüber *entmannte* er ihn, worauf er seine Frau u. dann sich selbst erschoß. Man fand den Prinzen im Blute schwimmend u. schaffte ihn nach Meyerling. Prinz Coburg fuhr nach Wien um ärztliche Hilfe – R. aber, der den Schmerz nicht ertragen konnte, wußte die Umgebung einen Augenblick zu entfernen u. schoß sich mit dem Revolver durch den Kopf. – Diese Version wird am hartnäckigsten festgehalten ...«
Weiters berichtet der Konfident, daß behauptet würde, der Fiaker Bratfisch wäre in Wien angeblich noch immer nicht sichtbar geworden und habe die Stadt verlassen müssen, was nur teilweise richtig war. Nach dem Drama von Mayerling machte Bratfisch sich bald selbständig. Es soll hier auch nicht unerwähnt bleiben, daß Bratfisch sogar mit einer geldlichen Abfindung bereits im März 1889 das Haus in Wien Hernals, Annagasse 8, erwerben konnte – beweist es doch, daß man sein Stillschweigen gut honoriert hatte und seine Mitwisserschaft nicht nur eine hier behauptete ist.
Auch die Prinzessin Aglaja, so heißt es dann, soll Wien bereits vor Tagen verlassen haben, ebenso hätte sich Prinzessin Stephanie mit ihrer Tochter zu ihren Eltern nach Brüssel begeben.
Stephanie verließ Wien nicht. Sie heiratete erst später den Grafen Lonyay, mit dem sie in Ungarn lebte, wo sie am 23. August 1945 starb.
Des folgenden Tages – am 5. Februar 1889 – aber stößt der Spion auf die richtige Spur und läßt sofort eine weitere vertrauliche Meldung los:

»Soeben wird mir eine ganz neue Version puncto Meyerling zugetragen: die bereits zum 4. Monate gediehene Schwangerschaft einer Baronesse Wecera (?), welche als ein Ideal von Schönheit galt, soll am 26. v. Mts. zu einem fürchterlichen Auftritte zwischen Vater u. Sohn geführt haben, in folge dessen Letzterer erklärte, auf alles zu verzichten, eventuell sich zu erschießen; er könne nun einmal seine Frau nicht leiden usw. –

In M. trafen dann die Baronesse u. der Kronpr. zusammen; erstere wurde von ihm erschossen, dann der Selbstmord. Die Baronesse soll in M. in aller Stille begraben worden sein.«

Als seine Bezugsquelle, »natürlich auf Umwegen«, nennt der noch immer anonym bleibende Konfident ausdrücklich den Prinzen von Coburg, der, die Diskretion verletzend, den ganzen Sachverhalt einem Prinzen von Weiner anvertraut haben soll, welcher sein Wissen sofort an einen ehemaligen Kammerdiener weitergab, der seinerseits auch nicht schwieg.

Offenbar wirklich ahnungslos, setzte der Konfident den Polizeipräsidenten Baron Krauß damit von etwas in Kenntnis, was dieser ohnedies schon die ganze Zeit über gewußt hatte, aber immer noch zu vertuschen bemüht blieb.

Dieser Bericht war ihm sichtlich derart unangenehm, daß der anonyme Konfident fortan nicht mehr in Erscheinung trat. An seine Stelle rückte ein gewisser »Milarow«, den wir schon vorne zitierten – aber auch Milarow mag nur ein Deckname gewesen sein.

# Ausklang

Einen Ankündigungscharakter gewissermaßen ganz besonderer Art nimmt innerhalb der Mayerling-Literatur jener vielzitierte Brief des Journalisten Moriz Szeps ein, den dieser – als Antwortschreiben – am 1. Januar 1889 an den Kronprinzen Rudolf richtete, dessen Gegenbrief uns nicht vorliegt:

»›Unheimlich ist die Stille‹, so schreiben E. k. H. in Ihrem letzten Briefe – ›wie die Stille vor dem Gewitter‹. Das abgelaufene Jahr wird in der Geschichte als ein Pompe-funèbres-Jahr figurieren; mehr war es nicht. Aber das ist unter Umständen auch genug. Denn wenn das Welke, Morsche und Alte weggeschafft wird, um Frischem und Jungem Platz zu machen, so ist dies ein Akt der Erneuerung und der Verjüngung, welcher für die Welt notwendig ist. Die Pompe-funèbres von 1888 haben indes nicht viel verjüngt und erneuert – und wirklich unheimlich ist die Stille, welche über Europa lagert.« Diese Einleitung, die von einer Zeitenwende ausgeht oder doch zumindest auf eine solche abzielt, beinhaltet eine auf Rudolf gemünzte Aufforderung, die dann deutlich ausgesprochen wird. »In der Schwüle nicht zu ermatten, für die Zeit der Tat den Geist und den Arm stark zu erhalten, das ist die Aufgabe, die Sie, kaiserliche Hoheit, sich gesetzt haben, und diese Aufgabe, sie wird von Ihnen Tag für Tag in rastloser Ausdauer und Tätigkeit erfüllt, Sie ermatten nicht, wie so viele, ermattet, dem angeblich Unabänderlichen sich fügen, und weil der Kronprinz nicht ermattet, halten wir unsere Hoffnungen auf die Zukunft eines großen, ruhmreichen, freien und wohlhabenden Österreich aufrecht«, fährt der Gründer des »Neuen Wiener Tagblattes« fort.

»Man weiß, daß Sie Großes wollen, Großes zu leisten befähigt sind – und wo man das nicht weiß, ahnt man es. Deshalb werden Sie jetzt schon mit den verschiedenen Mitteln bekämpft, vertritt man Ihnen die Zukunftswege, haben Sie heute schon viele Gegner und Feinde. Aber Sie zählen auf sich selbst und auf Ihre Natur, auf Ihr Genie, auf Ihre Kraft und Beharrlichkeit, und Sie dürfen mit Recht darauf zählen. Zu diesem ein bißchen – Glück, nicht einmal so viel Glück, als Ihnen Ihre aufrichtigen Freunde und Bewunderer wünschen – nur ein bißchen von diesem Glück, und Großes werden Sie vollbringen für diese Monarchie, die unser Vaterland ist, für Ihren eigenen Ruhm und für das Volk, das an Ihnen hängt ...«
Es scheint, daß Szeps sozusagen suggestiv seine Wünsche auf Rudolf zu übertragen versuchte, der zu diesem Zeitpunkt schon von einem sichtbaren körperlichen Verfall und innerer Ruhelosigkeit heimgesucht wurde, was wahrscheinlich auch Szeps nicht verborgen geblieben sein konnte. Szeps durfte kaum mehr ernsthaft annehmen, daß die schwere Lebenskrise, in der der Kronprinz sich zweifellos befand, spurlos an diesem vorübergehen könnte. Rudolf war selbst »ermattet« – ein Adjektiv, das, wie eine Warnung, vierfach wiederholt durch Szeps' Brief geistert – und kaum mehr der Mann, als den Szeps ihn gerne gesehen hätte. Wie man vorstehend bemerkt hat, war der Thronerbe nicht einmal mehr in der Lage, seine privaten Schwierigkeiten halbwegs zu ordnen, so sehr hatte er sich verzettelt und vertan. Von ihm politische Änderungen zu erhoffen war reine Utopie geworden. Rudolf war körperlich-seelisch bankrott, seine Welt- und Lebensängste nahmen zu, sein tiefsitzender Skeptizismus fraß ihn von innen her auf. Seine Nächte wurden immer unruhiger und turbulenter, er suchte die Ablenkung als einzige Erlösung; war er allein, so schlief er nur bei Licht.
»Möge das Jahr 1889 für uns alle kein allzu schlechtes sein, möge es uns bewegte, interessante Zeiten bringen ...« schrieb er, mit desperatem Unterton, am 2. Ja-

nuar 1889 an den Korrespondenten des »Neuen Wiener Tagblatts«, Dr. Berthold Frischauer.

Die kleine, verliebte Baronesse Vetsera konnte niemals der wirkliche Anlaß für Rudolfs Tod sein, dies stritten auch seine engsten Freunde immer wieder energisch ab. Ganz im Gegenteil erinnerte sich Hoyos ausdrücklich daran, daß das Liebesverhältnis zwischen dem Kronprinzen und Mary schon abzukühlen begann und wahrscheinlich noch in den auslaufenden Januartagen ganz zu Ende gegangen wäre, wenn nicht der Entschluß, gemeinsam aus dem Leben zu gehen, das Paar noch ein allerletztes Mal zusammengeführt hätte – dies nur als Wiederholung. Rudolf hatte völlig andere Probleme gehabt, auch die angenommene Schwangerschaft Marys änderte daran nichts, zumal diese in irgendeiner Weise wohl zu »bereinigen« gewesen wäre, kannte doch jeder zweite Kommis ähnliche Sorgen, ohne deshalb sogleich ein Blutbad anzurichten, ganz abgesehen davon, daß dem Kronprinzen vielerlei Wege offengestanden wären.

Indessen – es ist bereits um den 8. Februar – wächst das Dossier des Polizeipräsidenten Baron Krauß rapide weiter an, der alle Spitzelberichte, Agentenmeldungen und Zeitungsversionen sorgsam in seiner Akte zusammenträgt, um auf diesem Wege zu erfahren, wieviel die Öffentlichkeit von den Vorfällen in Mayerling weiß. Sicherheitsmaßnahmen und Vertuschungstaktik haben so gut wie versagt, die österreichischen Polizeibehörden müssen eine empfindliche Schlappe einstecken. Mehr oder weniger gezielte Indiskretionen erreichen die diversen Zeitungsredaktionen, um sofort Veröffentlichung zu finden. Bruchstückweise und auf Umwegen setzen sich die Ereignisse zusammen, vielerlei Lügen und Halbwahrheiten mischen sich zu den Tatsachen, die, noch entstellt, wiederkehren.

So zitiert der Polizeiagent Milarow eifrig die Version der ungarischen Zeitung »Pesti Hirlap«, die auf einen angeblich hochstehenden Informanten hinweist:

»Es ist zweifellos, daß man bei diesem entsetzlichen Ereignis wieder sagen muß: ›Cherchez la femme!‹ Eine junge Baronin Vecsera steht hinter der ganzen Affäre. Die durch ihre wunderbare Schönheit in Wiener Kreisen berühmte Baronesse war seit Längerem die Geliebte des Kronprinzen u. der Kronprinz war sinnlos verblendet von ihrer dämonischen Schönheit u. vernachlässigte völlig seine Pflichten als Ehemann, ja er erkundigte sich sogar im Vorjahr beim Nuntius Galimberti ob der Papst in eine Lösung seiner Ehe willigen würde. Galimberti hat dies erst letzten Samstag zur Kenntnis Sr. Majestät gebracht, der ihn hierauf in Ungnade entließ. Da es seine Pflicht gewesen wäre, den Kaiser schon früher von den Absichten des Kronprinzen zu unterrichten. Da der Erzherzog damals aber auf eine Lösung seiner Ehe keine Hoffnung hatte, überließ er sich in vollen Zügen seinem Liebestaumel, so lange, bis er seine Gesundheit zerrüttet fühlend, auch dieses Verhältnis satt bekam. Aber die Baronesse wich nicht von ihm, wie ein Schatten folgte sie ihm überall nach. Kaum war er in Mayerling eingetroffen, wo er sich von ihrer Verfolgung sicher wähnte, erschien auch die Baronesse bei ihm. Es gab eine leidenschaftlich heftige Szene, der Kronprinz wies seiner Geliebten in brüsken Worten die Thüre. Dienstag Früh, beim Morgengrauen fand man die Leiche der Baronesse Vecsera nur eine halbe Stunde von Mayerling bei Heiligenkreuz ...« Der Informant setzte die Behauptung: »Sie hatte sich selbst erschossen«, unter An- und Ausführungszeichen und unterstreicht sie außerdem noch; der Baron Krauß wird wohl gewußt haben, warum.

Milarow stellt weiter fest, daß die »Münchener Neuesten Nachrichten«, die ebenfalls diesen Selbstmord gebracht hätten, beschlagnahmt worden seien, was Baron Krauß ja weiß, weil er selbst der Veranlasser ist, um danach auf die Version des »Courier de Bruxelles« einzugehen:

Dort wurde zunächst festgestellt, daß der Selbstmord der Baronesse in den höchsten aristokratischen Kreisen

Wiens ungeheures Aufsehen erregt habe. Mehrere Kavaliere, so heißt es, die sich seit langem schon vergeblich um die Gunst der Vetsera bemüht hätten, wären wörtlich »außer sich vor Entrüstung über das Benehmen des Kronprinzen« gewesen. Unter diesen, in den Bann der schönen Baronesse Geratenen soll sich auch der Herzog Philipp von Coburg befunden haben (!): »Rachedurstig machten sich mehrere Herren nach Mayerling auf, um Genugthuung zu nehmen.« In Mayerling wäre es zwischen ihnen und dem Kronprinzen zu Tätlichkeiten gekommen. Noch in derselben Nacht, so wird berichtet, schossen gedungene Mörder Rudolf durch das Fenster über den Haufen. Nun überschlägt sich der genannte Konfident völlig: »Am Kopfe befindet sich am Kopfe außer einer Schußwunde noch Hiebwunden«, schreibt er drollig.

Nach anderen Versionen wäre es schon vor etlichen Wochen wegen Mary zu einem amerikanischen Duell zwischen Rudolf und dem Prinzen von Coburg gekommen, wobei Rudolf die schwarze Kugel gezogen habe und mithin verpflichte gewesen sei, sich bis zum Ende des ersten Monats zu erschießen: »Daher die ›Todesahnungen‹ des Kronprinzen.«

Auch der »Pariser Figaro« schriebe ähnliches, indem er den Fall Mayerling mit dem Selbstmord der Vetsera in Zusammenhang brächte. Dort stand, daß am Abend vor Rudolfs Tod der Kammerdiener Loschek im Park verdächtige Individuen bemerkt habe. Von Loschek darauf aufmerksam gemacht, hätte der Kronprinz aber nur bemerkt, daß diese Forstheger wären. Als er jedoch später zum Fenster gegangen sei und, um hinauszuschauen, die Läden öffnete, habe ein Schuß gekracht – und der Kronprinz lag tot in seinem Blut.

Nun tritt auch, in einer äußerst romantisch ausgeschmückten Version, wieder Auersperg in Erscheinung, und zwar anläßlich des vorangegangenen Balls in der Deutschen Botschaft:

Der Kronprinz habe diesen Ball schon früher als die meisten der anderen Gäste verlassen, nur Auersperg soll sich kurz nach Rudolfs Weggehen ebenfalls entfernt haben. In seinem Palais sei er durch den rückwärtigen Trakt sodann auf die Stallgebäude zugegangen, als der Fürst plötzlich von einem Stallknecht auf eine eilig in der Dunkelheit davonhuschende Gestalt aufmerksam gemacht wurde. Aufgebracht wäre Auersperg derselben nachgeeilt – und habe zu seinem tiefen Erschrecken den Kronprinzen erkannt, der soeben aus den Gemächern der Prinzessin Aglaja gekommen sei. Fürst Auersperg schwur daraufhin blutige Rache – und nur mehrere Tage später sei Rudolf gestorben.

Die Kombinationen der ausländischen Blätter wie jene des Getuschels und Geraunes innerhalb der Öffentlichkeit, über das Milarow ebenso berichtet, wurden zunehmend hitziger und phantastischer, denn authentische Meldungen aus Wien lagen selbstverständlich nicht vor. Versatzstückartig wurden Coburg und Auersperg beliebig ausgetauscht, wird Mary Vetsera an Stelle von Aglaja Auersperg gesetzt, usw. Bald schon gab es nahezu niemanden aus der Umgebung des Kronprinzen, den die Fama nicht mit seinem Tod in Zusammenhang stellte, den die Gerüchtewelle noch unverschont ließ und die Nachrede ausnahm, die in Form wohlfeiler Meldungen im Polizeipräsidium eintrafen. Bald hieß es in ihnen, daß die Schuld für die Vorfälle indirekt den Grafen Bombelles beträfe, der »selbst ein Gourmand in puncto...« es stets verabsäumte, seine »warnende Stimme« zu heben, sondern vielmehr die Vergnügungen – gemeint waren die Affären Rudolfs – vorbereitet habe, bald wird von sogenannten echten »Volksgefühlen« für die arme Mary gesprochen, ein Thema, das immer wiederkehrt: »Derselbe Zirkel will nichts Günstiges damit andeuten, daß beim Öffnen des Schlafgemaches die Leiche der Vetsera schon kalt und der Todesstarre verfallen war, während die Leiche des unglücklichen Herrn noch Lebenswärme zeigte. Man commentirt: die Baronesse wäre längst als Opfer gefallen, ehe... Das Grab sei der Erde gleichgemacht...« Der Polizeiagent Milarow erhebt selbst im feudalen Jockey-Club: »Alexander Baltazzi, ein filziger Griechenjüngling, soll bis zum Tage der Katastrophe – vom Herbst her – nicht weniger als cca. 1 200 000 fl. der Spielgesellschaft im Club abgenommen haben: Pallavicini, Karl Trautmannsdorff, Laszi Karoliyi, einige Kinski u. noch andere wurden gerupft. Die Opfer Baltazzis sind trotz ihrer reichen Quellen ganz desperat. Viele halten das Spiel Alex. Balt. für ehrlich und correct, andere schütteln zweifelnd das Haupt.«

Die indirekte Stimmungsmache gegen die Baronin Vetsera und deren Familienanhang, die Hand in Hand mit monatelangen Bespitzelungen und verschiedensten Demütigungen verbunden war, hatte nicht nur breite Kreise der Bevölkerung, sondern auch einen Großteil der Wiener Gesellschaft erfaßt, in der man annahm, daß die Baronin die ganze Affäre ihrer Tochter selbst lanciert habe. Andererseits erweckte diese von oben gelenkte Kampagne aber auch wieder Mißfallen bestimmter aristokratischer Kreise. So stellte der noble Jockey-Club sich in deutliche Opposition zu den Maßnahmen des Ministerpräsidenten Taaffe und der Polizeibehörden, die immer noch vergeblich bemüht waren, sich über die Wahrheit hinwegzuschwindeln, indem sie ableugneten, daß mit dem Thronfolger auch die schöne Baronesse gestorben war.

Am 9. Februar 1889 meldete der genannte Konfident dem Baron Krauß infolgedessen nur überaus enttäuscht:

»Habe gestern im Sekretariat des Jockey-Clubs vorgesprochen und da erfahren:

Die Familie Baltazzi hat trotz des schauerlichen Falles, in welchem sie mitverflochten, nun trotz des professionellen Spielens und Schuldenmachens der Brüder Heinrich und Hektor noch lange nicht die Berechtigung verwirkt, innerhalb der österr. Aristokratie sich zu bewegen. Unser Hochadel ist plötzlich äußerst tolerant geworden ... Die Stimmung in diesen Kreisen ist eine derartige, daß ein Theil der Baltazzi'schen Familie, die man für immer unmöglich gehalten wieder aufgetaucht und im Verkehr mit den Vornehmen des Jockey-Club steht. Aristide Baltazzi ist mit seiner Frau (Comt. Stockau) wieder in Wien eingetroffen. Das Ehepaar wohnt bei der Mama der Frau, der Gräfin Fritz Stockau. Alexander Baltazzi, der Reisebegleiter seiner Schwester Vetsera ist gleichfalls wieder hierher zurückgekehrt und nimmt – die Condolenzen des high life entgegen. In einigen Monaten ›hofft‹ man auch Frau Vetsera-Baltazzi wieder in Wien zu sehen.

Hektor Baltazzi packt man in Jaspitz seine sieben Sachen, doch nicht aus Scham über den Fehltritt, über das Unglück, das Eine seines Blutes über Österreich gebracht – nein, Scham kennt der Spieler nicht – sondern, um von seiner Gattin, Gräfin Ungarte, sich zu trennen.«

Man sieht, daß die Meinung des Konfidenten eine zur Sippenhaftung tendierende war – und offensichtlich stand er mit seiner Auffassung nicht einmal allein da, welche die Mehrheit guthieß.

Währenddessen verabsäumte es der Baron Krauß nicht, auch den Friedhof in Heiligenkreuz observieren zu lassen; höchstwahrscheinlich befürchtete er dort unliebsame Auftritte von Marys Mutter, die nur gerüchteweise in England weilte. In Wien überwachte ein Polizeiagent Weyda alle ihre Schritte: »Baronin Vetsera ist heute Nachmittags um 3 Uhr in Begleitung ihrer Tochter und des Baltazzi mit der Südbahn bis Mödling gefahren, wo sie einen Fiaker nahm und wahrscheinlich nach Heiligenkreuz sich begab.« So lautet eine dessen Beobachtungen noch am 13. Juni – offensichtlich besuchte die Baronin häufig Marys Grab, denn schon am 22. April hatte von dort der Polizeiagent Viereckl nach Wien gemeldet: »Die Frau Baronin sammt einer Baronesse, kommen seit circa 5 Wochen immer einmahl, meistens in der Mitte der

Woche zum Grabe, nur diese Woche erst Samstag Nachmittag um 3 Uhr und legen jedesmal 4 bis 5 Stück weiße
Kamelien auf das Grab, wo selbe auch heute noch la-
gern.«

Anschließend berichtet der Agent noch, daß in Gegenwart der Baronin und ihrer Tochter, sowie des Stiftskämmerers und eines Baumeisters an diesem Tag links beim
Eingang eine Gruft ausgesteckt worden sei und die Exhumierung der Leiche in 14 Tagen stattfinden solle. Auch
habe er gehört, daß der kleine schwarze Herr – gemeint
war Alexander Baltazzi – dabei nicht anwesend sein
könne, weil er nach England reisen müsse, was Viereckl
vom Totengräber gehört hatte. Diese ungute Atmosphäre
des ständigen Nachspionierens mochte der Baronin nicht
verborgen geblieben sein, die noch im Juni 1889 ihre
schon erwähnte »Denkschrift« abfaßte, welche vor allem
ihrer eigenen Rechtfertigung dienen sollte. Interessant ist
ein späterer Zusatz zu derselben, der 1891 erstmals publik
wurde und in dem die Baronin die Gräfin Larisch nicht
mehr und nicht weniger als der Erpressung an Mary be-
zichtigt.

Danach hatte die Gräfin die Baronesse gezwungen, für sie
25 000 Gulden bei Rudolf herauszuholen, weil sie sich in
ständigen Geldnöten und Schulden befand. Mary hatte
dem Kronprinzen angeblich brieflich mitzuteilen, daß sie
gemeinsam mit ihrer Schwester Hanna der Larisch diesen
Betrag bereits vorgestreckt hätte und sich nun beide selber
in argen finanziellen Schwierigkeiten befänden. Aus dieser »Transaktion« läßt sich gut genug der wahre Charakter der Larisch ablesen. Skrupellos und geldgierig, wie
diese Frau war, ist es ihr wohl zuzutrauen, daß sie Mary
später für einen weitaus höheren Betrag sozusagen verschachert hat.

Inzwischen hatte sich auch der Polizeipräsident Baron
Krauß an seine Kostenaufstellung des Falles Mayerling
gemacht. In seinem Akt befinden sich genaue Aufstellun-

gen der Renumerationen und Spesen. Die Ausgaben für drei Beamte und zwölf Agenten für die Zeit vom 30. Januar bis zum 4. Februar 1889 betreffend Eisenbahn, Lohnwagen und Essen beliefen sich auf exakt 403 Gulden und 30 Heller. Für dieselben Leute wurden außerdem an Gratifikationen 243 Gulden ausbezahlt. Eine weitere Gratifikationsliste mit den Unterschriften der höheren Polizeibeamten liegt im Krauß-Akt vor:

»Quittungen über die erhaltene Renumeration anläßlich des Dienstes bei dem Hinscheiden SK. K. K. Hoheit des Durchlauchtigsten Herrn Thronfolgers, Erzherzog Rudolf:

| Kom. Rath | Frankel | 10 Gulden |
|---|---|---|
| Pol. Comm. | Dr. Kropt | 10 Gulden |
| | Windt | 10 Gulden |
| | Weyda | 10 Gulden |
| | Wyslouzil | 40 Gulden |
| | Habrda | 50 Gulden |
| | Gorup | 50 Gulden |
| Gesamt: | | 180 Gulden |

11. Februar 1889«

Ebenso erhielten sich noch andere Spesenabrechnungen und Kostenbelege der zum Einsatz gelangten Agenten, so für die Omnibusfahrten zum und vom Südbahnhof, für Eisenbahnfahrten von Wien nach Baden und retour, von den Fiakerfahrten von Baden nach Mayerling und retour, sowie für Diäten. Überdies waren bei dem Leichenbegängnis für Rudolf 1 388 Sicherheitsbeamte, 34 Kommissäre, 18 Konzeptsbeamte und 3 Polizeiärzte eingesetzt gewesen. Die Kosten der Überstunden betrugen 1 395,80 Gulden, die insgesamten Kosten für die Polizei 1 996,83 Gulden.

Am selben Tag, dem 11. Februar 1889, schrieb der Baron Krauß sein bezeichnendes Schlußwort auf das allerletzte Blatt seines Geheimaktes:

»Aus den Beilagen und den Zeitungen *ist* zu entnehmen,

welche Gerüchte colportirt werden und wie dennoch die *Wahrheit* in den ausländischen Blättern immer mehr zu Tage tritt. Stockau und Baltazzi, dann Vetsera werden viel erzählen.«

Louise von Coburg schrieb später, daß »das Geheimnis gut bewahrt war, und selbst das Dienstpersonal, welches hätte plaudern können, schwieg, denn es hatte alle Ursachen, keine Enthüllungen zu machen«. Nun, dieses Schweigen ist eine Tatsache, der entweder Pressionen des Hofes oder Bestechungsgelder zugrunde liegen. So fanden sich nach dem Drama von Mayerling nicht nur Bratfisch und Loschek mit Geld ausgestattet, sondern auch der Leibjäger Wodicka wurde Forstrat in Göding (Mähren) und ähnliches mehr.

Als »Beweis« für Rudolfs sogenannte Unschuld am Tode Marys ist wiederholt ein nicht belegtes Zitat Conte Cortis angeführt worden, demnach sich Franz Joseph geäußert haben soll: »Wie ich das Leben nunmehr ertragen soll, weiß ich nicht! Ohne meinen Sohn, der meine ganze Freude war und für den ich arbeitete!« Weiters wurde im selben Zusammenhang auf das Verhalten des Kaisers bei Rudolfs Leichenbegängnis hingewiesen, in dem sich echter Schmerz ausdrückte, welchen er für ein wertloses Subjekt angeblich nicht empfinden hätte können. Demgegenüber aber steht doch die Tatsache, daß sich der Kaiser jedwede Erwähnung Rudolfs späterhin ausdrücklich verbat und dessen Namen in seiner Gegenwart nicht mehr genannt werden durfte. Rudolf existierte nicht mehr für Franz Joseph, er war ausradiert. Daß sein Vater trotzdem alljährlich zu den Todestagen nach Mayerling kam, ist kein gegenteiliges Indiz, sondern eine vor der Öffentlichkeit getane Geste.

Der schon erwähnte Autor Planitz bemerkte noch 1889, daß Rudolf sich nicht freiwillig erschossen habe, sondern vielmehr »einem fürchterlichen psychischen und moralischen Zwang zum Opfer gefallen sei«. Dr. Slatin von der

Hofkommission seinerseits glaubte, daß »die Liebe zu Mary Vetsera nur die nächste Veranlassung zum Selbstmord war«. Es sei auch wiederholt, daß das an sich gutinformierte »Neue Wiener Tagblatt« schon am 1. Februar 1889 geschrieben hatte, daß die »Thatsache der Sühne officiell constatirt ist«. Im Auftrag der Kaiserin erkundigte sich wie erinnerlich Dr. Widerhofer bei der Gräfin Larisch, ob Rudolf bei ihrer letzten Begegnung »normal« gewesen sei, während Philipp von Coburg meinte, daß Rudolfs Tod »nicht notwendig« gewesen wäre.

Dies alles bekräftigt nach dem schon vorhin Ausgeführten nur noch die Annahme eines Ehrenhandels auf der Basis des amerikanischen Duells. Wenn es auch nicht gänzlich sicher scheint, ob Aglaja von Auersperg wirklich dafür ausschlaggebend war, so halte ich doch daran fest, daß Rudolfs und auch Marys Tod der letzte Ausweg aus einem verwickelten Sexualdrama gewesen ist, in das der Kronprinz sich verrannt hatte. Indem er seine Ehre gefährdet sah, blieb ihm nur noch der Revolver. Man wird entgegenhalten, dies sei kein »zwingender« Grund gewesen, und für einen Thronfolger hätte es auch einen andern Weg geben müssen, aus einem derartigen Dilemma herauszukommen, aber man übersieht dann, daß zu Rudolfs Zeiten die Ehre noch als höchstes Gut galt und die Modalitäten dieses Begriffes unumstößliche waren und unbedingt verpflichtende. Rudolf konnte sich physisch nicht mehr retten, wollte es augenscheinlich auch nicht.

Schon am 31. Januar 1889 hatte Prinz Reuß, der als deutscher Gesandter in Wien sehr mit dem Hofleben vertraut war, an den Fürsten Bismarck über Rudolfs Tod geschrieben: »Innerlich zerrissen, zerfahren, skeptisch und nihilistisch in seiner Lebensanschauung und dabei ohne religiösen Halt! Übersättigt durch die Lebensgenüsse, in die er sich kopflos stürzte und sich dabei körperlich und geistig erschöpfte, griff er, wie ein ruinierter Spieler, endlich zur Pistole.«

Emil Franzel notierte sinngemäß, daß Rudolf als liberaler

Schätzer der Menschheit in zynischer Menschenverachtung gerade das Mädchen, das ihn wirklich liebte, als Vorwand mißbraucht habe, um einen Selbstmord zu inszenieren, der die wahren Ursachen vertuschen sollte.

Diese wahren Ursachen, soviel haben wir gesehen, lagen aber auch gewissermaßen in Rudolfs Persönlichkeit, deren Polaritäten ein für seine Zeit geradezu modernistischer Leichtsinn und ein tiefer Lebenspessimismus gewesen sind. Beides führte ihn zur Haltlosigkeit, zur Unruhe eines Wesens, das sich selbst nicht genügte. Wenn auch nicht seine Ehre, so hätte er doch höchstwahrscheinlich – und die Frage der Kaiserin, ob er noch »normal« gewesen sei, scheint darauf abzuzielen – sein Leben behalten können, aber er warf es weg wie eine ohnedies unerwünschte Last. Vielleicht war ihm die ganze Situation, in die er sich hineinmanövriert hatte, sogar, um es einmal überspitzt auszudrücken, nur ein äußerer Anlaß, um etwas auszuführen, wofür der innere Antrieb längst vorhanden gewesen ist. Es fehlte ihm gewiß nicht an Geist, an Sensibilität, aber auch nicht an Zynismus. Denken wir daran, daß er, ehe er sich erschoß, noch pfeifend Loscheks Zimmer betrat – etwas dergleichen läßt sich nicht erfinden, schon gar nicht von einem Kammerdiener. Hinter ihm, im Schlafzimmer, liegt bereits Mary tot auf dem Bett, schon Stunden vorher erschossen – mit seinem Revolver.

»Er kennt weder die Menschen noch ihre schwachen Seiten, weil er sich sein ganzes Leben lang nur mit sich selbst beschäftigt hat«, heißt es in Lermontows Roman »Ein Held unserer Zeit« (1840), der den Typus des »überflüssigen Menschen«, zusammengesetzt »aus den Lastern der Zeit«, in den Mittelpunkt stellt. »Sein Ziel ist – ein Romanheld zu werden. Er hat sich so viel Mühe gegeben, Andere glauben zu machen, daß er ein ganz besonderes, für diese Welt nicht geschaffenes Wesen sei und an irgend einem geheimen Kummer leide, daß er das schließlich fast selbst glaubt.«

Diese Zeilen könnten auch auf Rudolf zutreffend sein. Auch er fühlte sich durch seine Lebensrolle im wahrsten Wortsinn »überflüssig«, auch er litt an einem geheimen Kummer, seinem Skeptizismus, auch er war aus allen Lastern seiner Zeit zusammengesetzt oder doch zumindest von ihnen angekränkelt. Nahezu sein ganzes Dasein, mit eingeschlossen sein extravagant zur Schau getragenes Soldatentum, war von jener elegant bis anrüchigen Stutzermanier erfüllt, die den gesamten Zeitgeist prägte. Auf gewisse Weise fast schön zu nennen, warf Rudolf beim Sprechen den Kopf zurück und zupfte alle Augenblicke an seinem Schnurr- und Backenbart, er sprach viel und schnell und hatte für alle Gelegenheit wohltönende Phrasen parat, er liebte den Effekt. Die Damenwelt war vernarrt in sein »romantisches« Wesen, in sein gelungenes Auftreten, in seine augenscheinliche Besonderheit, die ihm nicht allein der Vorzug seiner Geburt mitgab. Rudolf hätte vielleicht ebenso als Gelehrter oder als Schriftsteller reüssieren können, die Anlagen dazu waren vorhanden, aber er fand nichts daran, es war einerlei. Morbidität und exklusive Grandezza verschmolzen in seinem Wesen, das sein Hang zum Desperaten und Melancholischen noch mit einer bestimmten Weltferne färbte, mit einem Charme, dem das Grelle und Aufdringliche abging – das alles und noch mehr mag seine Anziehungskraft ausgemacht haben.

Es ist ein tiefer Irrtum, ihn als eine sogenannte »Hamlet-Figur« zu apostrophieren – vielmehr war er ein Anatol-Typus, wenn auch ohne dessen Leichtigkeit, aber wie eine wahre Schnitzler-Figur suchte er den tragischen Ausgang für sich, überzeugt davon, daß die Bestimmung des Menschen eine tragische sei, die auch einen Kaisersohn nicht ausnimmt.

»Die vorzeitige Verwachsung der Pfeil- und Kranznaht, die auffällige Tiefe der Schädelgrube und der sogannten ›fingerförmigen Eindrücke‹ an der inneren Fläche der Schädelknochen, die deutliche Abflachung der Hirnwindungen und die Erweiterung der Hirnkammern sind pathologische Befunde, welche erfahrungsgemäß mit abnormen Geisteszuständen einherzugehen pflegen und daher zur Annahme berechtigen, daß die Tat in einem Zustand von Geistesverwirrung geschehen ist«, heißt es im inkriminierten Punkt sechs von Rudolfs Obduktionsgutachten – jener Passage, die freilich erst das katholische Begräbnis des Kronprinzen ermöglichte.

Nun, zumindest eine krankhafte Gemütsverfassung darf als feststehend angenommen werden, teilt man schon nicht die Auffassung, daß eine mutmaßliche luetische Affektion Rudolfs Gehirn und Psyche zerstört hatte.

»Er fiel als Sklave der Flitterehre«, dieser Satz aus Lermontows Hymne auf Puschkin schließt auch auf tragische Weise den todessüchtigen Rudolf mit ein, der die Kavaliersehre höher ansetzte als irgend etwas anderes auf der Welt.

»Bratfisch hat heute wundervoll gepfiffen«, schrieb Mary noch in ihren Abschiedsbrief hinein, um sich nur ein paar Stunden später bereitwillig von Rudolf töten zu lassen. Im Rausch der Weltferne und des Vergessens wird alles einerlei, selbst der Tod. Der Tod selbst kann Narkotikum sein, zu einer Art Opiat werden.

»Wie eine Blume sproßt der Mensch auf und wird gebrochen«, lautet das Bibelzitat auf Marys Grab in Heiligenkreuz.

# Anhang

## Vorbemerkung

Die zeitgenössische Orthographie wurde in sämtlichen Zitaten beihalten, ebenso die verschiedentlich abweichende Schreibweise für ein und dasselbe Wort, so zum Beispiel »Meierling«, »Meyerling« oder »Mayerling« und ähnliches mehr, die Satzstellung nur stellenweise durch Zeichensetzung ergänzt und nur so weit modifiziert, daß die authentische Ausdrucksweise erhalten blieb.

Quellenangaben im Text mit Fußnoten zu versehen schien insoferne nicht vonnöten, weil der Ursprung der Zitate an Ort und Stelle gekennzeichnet wird und ein Bericht über Mayerling der Sache nach sowieso kein »wissenschaftliches Werk« üblichen Sinns sein kann – also hier auch nicht als solches gelten möchte.

Nachdem eine vollständige Mayerling-Bibliographie noch nicht erschienen ist, wollen wir hier versuchen, eine Auswahl der wichtigsten Werke zum Themenkreis, aber ebenso verschiedene Zeitungsberichte, die sich als Beiträge zur Erschließung des Themas oder als themenübergreifende Einzelschriften verstehen, wiederzugeben. Dem ungeheuren Umfang dieser Sekundärliteratur zufolge erheben wir selbstverständlich keinen Anspruch auf Vollständigkeit.

# Bibliographie

d'Albon, Eugen von, »Kronprinz Rudolf. Sein Leben und Wirken«, Wien 1899.

Andics, Hellmut, »Das österreichische Jahrhundert. Die Donaumonarchie 1804 bis 1900«, drei Bände, Wien 1974.

Andics, Hellmut, »Die Frauen der Habsburger«, Wien 1969.

Andics, Hellmut, »Mayerling und kein Ende«, Neues Österreich, 30. Januar 1949.

Anonymus, »Der Untergang des Kronprinzen Rudolf«, Berliner Börsencourier, 24. Februar 1889.

Antonius, Fritz, »Kaiserhaus und Polizei«, Neues Wiener Tagblatt, Wochenausgabe, 20. November 1926.

Aschaffenburg, Gustav, »Die Beziehungen des sexuellen Lebens zur Entstehung von Nerven- und Geisteskrankheiten«, Münchner Medizinische Wochenschrift No. 37, 1906.

Aufzeichnungen eines hohen Aristokraten, »Der Tod des Kronprinzen Rudolf«, Wiener Morgenpost, 10. Oktober 1927.

»Authentischer Bericht« (sogenannter Krauß-Akt), Facsimilia des offiziellen Aktes des k. u. k. Polizeipräsidiums, Zürich 1955.

Barkeley, Richard, »The Road to Mayerling: Life and Death of Crown Prince Rudolf of Austria«, New York 1958.

Bibl, Viktor, »Kronprinz Rudolf. Die Tragödie eines sinkenden Reiches«, Leipzig – Budapest 1938.

Bibl, Viktor, »Thronfolger«, München 1929.

Blaas, Richard, »Das Kaiserliche Auditorat der Sacra Rota Romana«, Mitteilungen des Österreichischen Staatsarchivs, Band 11, 1958.

Blaschko, Alfred, »Die Prostitution im 19. Jahrhundert«, Berlin 1902.

Bloch, Iwan, »Das Sexualleben unserer Zeit«, Berlin 1907.

Böhm, J., »Der verschwiegene Kammerdiener Loschek«, Neues Wiener Journal, 22. April 1928.

Borgese, G. A., »Die Tragödie von Mayerling. Die Geschichte des Rudolf von Österreich und der Mary Vetsera«, Heidelberg 1927.

Bossi-Fedrigotti, Anton Graf, »Kaiser Franz Joseph I. und seine Zeit«, Zürich – München 1978.

Bourgoing, Jean de, »Briefe Kaiser Franz Josephs an Frau Katharina Schratt«, Wien 1949.

Chotek von Chotowo, Bohuslav Graf, »Rudolfs Brautschau«, Neues Wiener Tagblatt, 18. Dezember 1924.

Christoph, Paul, Neue Illustrierte Wochenschau, 18. September 1955.

Corti, Egon Caesar Conte, »Elisabeth, die seltsame Frau«, Salzburg 1934.

Corti, Egon Caesar Conte, und Sokol, Hans, »Der alte Kaiser. Vom Wiener Kongreß bis zu seinem Tode«, Graz 1955.

Corti, Egon Caesar Conte, und Sokol, Hans, »Franz Joseph«, Graz – Wien 1960.

Damschitz, Fritz, »Kronprinz Rudolfs Bigamieaffäre«, Wiener Wochenblatt, ab Nr. 1, 1966.

Daszynski, F., »Interpellation im Reichsrat vom 8. Februar 1902«, Arbeiter-Zeitung Wien, 10. Februar 1902.

Dedič, Malachias, Pater, »Memorabilien 1889«, Stift Heiligenkreuz.

Deissen, Eva, »Von Mayerling nach Santa Cruz«, Diners Club Magazin, Ausgabe Oktober 1985. Mit einem Anhang von Camillo Schaefer.

Dobzhansky, Theodor, »Vererbung und Menschenbild«, München 1967.

Dorfmeister, F. U., »Kronprinz Rudolf«, Wien, Februar 1889.

Eigl, Kurt, und Kodera, Peter, »Die Hofburg in Wien«, Wien 1977.

Emmer, J., »60 Jahre auf Habsburgs Throne«, Festschrift, Wien 1908.

Ernst, Otto, »Der Tod des Kronprinzen Rudolf«, Neues Wiener Tagblatt, Sonntagsbeilage, 13. März 1927.

Feldner, F., »Zum 75. Jahrestag der Kronprinzentragödie von Mayerling«, Kronen-Zeitung vom 21. Januar bis 17. März 1964.

Ferrari, Andrea Carlo Kardinal, Der Spiegel, 21. August 1978.

Fischer, Michael, »Wie Kronprinz Rudolf Mayerling erwarb«, Neues Wiener Tagblatt, Sonntagsbeilage, 5. Juli 1925.

Fleury, Graf, »Memoiren der Kaiserin Eugenie«, Paris 1921.

Franzel, Emil, »Kronprinzen-Mythos und Mayerling-Legenden«, Wien 1973.

Fritz-Niggli, Hedi, »Geheimschrift der Biologie«, München 1967.

Fugger, Nora Gräfin, »Im Glanz der Kaiserzeit«, Wien – Zürich 1931.

Fuhrmann, W., »Humangenetik in Genetik – Eugenik«, Vorträge des 11. Internationalen IMA-Seminars, Obertraun 1967.

Fuhst, Herbert, »Mary Vetsera im Lichte ihrer Abstammung und Verwandtschaft«, Berlin – Zehlendorf 1931.

Gall, F., und Sturzheim, W., »Anatomie et physiologie du système nerveux«, vier Bände, Paris 1810–1820.

Gritzner, Maximilian, »Handbuch der Ritter- und Verdienstorden«, Graz 1962.

Groß-Hoffinger, Anton J., »Die Schicksale der Frauen und die Prostitution im Zusammenhang mit dem Prinzip der Unauflösbarkeit der katholischen Ehe und besonders der österreichischen Gesetzgebung und der Philosophie des Zeitalters«, Leipzig 1847.

Gruber, Max, »Führt Hygiene zur Entartung der Rassen?«, Münchner Medizinische Wochenschrift No. 10, 1903.

Hamann, Brigitte, »Rudolf. Kronprinz und Rebell«, Wien – München 1978.

Hantsch, Hugo, »Die Nationalitätenfrage im alten Österreich. Das Problem der konstruktiven Reichsgestaltung«, Wien 1953.

Hantschel, H., »Weiland Kronprinz Rudolf«, Leipa 1889.

Hennings, Fred, »Ringstraßensymphonie«, 3. Satz (1844–1899), Wien 1965.

Herre, Fritz, »Kaiser Franz Joseph von Österreich. Sein Leben – seine Zeit«, Köln 1978.

Hirth, Georg, »Erbliche Entlastung«, Wege zur Freiheit, 106, München 1903.

Hohenlohe-Schillingsfürst, Franz Joseph Fürst zu, »Genealogisches Handbuch des in Bayern immatrikulierten Adels«, Band 3, Berchtesgaden 1952.

Hollaender, Albert E. J., »Streiflichter auf die Kronprinzentragödie«, Festschrift für Heinrich Benedict, 1957.

Holler, Gerd, »Mayerling: Die Lösung des Rätsels. Der Tod des Kronprinzen Rudolf und der Baronesse Vetsera aus medizinischer Sicht«, Wien 1980.

Holly, Eugen, Neues Wiener Journal, 17. Februar 1925.

Hoyos, Josef Graf, »Denkschrift«, Haus-, Hof- u. Staatsarchiv, Wien 1889.

Hummelberger, W., »Maria Caspar und Josef Bratfisch«, Jahrbuch des Vereins für Geschichte der Stadt Wien, Band 19/20, 1963/64.

Judtmann, Fritz, »Mayerling ohne Mythos«, Wien 1968.

Kann, Robert A., »The Habsburg Empire. A study in integration and desintegration«, New York 1957.

Karmel St. Joseph, »Mayerling. Bericht und Beschreibung«, Mayerling 1964.

Ketterl, Eugen, Neues Wiener Tagblatt, Sonntagsbeilage, 15. Juli 1928.

Konried, Julius, »Eine Lieblingsnichte Kaiserin Elisabeths, jetzt Farmersfrau in Amerika«, Neues Wiener Tagblatt, 13. Februar 1926.

Krafft-Ebing, Richard Freiherr von, »Lehrbuch der Psychiatrie«, Braunschweig 1892.

Kürenberg, Joachim von, »Katharina Schratt«, Wien 1941.

Langer, F., »Die angeblichen Enthüllungen über die Tragödie von Mayerling«, Neue Freie Presse, 12. Mai 1931.

Larisch, Marie Luise Gräfin, geb. Wallersee, »Meine Vergangenheit«, Leipzig 1937. (Weitere übersetzte Ausgaben der Larisch-Memoiren erschienen bereits in London 1892, in New York 1913 sowie in Paris 1916.)

Löhr, Clemens, »Mayerling«, Wien – Zürich 1968.

251

Lonyay, Carl Graf, »Rudolph. The Tragedy of Mayerling«, New York 1949.

Loschek, Johann, Berliner Illustrirte Zeitung, 19. Januar 1932.

Loschek, Johann, »Was ich von Mayerling weiß«, Neues Wiener Tagblatt, Sonntagsbeilage, 24. April 1932.

Louise von Sachsen-Coburg-Gotha, Prinzessin von Belgien, »Throne, die ich stürzen sah«, Zürich 1926.

Margutti, Albert Freiherr von, »Vom Alten Kaiser«, Wien 1921.

Mattachich-Keglevich, Geza Graf, »Meine Memoiren«, Leipzig 1904.

Meister, Richard, »Bericht über die Öffnung der Kassette der Kaiserin Elisabeth«, Almanach der Akademie der Wissenschaften, 104, Wien 1954.

Miller, Emil, »Kronprinz Rudolfs Ende. Der Plan zu einer Flucht«, Neues Wiener Tagblatt, Wochenausgabe, 15. September 1928.

Mitis, Oskar Freiherr von, »Das Leben des Kronprinzen Rudolf«, Leipzig 1928.

Neck, R., »Über die Abschiedsbriefe des Kronprinzen Rudolf«, Mitteilungen des Österreichischen Staatsarchivs, Band 11, 1958.

Niedoba, Walter, »Die Legendenbildung um den Tod des Kronprinzen Rudolf«, Dissertation der Philosophischen Fakultät der Universität Wien 1950.

Nowak, Karl, und Timme, Friedrich, »Erinnerungen und Gedanken des Botschafters Anton Graf Monts«, Berlin 1932.

Oberndorf, Carl Graf, »Gräfin Helene Erdödy, fast hundert Jahre Lebenserinnerungen«, Wien – Zürich – Leipzig 1928.

Paget, Lady Walpurga, »The lonely Emperor«, London 1917.

Planitz, Ernst Edler von der, »Die Lüge von Meierling«, Berlin 1891.

Planitz, Ernst Edler von der, »Die volle Wahrheit über die Katastrophe in Meierling«, Berlin 1889.

Planker-Klaps, Erwin von, »Kronprinz Rudolf. Erinnerungen der Kammerfrau der Kronprinzessin, Sophie von Planker-Klaps, an die Katastrophe«, Neues Wiener Journal, 27. Januar 1920.

Planker-Klaps, Sophie von, Neues Wiener Journal, 27. Januar 1927.

Pöck, Gregor, »Erinnerungen an die Tragödie von Mayerling«, Reichspost, 30. Januar 1929.

Pollak, Heinrich, »Erzherzog Johann. Ein Charakterbild«, Wien 1901.

Polzer, W., »Licht über Mayerling. Rudolf nennt die Gründe seines Scheidens aus dieser Welt«, Graz 1954.

Püchel, Rudolf, »Die drei Bärenjagden des Kronprinzen Rudolf«, Neues Wiener Journal, 27. Januar 1920.

Püchel, Rudolf, »Die letzten Stunden. Erinnerungen an den 30. Jänner 1889«, Reichspost, 31. Januar 1926.

Püchel, Rudolf, »Meine Jagderlebnisse mit Kronprinz Rudolf«, St. Pölten 1978.

Reboux, Paul, »Le secret de Mayerling n'existe plus«, Paris 1948.

Redlich, Josef, »Kaiser Franz Josef«, Wien – Zürich 1928.

Reinöhl, Fritz, »Kronprinz Rudolf und das Ausland«, Neues Wiener Tagblatt, 4. August 1934.

Ribot, Theodor, »Die Erblichkeit. Eine psychologische Untersuchung ihrer Erscheinungen, Gesetze und Ursachen«, Leipzig 1876.

Richter, Werner, »Kronprinz Rudolf von Österreich«, Zürich 1941.

Ringel, Erwin, »Der Selbstmord, Abschluß einer krankhaften psychischen Entwicklung«, Wien 1953.

Sacher-Masoch, Leopold von, »Die Messalinen Wiens«, Berlin 1884.

Schiel, Irmgard, »Stephanie, Kronprinzessin im Schatten von Mayerling«, Stuttgart 1978.

Schneider, Oda, »Gnade über Mayerling«, Mayerling 1957.

Schrank, Josef, »Die Prostitution in Wien«, Wien 1886.

Schratt, Katharina, »Kronprinzentragödie«, Der Morgen, 31. August 1931.

Schuldes, Julius, »Nach vier Jahrzehnten«, Volks-Zeitung, 6. Februar 1929.

Schwarz, Anton, »Der Tod des Kronprinzen Rudolf«, Neues Wiener Tagblatt, 12. Mai bis 11. August 1928.

Siegert, H., »Adel in Österreich. Probleme, Fakten, Analysen«, Wien 1971.

Skedl, Arthur, »Der politische Nachlaß des Grafen Eduard Taaffe«, Berlin – Wien – Leipzig 1922.

Slatin, Heinrich Freiherr von, »Die Wahrheit über Mayerling«, Neues Wiener Tagblatt, ab 15. August 1931.

Sokop, Brigitte, »Jene Gräfin Larisch . . .« Marie Louise Gräfin Larisch-Wallersee. Vertraute der Kaiserin – Verfemte nach Mayerling, Wien 1985.

Sosnosky, Theodor von, Berliner Lokal-Anzeiger, 28. September 1928.

Stephanie, Prinzessin von Belgien, verh. Fürstin Lonyay, »Ich sollte Kaiserin werden«, Leipzig 1935.

Stockhausen, Juliane von, verh. Gräfin Gatterburg, »Im Schatten der Hofburg«, Heidelberg 1952.

Stubel, Marie, »Die Wahrheit über Johann Orth. Unveröffentlichte Erinnerungen«, Die Stunde, 2. Oktober 1923.

Sz., R. J. von, Neues Wiener Tagblatt, 29. Januar 1928.

Szeps, Moriz, Neues Wiener Tagblatt, 1. Februar 1889.

Tapié, V. L., »Die Völker unter dem Doppeladler«, Graz 1975.

Urbas, E., »Kronprinz Rudolf«, Preußische Jahrbücher, 215. Band, 1929.

Vetsera, Baronin Helene, »Das Drama von Mayerling«, Reichenberg 1921.

Vetsera, Baronin Helene, »Denkschrift«, Wien, Juni 1889.

Virchow, Rudolf, »Über die Stadien der syphilitischen Affektion«, Virchows Archiv, Band 15, 1858.

Wandruszka, Adam, »Das Haus Habsburg«, Wien 1978.

Wandruszka, Adam, Neuherausgabe von O. Mitis »Das Leben des Kronprinzen Rudolf«, Wien 1971.

Wandruszka, Adam, Die Presse, 22. und 23. Februar 1969.

Wilczek, Hans Graf, »Hans Wilczek erzählt seinen Enkeln Erinnerungen aus seinem Leben«, Graz 1933.

Wolf, Julius, »Blut und Rasse des Hauses Habsburg-Lothringen«, Zürich – Wien – Leipzig 1940.

Wölfing, Leopold, vorm. Erzherzog Leopold Ferdinand von Österreich, Großherzog von Toskana, »Die letzten Habsburger«, Die Stunde, 12. August 1923.

Zawrzel, A., »Neues über den Kronprinzen Rudolf«, Neues Wiener Tagblatt, 27. März 1927.

Zelau, Kurt von (d. i. Dr. Konrad Ritter von Zdekauer), »Durchs Fensterglas. Neues aus dem alten Österreich«, Dresden 1926.

Zerzawy, Hermann, »Vor hundert Jahren. Eine Welt ging auf und bald wieder unter«, Neue Illustrierte Wochenschau, 11. September 1958.

Zita, Prinzessin von Bourbon-Parma, Ex-Kaiserin von Österreich, Neue Kronen Zeitung, 13. März 1983.

Zuckerkandl-Szeps, Berta, »Ich erlebte 50 Jahre Weltgeschichte«, Stockholm 1939.

# Personenregister

Kronprinz Rudolf und Mary Vetsera wurden der Häufigkeit wegen im Register nicht aufgenommen.

Albert, Abt von Heiligenkreuz, erbaute 1412 die erste Kapelle in Mayerling
19

Albrecht, Erzherzog von Teschen, Sohn des Erzherzogs Karl, Feldmarschall, geb. 1817, gest. 18. 2. 1895
121, 187

Andics, Hellmut, Autor, geb. 25. 8. 1922
100

Angerer, Fanny, kaiserliche Friseuse bei Elisabeth
46

Arndt, Ernst Moritz, deutscher Lyriker und Freiheitsdichter, geb. 26. 12. 1769, gest. 28. 1. 1860
26

Auchenthaler, Dr. Franz, kaiserl. Leib- und Hofarzt
161, 163 ff., 171, 173, 177

Auersperg, Adolph, Fürst von, Bruder der Aglaja Auersperg
190 ff., 203 f., 237 f.

Auersperg, Aglaja, Prinzessin von, angebliche Geliebte des Kronprinzen Rudolf
189 f., 192 f., 195 f., 203 f., 209, 231, 238, 244

Auersperg, Fürst von, ehem. Ministerpräsident
214 f.

Baltazzi, Alexander von, Bruder der Baronin Helene Vetsera, geb. 1850, gest. 1915
8, 66 f., 83 ff., 95, 100, 111, 116 f., 151 f., 164, 166 ff., 225, 239 ff., 243

Baltazzi, Aristides von, Bruder der Baronin Helene Vetsera, Besitzer des Gestütes Napajedl in Böhmen, geb. 1853, gest. 1914
95 f., 100, 240

Baltazzi, Heinrich von, Bruder der Baronin Helene Vetsera, Kavallerieoffizier, geb. 1858, gest. 1929
96, 117, 239

Baltazzi, Hektor von, Bruder der Baronin Helene Vetsera, Herrenreiter, geb. 1851, gest. 1916 (Selbstmord)
95, 239 f.

Baltazzi, Theodor, Finanzberater des türkischen Sultans, Vater der Baronin Helene Vetsera, gest. 1864
94

Baltazzi-Scharschmied, Heinrich, Sohn d. Heinrich von Baltazzi, Cousin der Mary Vetsera, geb. 1900
23

Battenberg, Alexander Prinz, Fürst von Bulgarien (späterer Graf Hartenau)
64

Bauernfeld, Eduard von, österr. Lustspieldichter, geb. 13. 1. 1802, gest. 9. 8. 1890
71

Berger, Eduard, Polizeiagent des Polizeipräsidiums Wien (im Krauß-Akt auch verschiedentlich Beier genannt)
126, 135, 145

Schuldes, Julius, Hoftelegrafist in Mayerling, späterer Regierungsrat, gest. 6. 12. 1935
106, 117, 130, 138, 146 ff.

Schultes von Felzdorf, Karl Ritter von, Sekt.-Rat, Mitglied der Hofkommission in Mayerling
145

Seefried, Otto Graf
47

Siebenrock von Wallheim, Dr. Robert Edler von
148

Skedl, Arthur, Autor
187

Slatin, Dr. Heinrich Freiherr von, Hofsekretär im Obersthofmeisteramt
145 ff., 163 f., 166, 169 ff., 173, 175, 177, 243 f.

Sophie, Erzherzogin, Mutter des Kaisers Franz Joseph, geb. 1805, gest. 28. 5. 1872
29 f., 38 f.

Stephanie, Kronprinzessin, geb. Prinzessin von Belgien, wiederverh. Fürstin Lonyay, geb. 21. 5. 1864, gest. 23. 8. 1945
9, 22, 41 ff., 47 ff., 55, 99, 108, 116, 118, 122, 141 ff., 174, 176 f., 182, 189, 195, 202, 213 ff., 231

Stockau, Georg Graf, Schwager der Helene Vetsera, gest. 5. 9. 1922
101, 150 f., 160 ff., 166 ff., 243

Stockau, Evelyn Gräfin, dessen Gattin
95, 240

Stockhausen-Gatterburg, Juliane von, Biographin Stephanies
43

Stubel Maria (Milly), Mitglied des Wiener Opernballetts, Schwägerin des Johann Orth (Erzherzog Johann Salvator)
210

Szeps, Moriz, Journalist, Herausgeber des »Neuen Wiener Tagblattes«, Vertrauter des Kronprinzen Rudolf, gest. 9. 8. 1902
36, 63 f., 74, 177, 212, 226, 233 f.

Szögyeny-Marich, Ladislaus, Sektionschef im Ministerium des kaiserl. Hauses u. d. Äußeren
174 f.

Taaffe, Eduard Graf, Peer of Ireland, österr. Innenminister und Ministerpräsident (1873–1893), geb. 24. 2. 1833, gest. 29. 11. 1895
36, 60, 80, 85, 88, 113, 118 ff., 142 ff., 155, 160, 176, 178 f., 182, 187, 192 f., 207, 227 f., 230, 239

Taaffe, Eduard Graf, Enkel des Ministerpräsidenten, gest. 2. 7. 1967
228

Taaffe, Heinrich Graf
228

Tisza von Borosjenö, Koloman Graf, ungar. Ministerpräsident, gest. 23. 2. 1902
64, 158 f., 178

Tobis, Hermine, Freundin der Mary Vetsera
93, 99

Trauttmansdorff, Ferdinand Graf
239

Ullmann, Caroline, Marys Großmutter
93

Ungarte, Gräfin Anna, verheiratet mit Hektor von Baltazzi
95, 240

Vetsera, Baron Albin, Diplomat, Vater der Mary Vetsera, geb. 1825, gest. 14. 11. 1887
94, 166

Vetsera, Baron Franz Albin (Fery), Bruder der Mary Vetsera, verheiratet mit Gräfin Margit von Bissingen u. Nippenburg, geb. 29. 11. 1872, gefallen 22. 10. 1915
95